# 市場的預兆

剖析股債動態、熱錢走向，
揭露未來十年必勝的投資組合

## HOW TO LISTEN
## WHEN MARKETS SPEAK

Risks, Myths, and Investment Opportunities in a Radically Reshaped Economy

James Patrick Robinson  　　Lawrence G. McDonald
詹姆斯・派屈克・羅賓森 著　呂佩憶、林麗冠 譯　羅倫斯・麥唐諾

| 目錄 |

作者的話　6

前　言　讓你想趕快檢視投資組合的大膽預言　7

序　章　後果的盛宴　11
　　市場的震撼教育，催生了強大的風險預測模型　14
　　市場準備告訴我們的十一件事　15
　　第四次轉折──危機降臨　18

第一章　一個時代的結束　19
　　我們所知的世界已不復存在　25
　　世界貿易組織的危險新成員　28
　　投資人筆記：境外外包與通貨緊縮　30
　　美國受制於中國　32
　　投資大師觀點：訪談安德雷‧艾斯特夫斯　37

第二章　美國已無法回頭　43
　　投資人筆記：日本資產榮枯對美國市場的重要性　50
　　紓困之國的誕生　51
　　投資人筆記：外匯的重要趨勢如何幫助你獲利　54
　　投資人注意：導致長期資本管理倒閉的原因，
　　　　　　　　也在2020年3月拖垮好幾間避險基金　62
　　槓桿是強大的毒品　68

第三章　量化寬鬆帶來的曙光，以及光芒的消逝　71
　　政府為2008年金融危機花了多少錢？　74
　　美國汽車工業的消亡　77
　　投資人筆記：朝野分裂對債券的影響　79
　　投資人筆記：量化寬鬆如何推升股票與債券　84
　　投資人筆記：企業實施庫藏股，是美股需求的最大來源　90

第四章　新華盛頓共識帶來的長期價格上漲　93
　　市場內的潛在威脅　96
　　投資人筆記：波動性策略是樁高風險生意　98
　　波動性末日　106
　　風險指標亮起鮮紅的警示燈　110
　　通膨怪獸已從冬眠中甦醒　120

第五章　化石燃料為通往綠色能源鋪路　127
　　石油是最原始的必需品　134
　　全球能源需求預測可能完全錯誤　139
　　投資人筆記：核能可以補足缺口嗎？　142
　　投資人筆記：即將到來的石油業併購浪潮　145
　　為通膨加溫　149
　　投資人注意：造成通膨揮之不去的更多原因　152
　　最大規模的資本遷移　157
　　投資大師觀點：訪談大衛・泰珀　160
　　投資人筆記：五十二週高低點的重要性　163

## 第六章　被動投資的陰暗面　169

投資人筆記：ETF如何運作？　175

被動投資的風險　180

金融市場資本的嚴重扭曲　188

人口定時炸彈　188

投資大師觀點：訪談大衛・安宏　192

## 第七章　泡沫心理學與加密貨幣狂熱　201

泡沫心理學　203

史上最大的泡沫之一　207

投資人筆記：成就比特幣的因素，以及投資人獲利之道　208

詐騙者的絕佳溫床　210

目光銳利的狙擊手　213

當泡沫破裂時　217

投資人筆記：了解DCF模型（並從中獲利）　224

投資人筆記：當通膨率高於3%時，價值股表現優於成長股　228

第四次轉折　231

## 第八章　美元貶值　233

俄烏戰爭後祭出的美元武器　235

美國──是敵是友？　239

投資人注意：金融抑制的手銬　241

沙漠中的碰拳問候　249

全球安全性的脆弱結構　252

投資人注意：全球努力擺脫美元，代表美元的結構性衰落　254

| | |
|---|---|
| 投資人注意：社會安全經費何時會用罄？ | 258 |
| 投資人筆記：相對於流通在外的美元存量，<br>黃金仍被嚴重低估 | 261 |
| 投資人注意：商業房地產對美元構成另一個重大威脅 | 264 |

## 第九章　實體資產——未來十年的投資組合　271

| | |
|---|---|
| 與查理・蒙格握手 | 273 |
| 能源領域的投資配置 | 279 |
| 投資人筆記：阿德里安・戴認為值得關注的六個投資跡象 | 283 |
| 短期持有金礦公司，不要長期持有 | 286 |
| 投資人筆記：如何評估黃金公司的價值？ | 287 |
| 鈾市場 | 299 |
| 投資人筆記：價值和實體資產領域的領導者 | 304 |
| 利用投降式拋售來交易礦業股 | 306 |
| 沙漠中不斷變動的沙子 | 309 |

| | |
|---|---|
| **致謝** | 311 |
| **注釋** | 315 |

# 作者的話

　　這本書，是我在全球金融界漫遊十五年的成果。當雷曼兄弟倒閉時，我以為自己失去了一切。就像一隻被拋出巢穴的小鳥，我必須重塑自我。在那條漫長且時而孤獨的道路上，我出版了雷曼倒閉的內幕故事，並在世界各地發表經濟相關的演說。不知不覺間，我集結了一群才華洋溢的人，他們在接下來的幾年裡，成為我的智囊團。幸運的是，我有好朋友和偉大的導師，我仰賴他們的智慧而完成了這本書。對於每一位與我分享市場總體視角，並讓我清晰地看見國際資金流動的人，我都衷心感激。因為你們才會有這本書。

## 前　言

# 讓你想趕快檢視投資組合的
# 大膽預言

尼爾・弗格森（Niall Ferguson）

　　在本書中，作者麥唐諾預言了「持續通膨的新時代、全球衝突升級、多極世界聯合對抗美國、美元走弱的恐怖現象、一連串主權債務危機，以及資本從金融資產向實體資產的巨大轉移」，「自然資源的災難性短缺」更是意料之中了。

　　正如我在自己的書《末日：致命瘟疫、核災、戰爭與經濟崩盤，災難對人類社會的啟示》（*Doom: The Politics of Catastrophe*）中指出的，末日預言總是有觀眾，末日預言家已經預言了數千次世界末日，結果一次也沒應驗。但麥唐諾是另一種末日預言家。他是《雷曼啟示錄》（*Colossal Failure of Common Sense*）這本權威內幕書的作者，對金融市場有著非凡的洞察力，這是數十年來華爾街對話的結果，最早可以追溯到1987年的股市崩盤。他這本新書傳達的消息不是世界即將

結束,而是全球經濟正在經歷一場典範轉移。市場已經在告訴我們這件事。你只需要像麥唐諾那樣貼近地面傾聽。或者,也許應該說「貼近交易廳傾聽」。

華爾街這些對話的問題在於,雜訊的比率相當高。為了剔除這些雜訊,麥唐諾開發了一種奠基於二十一個系統性風險指標的金融風險模型,包括企業違約率(corporate default rate)、股票市場的放空比率(short-interest ratio)和投資人情緒調查(investor sentiment survey)。自2010年創立《熊市陷阱報告》(*The Bear Traps Report*)以來,他一直是我與那位健談且情緒化的市場先生最愛的溝通管道之一。

我非常認同本書的核心論點。冷戰於1980年代末期至1990年代初期結束,隨之而來的是持續將近四十年、一整個世代的金融業榮景,不過這段繁榮期間也伴隨著諸多危機。這次繁榮的主要動力是全球化、亞洲勞動力整合以及儲蓄(別忘了還有人才),這些要素進入了日益無國界的金融體系,成功地借助了源自矽谷的資訊科技創新。這些強大的力量,將通膨從1970年代的高點,一路壓低至2009年的低點。

但是那個時代,現在已經結束了。是什麼使它結束了呢?

首先是世界各地的中央銀行總裁,他們為了避免危機(尤其是在1998年、2001年、2008至2009年和2020年)而變得愈來愈魯莽,不斷降低利率,隨後購買債券和其他金融資產(即「量化寬鬆」),大規模擴大其資產負債表。麥唐諾認為,這些措施產生了抑制波動率的作用,促進了金融市場的結構性轉

變，有利於ETF、被動投資和短期波動策略。

其次，中國於2001年加入世界貿易組織（WTO），並確保與美國的永久正常貿易關係，導致美國製造業能力持續空洞化，並帶來了種種社會和政治後果。

第三則是財政政策，也就是從全球反恐戰爭開始，到拜登政府的各種產業政策措施，使美國聯邦債務相對於GDP的比例，達到了第二次世界大戰以來的新高。

第四，針對全球化的政治反彈，在華府產生了一種新的保護主義（和反中）的兩黨共識。

最後，全球打擊「化石燃料」投資以支持「再生能源」的運動，正導致一場意料之外的能源危機。

麥唐諾的結論很大膽：「資本從成長股轉向價值股的巨大遷移才剛開始而已。我們還在第一回合。隨著成長股市場中的每次反彈都失敗，仍在尋找應許之地的投資人，將會感到更加失望。有一天，他們會勉強收拾行囊，進入價值股領域。他們將會看到黃金、白銀、鉑金和鈀金的反彈。」

換句話說，冷戰間歇期的通貨緊縮時代已經結束。通貨膨脹不會回到2%或更低。美元注定會經歷一段疲軟期。建議投資人拋棄科技股，轉而投資貴金屬，更不用說銅、鋰、鈷、石墨和鈾，相對於「能源轉型」的蓬勃需求，這些資源都將供不應求。

有些人可能會說，這種觀點沒有充分考量未來科技創新（如人工智慧）的潛在收益，或長期停滯捲土重來的可能性，

因為人口和債務動態會減緩成長速度。但麥唐諾提出的金融正面臨「第四次轉折」(Fourth Turning) 的論點，因為一些名人的支持而更加有力，包括大衛・泰珀（David Tepper）、大衛・安宏（David Einhorn）和查理・蒙格（Charlie Munger）等傳奇投資人。對這些名人以及麥唐諾在華爾街人脈網絡中某些不太知名成員的採訪，是本書有別於其他當代金融書籍的關鍵，而其他大多數金融書籍應該叫做《如何在我高談闊論時保持清醒》。麥唐諾的謙遜在金融界很罕見。值得讚許的是，他從未忘記自己是「在鱈魚角運河旁邊賣豬排起家的」。

我無法假裝自己知道金融的未來。我的書《貨幣崛起：金融資本如何改變世界歷史及其未來之路》(*The Ascent of Money*)，在2008年相當成功地預見了全球金融危機，但隨後發生的事件，卻多次讓我措手不及，這替我上了一堂寶貴的課，那就是若要預測市場走勢，你真的需要在開口前好好聆聽。這就是為什麼我常常讀《熊市陷阱報告》，也是為什麼我推薦麥唐諾的新書。這也是當我讀完這本書後，立刻仔細檢查手上投資組合的原因。我預測大多數讀者也會這麼做。

序　章

# 後果的盛宴

「遲早每個人都要在名為後果的筵席中入座。」
　　　——通常認為是羅伯特・路易斯・史蒂文森
　　　（Robert Louis Stevenson）所說

自從冷戰結束以來，過去三十年的大部分時候，美國一直處在前所未有的和平與繁榮時代中。國際貿易增加、衝突減少，以及全球準備貨幣美元的出現，帶來了全新財富和通膨下降的環境。整個世界都享受著相對便宜和豐富的商品。

這段富裕時期，使得擁有財富和權力的人們陷入了非理性的思考和傲慢的行為，並且不用承擔後果。在1998年、2001年、2008年和2020年四個重大時期，聯準會和國會利用手中的工具，向華爾街提供了一條生命線。他們為破產的市場參與者提供紓困，不顧一切地向系統挹注現金以振興經濟。結果，多年來遠超過財政實力的支出，使得政府現在欠下了33兆美元的債務，聯準會已經購買了超過8.5兆美元的債券，金融資產在一輪又一輪的泡沫中不斷循環。

隨著2020年代的到來，美國達到了一個轉折點。新冠肺炎疫情使得金融市場和現實經濟陷入混亂。俄羅斯對烏克蘭的戰爭已經斷送了難以計數的生命，中斷了重要的石油和天然氣供應線，推動了全球通膨危機，使許多國家陷入衰退。在前一年的牛市行情之後，2022年科技股和加密貨幣暴跌，使得財富損失高達9兆美元。

這只是眼前風暴的冰山一角，標誌著金融資產表現即將發生巨大轉變。我們所熟悉的經濟世界，以及左右這個世界的規則，已經宣告結束。在未來的十年，我們將目睹持續通膨的新時代、全球衝突升級、多極世界聯合對抗美國、美元走弱的恐怖現象、一連串主權債務危機，以及資本從金融資產向實體資

產的巨大轉移。

整個地球很快也將面臨自然資源的災難性短缺。從歐洲的「氣候目標計畫」（Europe's Climate Target Plan）到拜登最初的「重建美好未來方案」（Build Back Better Plan）其中許多部分，已開發國家正全速朝向碳中和前進，卻缺乏製造太陽能板、風力發電機和電動馬達所需的充足原物料。隨著開發中國家變得更加富裕，對石油和其他化石燃料的需求將飆升，並因人口成長而加速，市場對關鍵商品的競爭將會相當激烈。

更糟糕的是，美國經濟扭曲的程度幾乎難以想像，這將加劇所有經濟失調（economic dislocation）。政策制定者在金融市場中的干預程度如此之高，導致他們已經無法挽回地損害了價格調整機制。股票、債券、房地產、大宗商品和其他資產充滿了不平衡，使得數百萬的美國勞工退休基金帳戶401(k)和IRA，都處於風險之中。整個經濟體的資本是根據過去三十年的實際情況進行分配，而非定義未來十年的新典範。數兆美元投入到像ETF這樣的被動投資工具中，卻很少考慮到這可能會扭曲價值和購買行為。在股票市場中，量化交易大幅加劇了市場風險的嚴重扭曲。接著想像一個能源供應經常短缺的世界，危機和崩潰經常撼動金融市場，但聯準會與國會卻無能為力。這場巨變將挑戰現有的金融思維，迫使向新產業進行大幅度的重新平衡。

儘管經濟前景可能令人憂慮，但這個故事並不是關於悲觀和災難。投資人並不是無助的棋子，只能面對不可避免的虧損。我的目的不是要嚇唬你，而是要讓你做好準備——避開即

將到來的動盪,開闢一條新的道路。風險極大,但機會更加龐大。十年後,那些在全球市場發生巨變之前,就調整好投資組合的投資人,也就是那些抓住了先行者優勢的人,將會令華爾街稱羨。與此同時,另一些投資人仍在追逐上一個十年的投資寵兒,而深受錯失恐懼(Fear of Missing out,FOMO)的壓力,陷入後見之明的心態中,他們將會渴望一切重來。

## 市場的震撼教育,催生了強大的風險預測模型

我幾乎整個職業生涯都在華爾街度過,經歷了過去三十年的起起伏伏。在1990年代末期,我共同創辦了Convertbond.com,該網站提供關於可轉換證券的新聞、估值、條款和分析工具。後來我轉戰雷曼兄弟(Lehman Brothers),成為了高收益、不良債券和可轉換證券交易中,獲利最高的交易員之一。

我的第一本書《雷曼啟示錄》,記錄了導致雷曼兄弟倒閉的致命錯誤和狂妄自大。我們的前董事長並沒有把耳朵貼在交易廳,聽取不同的意見,而是「將自己隔絕在豪華的三十一樓辦公室中,遠離交易的現場,想著無止盡的成長。」

這與我們目前的情況,相似得令人毛骨悚然。

雷曼兄弟給了我一次真實世界中的市場風險教育。看著華爾街上最聰明的人才,受制於無可救藥的邏輯,徑直航向有史以來最大的次級抵押貸款冰山,這件事永遠改變了我。危機過後,當「早知道」幾個字反覆衝擊著我的腦海時,我將精力投入到學習

如何檢測經濟危險和機會的早期訊號。我的分析出現了二十一個系統性風險指標，許多主流金融模型都忽略了這些指標，這為我提供了一個鋒利的工具，用於評估經濟的健康狀況。我終於準備好重新投入行動，但這次不再受制於大型銀行，我成立了《熊市陷阱報告》，這是一個總體經濟金融研究平台，利用這些指標幫助避險基金、家族辦公室、資產管理公司和投資人，在愈來愈具風險的世界中航行，建立能夠防範危機的投資組合。

## 市場準備告訴我們的十一件事

這正是這本書所做的。首先，我們將追溯目前經濟秩序的起源，介紹創造出三十年牛市的事件、決策和經濟條件。這個波瀾壯闊的故事充滿了魯莽的樂觀、令人發狂的團體迷思（groupthink），以及天真的政策。

雖然一些金融書籍的讀者對這些歷史可能已經很熟悉，但我們將以因果關係的研究方法來討論。很少有投資人知道如何連結過去、現在和未來，能夠做到的人將獲得強大的優勢。

然後，我們將描繪出未來道路的彎曲和轉折。雖然當今大多數人的成長過程都伴隨著財富的歷史性增加，並習慣了不斷增值的資產，但這些總體經濟環境很快就會成為遙遠的記憶——我們累積的許多「財富」，將被證明是虛幻的。

在本書的後半部分，我們將概述在一個徹底改變的經濟環境中，進行投資的新規則，包括抗拒反對論述、比大眾提前

察覺漲勢和跌勢的策略。在這個過程中,你將與過去十年中一些最偉大的交易者和投資人坐下來交談,包括查理·蒙格、大衛·泰珀和大衛·安宏,親眼目睹當今市場上最聰明的專業資金交易。

市場正在清晰地發聲,我們只需要花心思傾聽就好。在前進的旅程中,我們將探索以下內容:

- 冷戰結束後的和平時代,如何定義了一個通縮時代的基礎,定義後續的三十年以及你的投資組合。
- 為什麼持續高利率時代,將使得資產負債表上已有33兆美元驚人債務的美國無法籌措資金,將公債利息支付從2021年的5,800億美元增加至2024年的1.4兆美元(超過政府目前在國防或醫療保險上的支出),以及增加200兆美元的無資金準備負債(unfunded liabilities),如何增加災難性違約的風險。
- 自1990年代以來,外包進一步壓抑了通膨,促進了美國目前沉重的政府負債問題——並為你提供了這世代最具吸引力的投資機會之一。
- 為什麼像俄羅斯、中國和沙烏地阿拉伯等國家,正在採取措施,避免使用美元作為準備貨幣,進一步損害美國籌措資金的能力、造成金融市場混亂,並有可能迫使我們削減社會保障、醫療保險和軍事支出——投資人又該如何利用即將到來的美元疲軟時代。

- 通膨如何推動勞動力的崛起，就像1960年代到1970年代，工會取得了歷史性的勝利，最終使通膨變得「更難消除」，以及這對你的投資組合可能代表的意義。
- 西方對石油和天然氣的戰爭、化石燃料和能源基礎設施的投資不足，以及與俄羅斯和沙烏地阿拉伯的疏遠關係，將提高能源以及其他一切的基本價格，以及我們如何把握這個賺錢趨勢的先機。
- 全球人口成長和綠色革命帶來的需求增加，將導致自然資源的災難性短缺，以及為什麼包括鋰和鈷等綠色轉型礦產在內的實體資產，將在未來幾年內表現優於成長股、美國國債和被動投資策略。
- 加密貨幣的銷售宣傳是不受國家控制的去中心化金融系統，這仰賴於一個賭注，也就是中央銀行將永遠壓制利率並注入流動性，而且由於與實體資產脫鉤，加密貨幣甚至可能比股票或債券對聯準會的行動更加敏感。
- 演算法交易如何大幅扭曲市場風險：這是一顆定時炸彈，定期引發極端的波動，並觸發突然的市場崩潰。
- 被動投資和旨在使金融更加民主化的工具，如何助長了泡沫和扭曲大型市場參與者的意識形態，以及美國的401(k)和其他退休金方案如何被十四支股票劫持。
- 為什麼被許多投資人奉為圭臬的經典六／四股債比投資組合已經消亡，以及為什麼從前瞻性思維的角度，應該採用更多大宗商品和更多現金來建構投資組合。

我們即將見證一場歷史性的數兆美元資本遷移，這場遷移將帶來新的贏家和輸家。如果你有投資，這個故事就會發生在你身上。

## 第四次轉折——危機降臨

歷史學家威廉·史特勞斯（William Strauss）和尼爾·豪（Neil Howe）有個著名的主張，即現代歷史呈週期性，有四個明確的階段或「轉折」。每個階段通常持續十五至二十五年，代表整個週期恰好與人類的平均壽命相吻合[1]。第一個轉折是「高峰」，然後是「覺醒」，然後是「解體」，最後是「危機」。我們最近的週期，始於二戰後經濟蓬勃發展的「高峰」，這個階段於1963年小甘迺迪總統（John Fitzgerald Kennedy Jr.）遇刺結束。接下來的「覺醒」帶來了新的反文化興起，並從民權、反戰和女權運動獲得了助力。第三次轉折「解體」發生在1980年代中期的雷根總統（Ronald W. Reagan）時代，這個時期的特點是經濟擴張和一波新的文化戰爭、政治極端化以及機構日益弱化。「解體」是一個特別漫長的時代。但是繁榮最終會帶來自滿，現在美國必須面對第四次轉折——「危機」，這是一個創造性破壞的時期，在這個時期，一切從頭開始，舊的機構被新的機構取代。

但是，在展望未來之前，我們必須回顧過去。我們的故事始於1980年代初總統車隊的後座。

第一章

# 一個時代的結束

1983年3月8日下午，一股熱帶微風輕拂著廣袤無垠的柑橘園，吹入奧蘭多市（Orlando），揚起了停在喜來登飯店雙子塔前一輛豪華轎車上的旗幟。一如以往，穿著深藍西裝搭配白色亞麻口袋方巾的雷根總統被引導走向講台，發表了一場傳誦數十年的演講。在演說中，他稱蘇聯為「邪惡帝國」，並採取措施加強北約的核嚇阻力量，以對抗蘇聯。

在雷根上台發表演說的三年後，美國和蘇聯之間的軍備競賽達到了高峰。冷戰始於1947年，到了1975年時，一道紅線已經將北半球劃分成東方與西方，東方由擁有五百五十萬人的蘇聯軍隊，和大約兩萬枚核導彈保護。接下來的十年，導彈的數量成長一倍。這無疑是一場僵局，是最大規模的軍力展示，兩個陣營都不敢開啟溝通的管道。

儘管蘇聯展示了強大的軍事肌肉，但經濟狀況其實非常艱困。這個國家橫跨十五個共和國、十一個時區，地域非常寬廣，從西部的加里寧格勒（Kaliningrad），一直延伸到楚科奇海（Chukchi Sea）上的寒冷地區烏厄連（Uelen）。只不過，土地面積並不等於財富、幸福或機遇。對於蘇聯人來說，就算有土地，也無法保證一頓熱食。貪汙、缺乏自由市場，以及在興都庫什山脈（Hindu Kush）的代理人戰爭（阿富汗聖戰者受到美國國防部和沙烏地阿拉伯的祕密支持），嚴重阻礙了經濟發展。西方國家的報紙上，經常出現蘇聯人排隊買麵包和超市貨架空蕩蕩的畫面。

雷根「言語上的重整軍備」得到了他想要的效果：惹惱他

的對手。到了1985年，蘇聯已經累積了三萬九千枚核導彈，其中近六千枚直接瞄準美國。美國對此威脅做出回應，也儲備了超過兩萬一千枚核彈頭。只要發生一次技術故障，世界就可能全面毀滅。

美國總統知道，蘇聯很有可能垮台，因為它們有著不抱希望的軍隊，以及受過教育卻生活在惡劣環境中、幾乎沒有機會過上更好生活的人民。然後發生了1986年車諾比核災，當局延遲兩天才公開通報。除此之外，他們在第二十二次電視公告中也只是模糊地說明，向民眾保證當局正在處理這一情況。輻射中毒的人數當然激增到無法控制。而政府當局卻避免討論這場新的公共衛生危機，蘇聯共產黨的新總書記、實質上的國家領導人米哈伊爾·戈巴契夫（Mikhail Gorbachev）則仔細研讀有關死亡、傷害和毀滅的報告：大片土地、生命、房屋甚至整個城鎮都被摧毀。事後他寫道，良心令他再也無法參與有關核武的事。

那一年稍後，一支黑色的車隊穿過冰島雷克雅維克市中心，停在一座粉刷成白色的建築物前，這座建築物稱為霍夫迪宮（Hofdi House）。那是一個狂風大作又潮濕陰冷的早晨，一大群攝影師在白金般的天空下等待著。戈巴契夫穿著及膝的羊毛大衣快步走上台階，迎接他的是美國總統雷根。

戈巴契夫在最強硬的共產主義領導者統治下出生和成長，例如約瑟夫·史達林（Josef Stalin）、尼基塔·赫魯雪夫（Nikita Khrushchev）和利昂尼德·布列日涅夫（Leonid

Brezhnev，他統治的十八年最大的特色就是經濟停滯），而現在雷根正凝視著他。受過良好教育的戈巴契夫站在美國總統面前，此舉違背共產主義的所有信念。他雖然只有一百七十五公分高，但他將以民主巨人的身分名留青史。戈巴契夫來這裡討論削減核武，後來還因此獲得諾貝爾和平獎。雷根露出經典的牛仔式微笑，兩人握手時彷彿已是朋友，全世界都在注視著。對於蘇聯來說，這是朝向解體邁出的巨大步伐。

「希望」這個概念，是人類歷史上最強大的力量之一。

「希望」這種簡單的情感，比任何機器或武器，都更常讓人們在逆境中取得勝利。西元前490年，希臘人就是藉此在馬拉松平原上以少勝多，擊敗了一萬名波斯士兵。溫斯頓・邱吉爾（Winston Churchill）就是這樣鼓舞了英國及其盟友，對抗納粹德國暴政。這也是1980年代的最後一年，東德五十萬公民沿著柏林圍牆周邊舉行大規模抗議，背棄其破產國家的原因。在1989年11月9日的夜晚，分隔東、西德的混凝土隔離牆終於被拆除。

到了1991年底，蘇聯已經陷入直線墜落狀態。儘管戈巴契夫希望進行徹底的自由化改革，但片面的改革救不了建立在中央集權之上的經濟體制。聖誕節當天，飄揚在克里姆林宮上空的鮮紅色旗幟，上面的黃色鐵鎚和鐮刀象徵著工業無產階級與農民之間的團結，這面旗最後一次被降下。戈巴契夫廢除了蘇聯共產黨，並在隨後辭去了蘇聯總統的職務。

蘇聯的解體成為全球和平的偉大代表，有如一條毯子覆蓋

在全世界的國際貿易和自由市場上。自冷戰開始以來，地緣政治的緊張局勢終於消除了。

但是1990年代蘇聯的解體，和你在2020年代的投資組合有什麼關係呢？

關係可大了！

因為蘇聯解體有助於將世界從多極化轉向單極化秩序，圍繞著一個單一主導者展開。美國憑藉極其強大的經濟和壓倒性的軍力，能夠輕易粉碎挑戰者。在這種新世界秩序下，一個龐大而相互連結的全球貿易和安全系統蓬勃發展。善用這個系統的國家繁榮起來。全球貿易從1990年的不到5兆美元，成長到2022年的28兆美元，帶動全球GDP從20.7兆美元成長到100兆美元。

單極世界秩序在各個領域有著不同的影響，舉例來說，單極世界秩序降低了維持大規模常備軍隊的緊迫性，但對投資人來說，最重要的影響是其抑制通膨的力量，可說是前所未見。從原物料（來自俄羅斯）、成品到廉價勞動力（來自亞洲，尤其是中國）的供給激增，壓制了歐洲和美國的通膨直到2021年。通膨從1970年代的7%下降到1990年代的3%，再降至2010年代的1.7%。

這使得美國公債收益，也就是所謂的無風險利率（政府公債的固定報酬率被認為是零風險，因為這是由美國納稅人所擔保的），從1981年的15%下降到2010年代的不到1%。公債報酬率下降使得政府債券等固定收益投資變得不那麼吸引人，並

促使投資人尋求更高報酬率的風險資產類別。當無風險利率下降時，本益比（投資人對每一美元公司獲利願意支付的金額，反映了市場整體情緒）就會擴大。確實，標準普爾五百指數（S&P 500）的本益比從1980年代初期的七倍，到1990年代後期和2021年成長至三十倍。

這種通膨減緩，是風險資產大牛市的最重要因素之一。隨著金融資產（成長股和債券）的崛起，帶動獲利率激增。投資人喜歡穩定的低通膨環境。這降低了企業投資的資金成本，也降低了投資人的借貸成本。標普五百指數從1990年的323點，上漲到2021年的4,800點，漲幅高達1300%。如果你在二戰結

圖1　標準普爾指數的企業獲利率

束那天把1,000美元投資到標普五百指數，到了1990年你將擁有23,000美元，2021年底將增至343,000美元。換句話說，這三十年的通膨減緩，促成一種全新的投資組合建構方法。

## 我們所知的世界已不復存在

多年前，我曾在阿布達比國家銀行（National Bank of Abu Dhabi）的會議上發表演說，與經濟史學家尼爾·弗格森（Niall Ferguson）、法國前總統尼古拉·薩科吉（Nicolas Sarkozy），以及雷根的親近顧問詹姆士·貝克三世（James Baker III）同台。我的一些好友認為他們的身分地位遠高於我，但我只在意一件事，就是那個週末我有機會與貝克同桌交流。他不僅是普林斯頓大學的學者，也曾是美國陸戰隊員，而且是唯一曾擔任過雷根總統時期財政部長和老布希（George H. W. Bush）時期國務卿的人。他在地緣政治和經濟問題上擁有無與倫比的經驗，他讓我看到推動蘇聯解體和壓抑全球通膨的另一個關鍵因素：美國在1980年代中期，建立了對油價的強硬控制。

美國在1980年代與沙烏地阿拉伯建立了真正的關係，以共同利益和互信為基礎，與今日棘手的準友好關係可說是天壤之別。美國政府樂意向這個沙漠王國提供所需的火力和軍艦，以保護其龐大的石油蘊藏，而沙烏地阿拉伯則以繼續使用美元交易其石油作為回報。這就是所謂的《石油美元協議》

(*petrodollar agreement*)。

白宮將這種關係當成金融核武來使用。蘇聯極度依賴石油和天然氣出口，以獲得美元和德國馬克等強勢貨幣，購買許多無法自給自足的必需品。美國急於在冷戰期間限制蘇聯的能源出口，但未能成功說服渴望石油的盟友，而歐洲對俄羅斯的能源依賴特別引起華府的關注。美國因此做出反擊。從1985年11月到1986年3月，美國和沙烏地阿拉伯將石油價格壓低近70%，摧毀了蘇聯的經濟引擎。1980年代初至中期，石油價格在每桶24至32美元之間波動，僅能讓蘇聯經濟勉強運作。但是1986年至1990年期間，當美國決定結束冷戰並摧毀俄羅斯的經濟時，美國像一頭非洲公象般壓制原油價格，將其控制在每桶11至24美元之間，直到蘇聯不得不屈服為止。

某個令人難忘的下午，我和貝克坐在阿布達比皇宮酒店外，旁邊是樸素的柱子，向上投射出的燈光照亮走廊。當我們品味著手工繪製瓷杯中的茶時，他對我說了一句令我畢生難忘的話。他以低沉的德州口音開場：「你絕對不會想生活在一個多極化的世界中。當我還是白宮顧問時，我們在重要地方的盟友比現在還少得多。感謝上帝，我們有沙烏地阿拉伯的支持。這是一個重要的因素──控制石油價格是最重要的事。」

他認為西方國家對石油市場的控制，不僅降低了通膨、壓低了許多商品的生產成本、使交通運輸變得便宜，還成為全球和平的安全扣，穩定了商業、控制了獨裁者，當然也將權力平衡轉移到對美國有利的方向，儘管這看起來像是極端的帝國主

義立場。

儘管如此,直到蘇聯解體前的幾年,地緣政治的緊張局勢需要大規模的軍事開支,導致巨額赤字和高通膨,包括1970年代的停滯性通膨危機。

貝克解釋:「在多極化的世界中,穩定全球市場幾乎是不可能的,尤其通膨更是無法控制。想到我父親的整個職業生涯竟是在那樣的環境中度過,令人不敢置信。從二戰到韓戰,再到越戰。就像我說的,戰爭帶來的是長期通膨,這是一個非常難以消除的問題。」

他的目光望向波斯灣,彷彿在回憶1970年代的情景。美國在戰後談判中重新武裝以色列後,導致擁有世界已知石油蘊藏量八成的石油輸出國組織(OPEC)決定實施禁運,以控制全球石油市場。油價飆升使美國經濟陷入困境。貝克搖搖頭,啜飲一口茶。我們靜靜坐著,感受涼爽的沙漠風掠過頭髮。

他繼續說道:「那是一個可怕的情況,我希望你永遠不會遇到。」

我生於1966年,已經看過俄羅斯人排隊領麵包和超市貨架空蕩蕩的畫面,在冷戰緊張局勢最嚴重時,閱讀西方國家報紙的許多人也都看過。

但幾十年後的現在,我們正在目睹地緣政治板塊再次改變——我們將在本書後面的章節中探討這一點。

## 世界貿易組織的危險新成員

　　1990年代，有位大學輟學生孤單地在北奧斯汀的一間商業中心經營生意，雖然他身邊有工程人員分散在各個桌子周圍，還有一個忙碌的團隊在收集訂單。門上方有一個藍色標牌，簡單地寫著「戴爾」（Dell）。

　　在這座小而不起眼的建築中，麥可・戴爾（Michael Dell）建立了一個歷史性的高科技帝國，創造了任何零售店都沒有的客製化電腦概念。在那間西德州的工作室裡，桌子上堆滿了電路板和螺絲起子，這不只代表了一個絕對是天才的年輕人想法，還預示了整個個人電腦產業的未來轉型。戴爾很快意識到，如果他能以比店面更低的價格，透過郵寄和後來的網路銷售，提供「客製化」的個人電腦，他的獲利將沒有上限。

　　戴爾在1983年開著BMW來到德州大學，開始念他的醫學院預科學位時，汽車後座放著三台已經拆開的個人電腦。這些電腦最後壯大成全球最大的電腦系統供應商。隔年，1984年5月，戴爾從大學休學。他每個月的收入已經達到了8萬美元。到了1992年，二十六歲的戴爾成為《財星》（Fortune）五百大企業榜上最年輕的執行長，公司的年營收達到6.79億美元。

　　戴爾電腦於1995年時，積極擴展到世界每個角落，包括日本、歐洲和美洲。Dell.com在1996年上線。六個月後，公司每天的線上營收達到100萬美元。全球化帶來的經濟動力直接進了戴爾的口袋裡。

當中國於2001年正式成為世界貿易組織（WTO）的成員時，跨國企業決心將製造業轉移到一個沒有眾多限制的地方──企業紛紛湧進中國、雇用廉價勞動力、無視環保政策，開始以十分之一的成本生產各種產品、化學品、塑膠等。1997年的京都議定書（Kyoto Protocol）為許多已開發國家（但不包括美國）設定了約束性目標，要求2012年前要將溫室氣體排放量降至1990年的程度之下。即使美國從未簽署，京都議定書仍引發了對氣候變化法規的擔憂，可能會損害美國的工業。

比爾‧柯林頓（Bill Clinton）總統在此之前曾經努力遊說，使中國成為WTO的最新成員。他是這個組織的出色大使，相信WTO能解決世界上許多貿易和經濟難題，並為任何值得成為成員的國家做擔保。他從未想到，在接下來的十七年，美國將失去三百七十萬個製造業工作機會，而且對中國的負債高達1兆美元。

雖然戴爾仍然是一間美國企業，但其電腦零件卻是在亞洲製造。那裡的製造成本低廉並不是祕密。一個人的支出就是另一個人的收入，而在隨後十年中發生的境外外包潮流，是美國負債達數兆美元、製造業完全空洞化的主要原因。這些事件將在未來幾十年，改變了建構投資組合的基礎。在通膨的環境中，實體資產和價值股的表現優異。在通縮的環境中，則是金融資產和成長股的表現優異。

全球市場很快被廉價的「中國製造」服裝、玩具、家居用品、家具和電子產品淹沒。（另一方面，美國農業擁有世界上

**投資人筆記**

# 境外外包與通貨緊縮

　　戴爾成了科技製造業從美國向亞洲大規模轉移的典型案例。統計數據會說話。1990年，美國電腦和電信設備產業有兩百一十萬名勞工。到了2008年，減少到一百三十萬，到2023年，降到一百一十萬。更糟糕的是半導體製造業。1990年，美國國內半導體產業有六十六萬名勞工。到了2008年，降到四十三‧三萬，2023年則降到三十九‧二萬。但是個人電腦和筆記型電腦市場在2022年售出了三‧二六億台，是2000年代初每年一‧五億台的兩倍多。半導體營收從2005年的2,200億美元，增至2022年的6,000億美元，幾乎增加了三倍。同時，從1997年到2015年，個人電腦和周邊設備的消費者物價指數（CPI）大降96%。這種通縮程度不只是在個人電腦領域。電視機的價格也顯著下降，而影音設備價格下跌超過60%。製造業這麼多領域產品的龐大通縮，是從1990年代中期到2021年能抑制通膨的最重要因素之一。

　　在接下來的幾年，隨著兩黨政治壓力不斷增加，將生產重新轉回本國或近岸生產，將不可避免地導致價格上升。將整個供應鏈重新搬回高薪的國家，並且建立新供應鏈的成本非常高昂，這個代價將以通膨的形式，由消費者來承擔。

最具影響力的遊說能力,開始向中國出售大量的玉米、小麥和大豆。)

中國的空氣汙染程度急遽上升。在一年內,中國的二氧化碳排放幾乎垂直暴增。2000年時的二氧化碳排放量為三十五億公噸,2010年激增至一百零三億公噸,相當於美國、歐洲和印度的排放量總和。中國的煤炭能源消耗,以艾焦耳(exajoule,一艾焦耳相當於一‧七四億桶石油或三千四百萬噸煤炭)計算,從2000年的二十九‧五六艾焦耳,增至2013年的八十二‧四三艾焦耳,後來每年都維持在八十艾焦耳以上。簡單來說,這表示每年燃燒二十七億公噸的煤炭。用視覺化的方式來形容,相當於約八千座帝國大廈。

驚人的是,貿易順差數字幾乎完全反映了二氧化碳排放的模式。2001年中國加入WTO之前,美國向中國出口價值200億美元的產品,中國則向美國出口價值1,000億美元的產品。十年後,這些數字變得令人擔憂。中國向美國出口3,750億美元的產品,而美國向中國出口價值1,000億美元的產品。2011年的差額是2,750億美元,到了2021年達到了4,000億美元,中國此時已向美國出口5,771.3億美元的產品。

根據紐約聯邦準備銀行的一項研究,中國加入WTO,使得2000年至2006年的製造業價格指數降低了7.6%。美國勞工統計局(BLS)估計,特定產業中,中國進口占比每增加一個百分點,產業的消費者物價指數就會下降三個百分點,而這種價格影響始於2000年中國加入WTO時。現在境外外包的趨勢

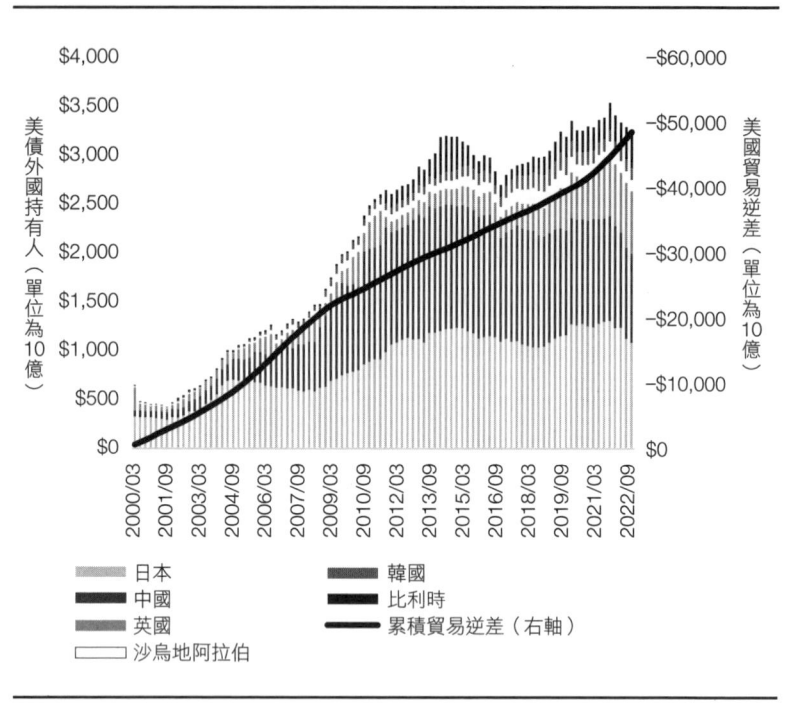

**圖2　美債外國持有人與貿易逆差**

| 圖例 | |
|---|---|
| 日本 | 韓國 |
| 中國 | 比利時 |
| 英國 | 累積貿易逆差（右軸） |
| 沙烏地阿拉伯 | |

開始逆轉，把更多產能轉回美國或美國的鄰國，這將造成成本上升，進而導致美國國內通膨上升。

## 美國受制於中國

大衛・李嘉圖（David Ricardo）和亞當・斯密（Adam Smith）是歷史上最具影響力的古典經濟學家，他們認為兩個國家之間的貿易不平衡，最終會經由貨幣的本質自行調整。根據經濟原

則，處於貿易順差的國家貨幣必然會升值，最終將會縮小貿易順差，因而恢復兩國之間的平衡。但是，當涉及美國與日本或亞洲四小龍（Asian Tigers），當然也包括與中國貿易時，情況並非如此。為什麼？這個完全違背古典經濟學理論的巨大貿易順差，為何能夠長期存在？其實答案非常簡單。

每當一間美國公司從其中國供應商購買任何物品時，公司會以美元支付。中國企業正常的做法是將這些美元兌換成人民幣，這樣可以讓公司循環利用其利潤，重新啟動製造和出口流程、採購原料、支付員工薪資、租用貨櫃船或油輪，以及支付其他任何業務成本，全部都使用人民幣。

但是在中國進行的貨幣兌換，擾亂了人民幣的價格。當你將數十億美元兌換成大量的本國貨幣時，會使該貨幣對美元升值。這將大幅增加你的產品在國外的售價，因而損害你的出口競爭力，直到你的貨幣再次貶值。由於中國的主要競爭優勢是其廉價產品，中國對這種商業模式並不感興趣。中國政府沒有花太多時間就改採B計畫，並將十八世紀古典經濟學家的經濟理論丟進了碎紙機。

對非經濟學家來說這有點難懂，但是你只要想像兩艘帆船在海洋中航行，就很容易理解了。想像其中一艘船代表美元，另一艘船代表人民幣。人民幣船只有一個任務，不要超過另一艘船，當然也不要被它超過。人民幣船只需要與美元船保持同步、維持相同速度就行了。如果它超前了，就把帆鬆開一點。如果落後了，就收緊一點。現在想像那不是船，而是貨幣，這

就是中國控制人民幣兌美元匯率的方式。

每當人民幣升值時，中國會出售人民幣並買進美元，以削弱自己的貨幣。如果人民幣貶值得太厲害，他們就會動用龐大的美元準備金，也就是外匯存底，買進一些人民幣以提升其價值。這就是中國實質上將人民幣匯率緊釘美元，確保其產品價格對美國買家保持較低的方式。中國並沒有把美元換成人民幣，而是用這些美元購買美國公債或國庫券，這就是為什麼多年來美國利率被人為地保持如此低的關鍵原因之一。

這也導致美國累積了龐大的債務和政府支出。政府怎麼可能抗拒以1%的利率借貸？誰能抗拒？這麼長一段時間，如此便宜的資金成本，導致無法以自然的方式抑制過度借貸，而自然抑制過度借貸的方式就是償債成本（debt-servicing cost）。在利率如此低的情況下，政治人物可以大肆進行赤字支出，而無須真正考慮償付給債權人。這使他們在財政上擁有更多的彈性，幾乎可以永久不斷地借貸更多。

低利率對消費者和向銀行借款的人來說是一件好事，但很少人考慮到另一個面向。企業信貸本身就是一個世界，而且為全世界所有的東西提供資金。全球經濟其實是靠債務來運作的，沒有什麼東西只靠獲利就能成長。大多數企業的旁邊都有一座金字塔，就像後來才被埋葬在帝王谷的古夫法老，原本沉睡的吉薩金字塔一樣。這個金字塔的頂層代表著銀行債務；最底層，承載著所有重擔的一層，代表著公司的股權（將資產減去所有負債後的價值，也就是帳面價值）。這通常是一般人所

知的資本金字塔,但在它之上還有一整個複雜的資金世界,全部層次分明地堆疊著,這就是讓全世界得以運作的資本結構。

每間企業都有這種結構,並透過創造交易和雇用勞工而對經濟有所貢獻。這表示數十萬家企業都在創造交易和就業機會,而所有活動相加的總和,就是一個國家的經濟。銀行業也會跨越國界,與其他銀行進行交易。貸方提供貸款、借款人借款、政府之間進行資金交流、企業擴展海外業務、代表著龐大金額的貨櫃穿越海洋,最終這個龐大的借貸、進出口、買賣的網絡,創造了全球經濟。

1990年代末期,引起風險投資公司青睞的新興熱門類股是科技領域。網路世界現在已深入人們的生活,但在那個時候,它就像是一個新世界的來臨,並在華爾街引發了一場數位淘金熱。風險投資人以為他們正在為一場復興提供資金,就像1500年代的佛羅倫斯文藝復興一樣,而投資銀行則全力投入到最新科技公司的投機性股權投資中。他們完全忽略了任何獲利和股價估值等財務指標。他們想要投資下一個微軟(Microsoft)、美國線上(AOL)、雅虎(Yahoo!)或是亞馬遜(Amazon)。低利率移動了風險的界限,這種模式將在故事的開展過程中一再出現。但是資訊超級高速公路能帶來財富的承諾,卻完全蒙蔽了華爾街的判斷力。

這種迷失判斷力的現象讓很多人致富,包括剛才提到的戴爾。他的公司股票在五年內暴漲六十倍。但在1990年代牛市的黃金時期,許多根本沒有可行業務模式和獲利途徑的公司,

卻也能掛牌上市。這種例子比比皆是，但有一個我一直記憶猶新的是 drkoop.com，這是由曾任外科醫生的艾佛瑞・庫普（C. Everett Koop）創立的健康資訊網站。在1999年的網路狂熱中，這個線上醫生網站從上市掛牌價格9美元飆升至36美元，使其市值達到19億美元，但公司的獲利只有4.3萬美元。一年後，它的股價跌到只剩下0.2美元。但也有一些大型公司完全失去了理智。世界通訊（WorldCom）、安隆（Enron）、泰科（Tyco）、阿德爾菲亞（Adelphia）等公司，利用開放的資本市場和盲目樂觀的投資人，來資助以債務為基礎的擴張。他們毫不猶豫地捏造資料，讓公司得以獲得貸款。

## 投資大師觀點

# 訪談安德雷・艾斯特夫斯

我可以在紐約的雞尾酒派對上，針對後冷戰時期的經濟問題發表意見，但是直到2022年4月，我才真正清楚理解地緣政治、通貨膨脹和通貨緊縮之間的關係。

南美洲最大的城市聖保羅（São Paulo）的夏天變得涼爽起來，這裡居住著兩千一百萬名居民，生活在我所見過最龐大的城市中。在向一群避險基金經理人發表了關於總體金融的演講後，我被帶到聖保羅的高級商業區伊泰姆比比區（Itaim Bibi），巴西大部分企業都在這裡閃閃發光的摩天大樓中設有辦公室，這些建築塑造了天際線。車子轉進了霍拉西奧・拉費爾大道（Avenida Horácio Lafer），這條大道的名稱來自傑出的猶太政治領袖、紙業巨擘暨前總統傑圖利歐・瓦加斯（Getúlio Vargas）總統任內的財政部長。他於1965年在巴黎過世，那一年美國迅速擴大越戰的規模。而我離最終目的地只有三條街的距離，即將會見巴西金融界的另一位巨擘，一個一生都在與高通膨奮鬥、掙扎和角力的人。

我們駛入一棟有著巨大玻璃牆的高樓門口。片刻後，電梯將我送到了位於十四樓的BTG Pactual總部。穿過寬敞明亮的大廳，一個男子穿著白襯衫和燙得平整的卡其褲朝我走來。他濃密的頭髮擋住了額頭，戴著金屬框眼鏡，看起來就是建立了

橫跨全球金融帝國的人。他就是安德雷・艾斯特夫斯（André Esteves），拉丁美洲最大投資銀行的創辦人。

我在走廊裡跟著他，走上一座俯瞰著交易大廳的玻璃空橋。「那就是我的辦公室，就在交易進行的地方。就像你們美國人說的，只有這樣才能隨時掌握情況。」他說道。

這位執行長會和他的團隊待在交易大廳。我對此非常敬佩，他也知道。我在雷曼兄弟的那些年，從來沒有看過執行長來到交易廳。一次也沒有。

他繼續說道：「很多人來巴西只想到足球、蘭姆酒派對、美女。但在金融領域，我們一直與美國處在非常不同的世界中。我們一直在處理通膨，而且已經持續很多年了。但我認為美國現在將會遇到類似的問題，而你們不知道該如何處理。」

以 2022 年初來說，這個觀察非常敏銳，因為當時市場還沒有真正意識到通膨的現實。當時還沒有。事實上，華府幾乎所有人都認為當時的物價上漲只是暫時的，是新冠病毒大流行揮之不去的後遺症。

我帶著一絲擔憂問道：「會像巴西那麼糟嗎？」

他回答：「也許吧。誰也不知道。但是不會像華府的人以為的那麼短暫。歷史告訴我們並非如此。」

我瞥了他一眼，但不想打斷他。這對我來說是個特別的時刻。我非常尊重這個人，能和他一起站在空橋上真是榮幸。

他繼續說道：「地緣政治局勢和通膨之間一直存在著密切的關聯。過去三十年的生活非常輕鬆，美國將通膨控制得很

好。市場幾乎一路漲個不停。」

我脫口而出:「這是蘇聯解體造成的吧?」但我覺得這只是答案的一部分。

艾斯特夫斯回答:「大概是吧⋯⋯那是衝突最後的堡壘。當蘇聯崩潰時,我們知道它將向二十億消費者敞開大門,最終使中國成為世界工廠。我們有生之年不太可能再見到這種情況。」

隨著他的話在我心中發酵,我看著報價數字跳動,回想起自己每天早上六點準時到交易廳報告的日子。

我說:「後來中國竟然稱霸製造業,真是令人驚訝,不是嗎?他們幾乎壟斷了這個領域。」

艾斯特夫斯回答:「的確⋯⋯而且對巴西來說,這是一個巨大的發展。中國對各種基本大宗商品無止境的需求,令我的國家從中受益。鐵礦砂、大豆⋯⋯中國全都買了。我們的經濟從3,900億美元成長到了2兆美元,我們去年達到了這個里程碑。」

我說:「這正好說明了一切,不是嗎?廉價勞動力可以改變世界。」

他淺笑著,疑惑地看著我說:「廉價勞動力?每個人都這麼認為,但這有點誤解。因為關鍵不光是廉價勞動力。關鍵是『門路』。」

我問:「什麼意思?」

「這與國際貿易路線的安全有關。這使得貿易得以實現,

降低了運送貨物到全球的成本。隨著地緣政治緊張局勢的降低，海外製造的便利性增加，勞動成本的外包也隨之增加。出口商品變得輕而易舉。因此，對於消費者來說，這代表從沃爾瑪的廉價內衣到蘋果公司的iPhone，全都是利用廉價煤炭和勞動力製造的。」

「我們需要理解，從1990年到2020年盛行的高度通縮、東方到西方、及時生產的供應鏈模型，在多極世界中會變得不一樣。我看到在西半球之間，也就是北美和拉丁美洲之間，正在發展一個南北供應鏈。許多感到厭倦的美國企業，都希望在後疫情時代感到安心。近岸外包、友好外包、備援供應鏈，不管你怎麼稱呼都行，這些都正在進行中。某種程度上現在已經開始了，而且通貨膨脹更高了。」

我站在那裡沉思他的話。然後，我們離開空橋，朝走廊末端的一扇窗戶走去。他繼續說道：「蘇聯的解體開啟了三十年的通縮期。但我相信你已經知道這一切了。普丁的戰爭對於完全依賴廉價俄羅斯能源和金屬的歐洲沒有任何好處。那麼中國的製造業奇蹟呢？他們的工廠製造全世界的衣服、iPhone、筆記型電腦和電動車的電池！你認為這場戰爭對貿易會有什麼影響嗎？想想看。美國還有能力阻止這一切嗎？我認為一段時間後，各國就會開始擺脫美元，你不覺得嗎？」

我們來到窗戶前，窗戶的大小正好可以讓我們看到高樓之間和遠方，城市清新的空氣在那裡變成了布滿灰塵的深褐色。

艾斯特夫斯繼續說道：「最終，引起通膨的不只是容易借

到的錢,還有風險重重的地緣政治局勢。再回顧一下西方上一次受到影響的情況。你得翻開史書上關於韓戰的那一章,當北韓入侵南韓的時候。這是一場反共產主義威脅的代理人戰爭。然後是越戰和以阿之間的贖罪日戰爭(Yom Kippur War)。將近二十年的消耗戰。你認為亞洲的商品在這樣的情況下能像今天這樣便宜嗎?」

「當然不能。」

「燃料成本、運輸成本、安全風險。這樣根本不值得⋯⋯特別是東南亞捲入其中的情況下。這就是從1965年到1982年美國會出現通膨的原因。」

「在烏克蘭戰爭的情況下,你認為未來十年會是什麼樣子?」

他看了一下手錶,然後回答道:「我們現在已經到了山的另一邊。西方正處於巴西曾經多次經歷的處境,高通膨、低經濟成長。巴西經歷了多個超級通膨時期,最近一次是在1990年代初至中期,通膨率達到了5,000%。但即使在2021年,通膨率也高達30%。龐大的公共部門、不斷增加的預算赤字以及有限的對外貿易,導致不時出現急遽的物價上漲,需要多年才能控制。這是一個更難投資的世界。看看標普五百指數就好了,現在的本益比仍然是十八倍,但我們的巴西股市指數(Bovespa)不到七倍。我們在巴西已經習慣了持續的通膨。5%,有時是10%。但對美國來說,這將會是一堂痛苦的教訓。」

「你認為這種情況會持續一段時間嗎？」

他非常仔細地思考這個問題，回答時悲傷地點了點頭。「朋友，通膨是一種非常棘手的現象，經常發生得悄無聲息。通膨這種東西有一個特色，那就是它會持續很長一段時間。」

站在他面前，他的話深入我心。我想起過去避險基金巨頭賽斯‧克拉爾曼（Seth Klarman）曾說過，投資是經濟學和心理學的交會處。在那一刻，我意識到艾斯特夫斯已經掌握了這門藝術。

在回家的長途飛行中，當飛機越過巴西西北部與哥倫比亞的邊界時，大通縮時代結束的後果開始在我的腦海浮現。生活將會有所不同：更加昂貴，而且更加不確定。

艾斯特夫斯說得沒錯。我們正在進入一個多極世界，這將在未來幾年顯著改變經濟格局，帶來新的贏家和輸家。至於其含義，本書將逐章詳述投資人必須如何應對即將來臨的風暴。

市場說話了，現在該是傾聽的時候。

第二章

# 美國已無法回頭

「一個差勁的經濟學家會追求當前的微小利益，但隨後會在未來造成巨大的劣勢，而真正的經濟學家會冒著立即遭受微小劣勢的風險，以追求未來的巨大利益。」
——費德赫克・巴斯提亞特（Frédéric Bastiat），
法國政治經濟學家

經濟學是一門研究因果關係的學問。在地緣政治、全球金融以及交易市場上，我們總是回溯多年前的歷史，尋找任何市場繁榮、衰退或重置的根本原因，在金融棋盤上重新演繹關鍵的一步，以理解美國和西方是如何走到今天的處境。

我們將在本章中重溫近代第一次巨大的資產泡沫，以及在吹大這些泡沫和泡沫破裂後經濟陷入混亂時，政府所扮演的角色。我們也會探討一個遙遠的泡沫如何在全球引發漣漪效應，導致美國股市陷入瀕死處境——這個事件迫使美國聯準會永久改變其政策，對經濟產生了巨大影響。

我們的旅程始於旭日之國——日本，最終則會抵達康乃狄克州格林威治的鄉村郊區。當時，避險基金長期資本管理公司（LTCM）將要摧毀全球市場。雖然這是二十五年前的事了，但仍然與你在現代的投資組合息息相關。因為當聯準會拯救了那間避險基金時，創下了聯準會主動採取行動的時代，每當真正的麻煩來臨時，聯準會就會支撐市場。在長期資本管理公司之後，我們見證了一次又一次的紓困行動——每一次都比上一次更大，每一次都發生在通膨低且地緣政治安全的單極世界中。這給了聯準會豐沛的廉價資金以拯救金融市場。但是現在的世界已經改變了。我們正處於通膨時期，世界完全不安全。我們面臨新冷戰期與高利率時代。

在下一次市場崩潰時，聯準會的選擇將會非常不同。它可以選擇什麼都不做，任由一切走向混亂，或是再次透過好幾兆美元的紓困來拯救市場。如果聯準會再次選擇紓困市場，那可

怕的代價將是西方自1920年代以來前所未見。當時被稱為惡性通膨，對經濟和投資人來說都極具毀滅性。但是現在說這個有點言之過早。首先，我們需要討論導致美國陷入這場悲劇性困境的蝴蝶效應。

有些令人驚訝的是，這種影響可以追溯到一部川崎GPZ900R摩托車，即著名的「忍者」，最早出現在經典的1986年電影《捍衛戰士》(*Top Gun*)中，獨行俠騎乘著它，飛快穿過陸戰隊機場去找凱莉・麥吉利斯（Kelly McGillis），背景配樂是珀琳（Berlin）的〈令我神魂顛倒〉(Take My Breath Away)。在美國的街頭，尤其是在高速摩托車迷中，1980年代是日本摩托車的時代，當時日本這個國家正在繁榮發展。

日本人的傑出之處在於他們的創造力。日本是一個沒有天然資源、農地品質較差，而且房地產有限的國家，最近的鄰居是共產主義的中國和俄羅斯的東海岸。然而，日本卻把自己打造成世界第二大經濟體。關鍵是優越的製造業，他們以便宜、快速、聰明又可靠的技術湧向世界市場。他們當時如日中天。產品不僅包括山葉（Yamaha）、鈴木（Suzuki）、三菱（Mitsubishi）和本田（Honda）等公司的高性能引擎，還有消費者電子產品。日本是全球主導力量，擁有先鋒（Pioneer）、索尼（Sony）、肯伍德（Kenwood）等品牌，以及世嘉（Sega）和任天堂（Nintendo）等電玩帝國，更不用提精於及時生產管理的大師豐田（Toyota）。

但是，只要有成功者[1]，背後也一定有人在受苦。像是通

用汽車（General Motors）和開拓重工（Caterpillar）等公司，向美國國會發出了苦澀的抱怨，要求限制日本的出口市場，因為日本的競爭對手正在損害他們的業績。1980年代初期，美國對日本進口實施了限制和關稅，但這些措施幾乎無法緩解情況。最後，1985年9月，五位世界經濟領袖帶著萬寶龍筆聚集在紐約最好的飯店，簽署了《廣場協議》（Plaza Accord），試圖壓低過度強勁的美元。這五位領袖分別是西德的格哈德·斯托爾滕貝格（Gerhard Stoltenberg）、法國的皮耶·貝赫戈瓦（Pierre Bérégovoy）、美國的詹姆士·貝克三世、英國的尼格爾·勞森（Nigel Lawson）以及日本的竹下登。這協議導致美元在接下來的兩年內貶值了25.8%，而德國馬克和日圓大幅升值，日圓甚至在這段時期內升值了100%。這樣激烈的升值，使得高度仰賴出口型產業的日本經濟，面臨深度衰退的風險。

想像把貨幣和出口市場放在舊式的天平上。找到完美的平衡是一項非常困難的任務。如果貨幣過於強勁，會扼殺出口市場，因為出口的商品和服務在國外變得較難以負擔。如果貨幣貶值，出口的需求就會增加。

在他們簽署《廣場協議》之前，日本的貨幣相對較弱，而美元非常強勁——這對日本有利，但對美國的出口不利。（我們將在後面的章節中討論強勢美元的好處。）這就是通用汽車和開拓重工抱怨的原因。用美元購買日本音響時，價格相對便宜。但簽署協議後，美元對日圓的匯率急遽下跌。因此，雖然美國消費者仍然支付同等的美元購買音響，但每一美元的價值

卻下降了。實際上，日本的音響出口收入減少了。情勢已經逆轉，日本興盛的出口產業陷入了困境。

為了應對這個狀況，東京[2]展開了央行積極干預行動的第一次實驗。日本央行將利率降低一半，以支撐日本經濟，推動了前所未有的資產泡沫。當泡沫在幾年後終於破滅時，央行開始在市場上買進數千億美元的債券，最終將利率降至零以下。這後來就成了聯準會和歐洲央行的藍圖。我們將在十五年後目睹這個情況，這些央行購買了數以兆計的債券來對抗經濟衰退。聯準會將利率降至零，歐洲央行甚至降至零以下。

日本央行在1980年代中期的首次降息，使日本人民的借貸成本變得更加低廉，造成了一場龐大的信貸泡沫、房地產泡沫和股市泡沫。與此同時，旭日之國已經成為亞洲國家羨慕的對象，鄰近經濟體很快也試圖效仿其成功。這些經濟體被稱為「亞洲四小龍」——南韓、台灣、香港和新加坡，還有「亞洲五小虎」——印尼、馬來西亞、菲律賓、泰國和越南。中國並不在其中。當時中國尚未擺脫共產主義的泥淖，但其採取資本主義的鄰國從日本的優秀示範中學習，打造了一個以智慧和勤奮為基礎的龐大出口經濟。

1980年代，西方的機構投資人迅速抓住了亞洲蓬勃發展的市場。奧利佛・史東（Oliver Stone）的經典電影《華爾街》（*Wall Street*）中，反派角色戈登・蓋科（Gordon Gekko）在海灘上的一個早晨，對著手機說了一句經典台詞：「金錢永遠不會睡覺，朋友。」的確如此，而且再也不會。美國和歐洲的交

易員在每一個時區尋找最佳的資本報酬。他們把資金投入亞洲四小龍，希望每一個國家都能成為下一個日本，而日本自己則正在完成世界上最波瀾壯闊的資產泡沫。

日本人以其財富買下土地、股票和收藏品，這筆錢通常是利用日本央行提供的廉價資金。在最高峰的時候，東京的房地產[3]每平方英尺高達13.9萬美元！俯瞰曼哈頓中央公園的閣樓公寓，普遍被認為是世界上最昂貴的房地產之一，即使是現在，每平方英尺也只開價6,500美元。有一段時間，東京皇居的土地價值甚至能買下整個加州。1986年至1989年間，日經股價指數漲幅高達驚人的200％（見圖3）。1980年代晚期，日本商人紛紛湧向紐約的拍賣行，在佳士得（Christie's）和蘇富比（Sotheby's）搶購最昂貴的法國葡萄酒，出價輕鬆打敗任何舉手的競標者。印象派藝術品拍賣、賽馬、船展、一級方程式賽車等活動也是如此。不論哪個聚集高收入人群的地方，都能找到大量的亞洲千萬富翁。當時的日本，實力看起來堅如磐石，似乎無懈可擊。但是現在回顧當時，日本整個國家已經完全失去理智。這是典型的泡沫狂熱。絕對不要忽視這種現象，這可能會在某天為你省下一大筆錢。

1990年代初，日本央行決定升息以使經濟降溫。曾經保守的經濟體變成了一個廉價貨幣和槓桿（使用借貸資金來投資或融資資產，以提高報酬率）的瘋狂世界。幾乎在同一時間，也就是1991年底蘇聯解體的時候，日本的房地產和股市也崩盤了。東京房地產現在的價值遠不及幾年前，光是1990年，日

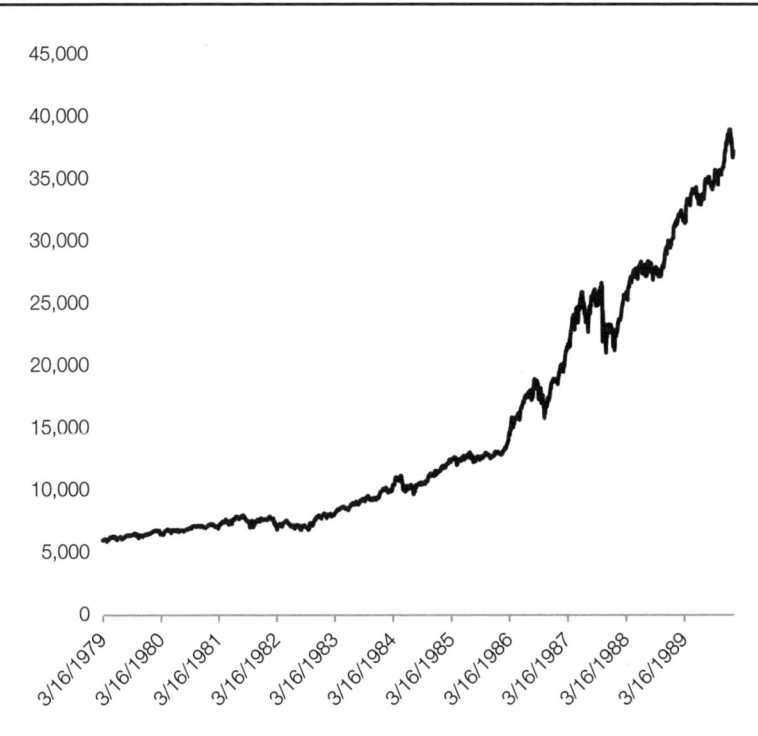

**圖3　1980年代泡沫經濟時期的日經指數**

經指數就跌了50%。但身在倫敦和紐約那些眼光敏銳的全球投資人，很快就從這艘正在下沉的船上撤出資金，獲得了巨額報酬，再將這些資金投入亞洲四小龍，希望能複製類似的表現。

到了1992年，日本陷入了通縮的泥淖，開啟了「失落的十年」。同時，亞洲四小龍經濟開始崛起。他們採用了與日本相同的策略，但是以史為鏡，努力避免重蹈覆轍。這一次，他們嘗試避免貨幣快速升值，因為這就是戳破日本歷史性泡沫和

> **投資人筆記**
>
> ## 日本資產榮枯對美國市場的重要性
>
> 資產價格崩潰後,日本經濟進入了長達十年的通縮期。2006年成為聯準會主席的班·柏南克(Ben Bernanke)[4],曾在2002年發表了題為「通縮:確保『它』不會出現」的演講。他提出了一套方案,以避免日本經濟陷入通縮陷阱。這成為2008年金融危機後,聯準會貨幣政策的藍圖。柏南克將利率降至零,並開始了聯準會的大規模資產購買(柏南克稱為現代版的印鈔票),這個行動與他的演講內容一致。十二年後,柏南克的繼任者在應對新冠肺炎危機和股市暴跌時,也採取了相同的做法。我們現在知道,這種政策通常被稱為量化寬鬆,主要是把金融資產膨脹,如股票和債券,同時透過人為方式使房屋和商品等資產價格處於高位,因而加劇了收入不平等。

後續崩潰的原因。這四個國家都將自己的貨幣緊釘美元(將其貨幣兌美元維持在一定的匯率範圍內)。此舉使得匯率保持在絕對的最低程度波動,使其更容易吸引全球機構投資人,海外投資人占韓國和香港股票市場相當大的比例。這種緊釘美元的政策還消除了貨幣曝險的避險需求。當這場豪華的筵席準備就緒,東南亞各國便坐下來享受。他們做夢都沒想過,這場盛宴永遠不會上甜點。

亞洲經濟的蓬勃發展，遵循著與日本非常相似的模式，一開始的特色是巨額貿易順差（一個國家的出口額超過進口額），現金過剩使得借貸變得更加容易，並吸引了大量外國投資人。但另一面則是衰退。當地的商業菁英警惕地觀察著湧進本國的資金，以避免像他們的日本同業一樣被淘汰。這讓他們對經濟有著非常敏銳的觀察力，能夠察覺到任何情緒的變化──如果船撞上冰山，他們會第一時間搶著登上救生艇。1994年到1996年，亞洲四小龍和五小虎經歷了一段前所未有的經濟成長期。韓國、新加坡、泰國、馬來西亞和印尼的GDP成長率達到8%至12%。1990年至1997年間，菲律賓股市飆漲250%，印尼狂飆160%，馬來西亞飆漲140%，台灣大漲80%。這就像一股巨大的洪流，使每個港口的海水位都上升了，而在世界的另一端，格林威治一個寂靜的角落裡，這股潮水已開始衝破堤防。

一間備受敬重的避險基金和少數其他基金一樣，一直在乘著幾乎連續不斷、低波動的牛市浪潮，從1994年成立以來，賺到令人驚嘆的300%報酬率。但是命運即將降臨全球市場，這間避險基金的好日子已經所剩無幾。

## 紓困之國的誕生

1997年，芝加哥南區一位名叫約翰‧梅里韋瑟（John Meriwether）的男子，是固定收益套利的先驅。這時他已經五

十歲了,但是臉孔仍相當年輕豐潤[5],頂著一頭棕髮的他仍帶著一絲大男孩的氣質,總是因為很高的財務成就而帶著驕傲的表情。他一生獲得過不少成就。首先是就讀西北大學一個炙手可熱的學位,然後在芝加哥大學的布斯商學院(Chicago's Booth School of Business)取得碩士學位,最後因為在華爾街的出色表現而贏得美譽,這可不是容易的事。現在的梅里韋瑟掌管一間備受矚目的避險基金,而他的兩個合作夥伴才剛獲得諾貝爾經濟學獎。

梅里韋瑟的避險基金就是傳奇的長期資本管理(了解金融歷史的人都知道它的故事,但很少有人連結起這個基金與後來二十一世紀初資產價格通膨現象之間的關聯)。這檔基金在1994年成立,第一年的報酬率是21%,第二年43%,第三年41%。這檔基金驚人的獲利能力是建立在一件事上,這帶來了歷史上最多的財務災難:槓桿。這是一種非常容易上癮的工具,如果操作得當,報酬可能會非常驚人;但如果操作不當,你可能會賠光一切。

長期資本管理是一個套利基金,表示這檔基金的核心工作是利用市場的無效率。它的主要業務是固定收益(這些證券支付固定的利息或支付股利直到到期日,通常被認為是低風險),特別著重於投資政府債券。有時候,同樣的國庫長期債券,但發行時間不同(相差六個月)可能價格會略有差異。我指的「略有差異」,意思是像12美分這樣的小差距。經典的套利交易(有時稱為基差交易,basis trade)是做多價值較低的

債券（一個不常被交易的債券，稱為「非指標債券」）、押注在較高的報酬，並做空價值較高的債券（一個流動性更高、更常被交易的債券，又稱為「指標債券」）。

當這兩種債券最終趨於一致時，避險基金就能賺取價差（收取差額）。基金公司內部有一個先進的電腦模型，在出現套利機會時就會提醒基金經理人，梅里韋瑟管理的基金便會大膽下注，大額交易某一個部位。如果走勢對他們的交易方向不利，交易員也不會恐慌。他們會一再加大賭注，直到走勢最後轉向對他們有利的方向。

但是，長期資本管理的成功開始自我反噬。世界各地眾多交易員模仿者，把長期資本掃出它最擅長交易的市場。梅里韋瑟先前從哈佛和麻省理工學院聘請了最優秀的數學家，進行多年的培養和訓練。但是，長期資本管理在市場上的影響力已經太大了，其他法人已經掌握了它的技巧。長期資本管理需要一個新的優勢，不過這表示它必須在自己的專業領域之外冒險。

長期資本管理在1997年走出美國，開始在新興市場債券和外匯方面投入大筆資金。這家避險基金建立挪威克朗、巴西和俄羅斯債券以及丹麥抵押貸款部位；它投資希臘經濟、放空微軟和戴爾等大型科技公司，甚至也放空巴菲特的波克夏·海瑟威（Berkshire Hathaway）——因為他們認為波克夏的價值相對於其資產被高估了。但是長期資本管理並不知道這些資產的價值，因為這些資產大多是私人持有的。它的整個投資組合是一個多空混合的有毒組合，押注某些資產會朝某個方向移

投資人筆記

## 外匯的重要趨勢如何幫助你獲利

　　大多數新興市場的貨幣在1990年代時都緊釘美元，但危機之後，這些貨幣開始自由浮動，成為投資人重要的先行指標。在聆聽市場和尋找指示訊號方面，我們要感謝外匯領域Exante Data和MarketReader的創辦人彥斯・諾德維格（Jens Nordvig）。他長期以來一直是我們團隊的導師和顧問。他在高盛（Goldman Sachs）和野村證券工作了超過十年後，深獲華爾街的尊重，在我們看來，他是真正的傳奇人物。當我們回顧1990年代末期和2020年代初期的外匯市場時，可以看到一些顯著的相似之處。

　　在我們於2022年11月於巴拿馬舉行客戶會議期間，諾德維格在晚餐時提出了幾個關鍵觀察。他說：「從1995年6月到2001年9月，美元升值了超過51%，是有史以來最大的牛市行情之一。」他接著說：「美元目前的升勢始於2008年10月，到2022年9月，美元升值了62%。」這是自1960年代以來第二大的漲勢，根據他的觀察，這波牛市已經走到了尾聲。「最令人警覺的是，三級外匯市場間的牛市相關性正在上升，我們MarketReader的技術顯示出美元流動中的明顯熊市訊號。」

　　諾德維格的觀點是：當你看到第二和第三級貨幣全都開始超越美元，並且變化速度加快時，這顯示一些熱門資本開

> 始回流到新興市場貨幣中。他仔細測量了這種變化速度，他一直在尋找加速點。他對我們的客戶說：「大象總是會留下腳印。」到了2022年底，類似1990年代末期後長期資本管理時代的情況，新興市場貨幣遭遇一個艱難的熊市。寒冷的冬季進入春天，草地上覆蓋著霜雪，但是完全看不到什麼人。曾經自負的人群已經奔逃，那些因為放空美元而得意洋洋的人，都因為受傷全都躲起來了。經過熊市的撕咬，一個新牛市的起點是一個孤獨而寧靜的地方。在「轉折」之前的幾個月，我們必須仔細測量投降式拋售的高峰（這時他們的速度就像從煙霧瀰漫的劇院中跑出來）。我們工作的核心是避開熊市陷阱，並在「轉折」時做好準備。在這種情況下，諾德維格已經識別出指向美元牛市轉折的關鍵訊號；接下來的幾個月，美元大幅貶值。幹得好，諾德維格。

動，而另一些資產則會朝相反的方向移動。

這家避險基金的交易對手風險（counterparty risk）遍布全球各地的金融公司，這種風險與交易對手可能違反其合約義務的可能性有關。這家基金手上有信用違約交換（CDS）、股票選擇權，以及對五年期CDS進行避險的股票選擇權空頭部位。基金的槓桿或負債資產比例非常驚人，高達30：1，擁有超過1兆美元的帳外衍生性商品（不顯示在資產負債表上的衍生性商品部位）。

這給我們一個寶貴的教訓：成功往往會在風險管理方面帶

來自滿。我們在雷曼兄弟身上看到了這一點，同樣也適用於小型投資人。過度自信會導致傲慢自大。它誘使投資人把自己的投資組合堆疊得過大，形成了一種你可以稱之為「蜈蚣式交易」的局面，也就是有太多個投資標的。正如避險基金傳奇人物麥克‧蓋爾班德（Mike Gelband）曾經告訴我，持有過多部位通常表示「大到無法成功」。只要你在投資時感到超出能力範圍，就應該減少投資的規模，重新調整。

華爾街上的大型機構開始質疑這檔基金有沒有能力應對風暴。基金的整個風險模型都是根據先前的市場行為。這個基金的成功，很大程度上仰賴市場繼續按照預期的方式運作，也就是把過去視為未來的可靠預測因子。但如果發生了無法預料的事情怎麼辦？長期資本管理會不會拖垮整個金融系統？

到了1997年中，亞洲經濟出現了斷層。貿易順差變成了逆差，來自西方的資本流動開始放緩，從前一年的549億美元下降到260億美元，減少了幾乎50%。雖然情況尚未非常嚴重，但也不容樂觀。這些國家曾經有大量的資本流入，但是他們的匯率緊釘美元。這導致貨幣供給擴張和房地產價格膨脹，而央行卻束手無策。當國際投資人意識到這些市場有多被高估且泡沫狀態嚴重時，他們就急忙撤回資本。他們將當地貨幣兌換成美元和日圓，並迅速將資金撤回本國，這導致了國際收支危機（balance of payment crisis）。換句話說，亞洲各國央行[6]不再擁有他們維持緊釘美元所需的外匯存底。危機的種子首先在泰國和馬來西亞發芽，不出多久整個地區都受到了影響。

1997年7月2日，泰國央行絕望地放棄緊釘匯率，放手讓泰銖貶值，藉此向經濟投下一條救命繩。幾週內，泰銖兌美元匯率重挫20%，跌至歷史新低。隨後，馬來西亞央行實施嚴格的資本外流和境外交易限制措施，以維持馬幣令吉的穩定，但那年秋季，馬幣仍重貶48%。全球總體避險基金迅速介入，開始放空這些國家的貨幣。三天後，菲律賓披索貶值。然後印尼擴大印尼盾的交易區間，使緊釘美元的匯率有更大的波動空間，這通常是一個不祥的徵兆。1997年8月中，印尼放棄了交易區間，允許貨幣自由浮動，接下來的十二個月暴跌85%。1997年夏季多次的貨幣干預，向整個投資界發出血流成河的訊號，投資人紛紛逃離。國際貨幣基金組織（IMF）不得不提供數十億美元的援助方案給亞洲國家，並實施各種改革，包括放棄緊釘美元匯率。

著名的避險基金經理人凱爾・巴斯（Kyle Bass）曾告訴我：「財務困難國家的調整機制，都是透過貨幣貶值。如果沒有與重整相關的貨幣調整機制，那麼一個國家要經歷硬重整（也就是違約），然後再次變得具有競爭力，將會非常困難。」

亞洲嚴重的金融崩盤真的讓學術界措手不及，尤其是那些依賴電腦演算法的人。他們從來沒有去過交易廳，但這才是真正檢驗實力的地方，熱門分析師在這裡確定價值，他們對真正的危險有第六感，可以讓你避免撞上冰山。管理員也可能會從交易廳的一端，對站在另一端的你大喊：「過去從來不是未來的可靠預測！」

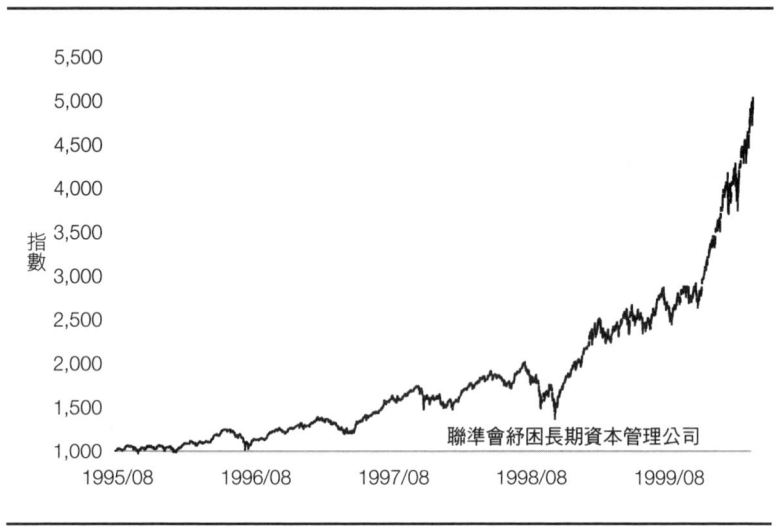

**圖4　那斯達克指數（紓困長期資本管理後上漲278%）**

1998年5月，梅里韋瑟的投資組合價值下跌6%，6月時下跌10%。7月時更糟，跌幅達到18%。到了8月時，當大多數基金經理人都在漢普頓度假，或乘坐包租船在地中海巡航時，股市暴跌導致長期資本管理公司虧損5.53億美元。幾乎所有的部位都和它做對。完全出乎意料的是，受亞洲危機和石油需求大減的影響，俄羅斯發生債務違約。這對梅里韋瑟來說是致命一擊。

當全球市場失控時，投資人會蜂擁到安全資產，也就是美國公債。當然，收益率會較低，但是在熊市期間，人們最想要的就是保住本金。長期資本管理公司握有大量與美國公債對作的債券，也就是大量放空美國公債。這個放空的時機實在糟透了。

那個月的月底,就在勞動節前不久,長期資本管理公司整個投資組合中的44%化為烏有。四週後,其績效急遽下滑,在佛蒙特州的楓樹轉為秋紅時,長期資本管理公司的損失達到了83%。這時它正在破產邊緣,全國各地的機構也面臨著崩潰的危險。必須有人介入干預。

1998年9月15日,著名投資人喬治‧索羅斯(George Soros)告訴國會,全球資本主義體系「正在四分五裂」[7],並補充「金融市場最近的行為並不是像鐘擺,而是像一個落錘,撞倒了一個又一個國家。」三天後,這間位於格林威治村的避險基金,聯絡紐約聯邦準備銀行。總裁威廉‧麥克唐納(William McDonough)得知他們的財務問題。兩天後,紐約聯邦準備銀行的一個小組,沿著一條綠樹成蔭的雙車道,開車穿過祥和的紐約市郊區。他們敲敲門,被引導進入一間會議室。辦公室裡很安靜。官員們收到一份資料,這是基金公司內的人從未見過的文件。這是「風險匯總」文件,摘要說明長期資本管理在每個市場的曝險。它在阿根廷、中國、波蘭、泰國和俄羅斯都有部位。官員們簡直不敢相信自己的眼睛。

基於交易對手風險的大小,該基金可能會拋售資產,這將對經濟產生致命的連鎖反應;如果所有人都同時出售某樣東西,隨著流動性枯竭,價格會跌至幾乎為零。正如麥唐諾的名言:「市場⋯⋯可能會停止運作。」[8]就在那時,他們做出了決定。聯準會精心策劃對長期資本管理公司的紓困方案,迫使美國和歐洲銀行業組成的財團買進這些資產。聯準會得出的結

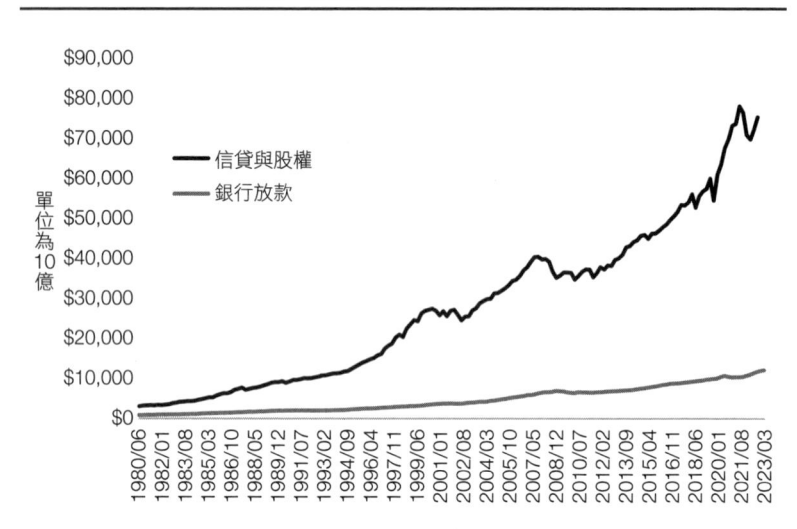

圖5　信貸、股權和銀行放款

單位為10億

論是，長期資本管理公司規模太大，不能允許它倒閉。

這對聯準會主席艾倫·葛林斯潘（Alan Greenspan）來說，有如敲響了警鐘。他意識到，企業透過金融市場獲得的融資，比從銀行獲得的融資還要多得多，這使得美國經濟對這些市場的依賴變得危險。1998年銀行貸款總額約為3兆美元，而美國股票和信貸市場的總市值超過20兆美元；現在經濟中的銀行貸款總額約為12兆美元，而股票和公司債市場的總規模約為75兆美元。這使得聯準會直接影響銀行貸款的傳統工具（例如利率政策）有效性大大降低。從那天起，聯準會的政策幾乎完全針對股票和信貸市場，或者用聯準會的行話來說，就是「金融情勢」。

聯準會紓困長期資本管理公司，等於是向全國每家金融

機構發出了明確的訊息：如果你的規模太大，如果你創造一堆失控的債務，使整個金融體系陷入危險，我們就不會讓你倒下。無論如何，美國都會為你提供紓困並支持金融市場。這個行為永遠改變了金融的歷史。美國已經跨過盧比孔河（Rubicon）＊——無法回頭了。

在紓困長期資本管理之後，我們進入了一個政府紓困的時代，徹底改變了商業環境，有點類似中國的貨幣匯率緊釘美元政策。政府紓困企業的財務，有各種武器可以使用。這些武器不是格林機槍、坦克，也不是飛彈，但是卻更加危險。你永遠不會拿它們去真正的戰場上打仗，但如果你想摧毀全球經濟，這些就會很有用。我指的是利率、印鈔機，也就是紓困措施。

2001年春天，網路泡沫真正破裂了。私人資本和投機熱情最終枯竭，股價估值從最高點暴跌。美國各地的科技公司都在堆放家具，準備關門大吉。大批高學歷者失業。席捲市場的狂熱正在告終。科技繁榮持續了大約四年，差不多是泡沫的形成期間，然後一切都像櫥櫃裡的餡餅一樣化為烏有。被解雇的人成群離開。但對於那些在2001年夏天承受這一切的人來說，當他們看到自己破碎的夢想，看到數百萬利潤化作炊煙，他們臉上的表情令人悲傷。

---

＊ 編注：根據羅馬共和國法律，任何將領都不得帶領軍隊越過盧比孔河，否則將被視為叛變行為。西元前49年，凱撒挑戰此項禁忌，帶兵進入羅馬，象徵了破釜沉舟，不留任何退路，最終獲得勝利。

> **投資人注意**
>
> ## 導致長期資本管理倒閉的原因，也在2020年3月拖垮好幾間避險基金
>
> 1998年，長期資本管理的倒閉與新冠疫情時代的大規模紓困，兩者之間的關聯不只是巧合。這是每個人都需要理解的東西，尤其是在建立投資組合時。
>
> 許多避險基金經理人都有一個報酬率門檻，也就是高階管理團隊希望他們每年實現的投資報酬率。當央行總裁降息時，他們也會長期抑制許多資產類別（股票、債券、大宗商品等）的波動性。換句話說，穩定的利率可以減少交易者利用定價低效率的機會。隨著價差縮小，需要愈來愈高的槓桿才能獲得相同的報酬。當市場出現意外且波動性突然飆升時，這些槓桿交易全都會爆掉。
>
> 那是2020年3月，我們《熊市陷阱報告》團隊與我們最喜歡的避險基金總體投資人之一喬·莫羅（Joe Mauro）通電話。他在高盛工作了十三年，主要擔任合夥人。他對利率、政府公債和外匯，以及對大宗商品的廣泛了解，在華爾街無人能及。在華爾街的職業生涯中總會有這樣的時刻，讓你在和某個人交談時看到大局。這就是其中一次。
>
> 包括股票、債券和幾乎所有資產類別，市場正在成為失控的煉獄。價差急遽擴大，買家也消失了，任何東西的出價都是零。任何東西都被拿出來賣，雖然新冠疫情是一種威脅，但還有其他因素影響資產價格。

我問：「發生什麼事了？這太瘋狂了。自從雷曼兄弟以來，我還沒有見過這樣的事情。」

「真的失控了！」他激動地說。

莫羅說的是相對價值避險基金內部的高槓桿情況。這種系統性風險會迫使聯準會做出重大的回應。他接著解釋，聯準會長期壓低利率，使得至少十幾家基金內的「槓桿累積」變得難以想像。這些機構又是大到不能倒，但這次不只是一、兩家銀行而已。風險分散在多個避險基金之間，至少有十幾間基金公司深陷債券基差交易（由長期資本管理所推廣）和相對價值交易（relative-value trade，另一種利用微小價格扭曲的策略）之中。這些公司的槓桿高得離譜：有些槓桿比率為20：1，有些甚至高達30：1。

莫羅繼續說道：「所有人都認為這是新冠肺炎引發的拋售潮。事實是，眼前的情況讓長期資本管理的問題看起來是小事一樁。事情可能會很快變得非常嚴重，也許會嚴重二十倍。疫情觸發了多間避險基金同時爆發巨大的槓桿問題。華府將不得不為此大舉紓困⋯⋯這可能比雷曼兄弟破產時的情況嚴重三到五倍。後果將是一個改變遊戲規則的事件。它將影響所有資產價格，並徹底改變未來十年投資組合的建構。」

這件事讓我們學到的教訓是什麼？這是長期資本管理的加強版，以及一百年來最致命的大流行病，迫使公共政策的回應超過了大金融危機時期的三倍以上。結論是：央行官員正試圖平緩經濟週期的波動，但他們只是在未來埋下更大災難的種子。

老派的價值投資人巴菲特曾在1999年時站在太陽谷（Sun Valley），向科技巨頭戴爾、比爾·蓋茲（Bill Gates）、賴瑞·艾利森（Larry Ellison）等人發表演講，解釋為什麼他永遠不會投資這些價格過高的科技公司。這時他坐在奧馬哈的辦公室裡，啜飲著櫻桃可樂，臉上帶著一絲苦笑。身為持有全球第一飲料公司10%股份的股東，他避開了一場摧毀了幾間避險基金、扳倒安隆和世界通訊等公司欺詐行為的崩盤。那斯達克指數看起來就像被高空彈跳者劫持了一樣，從最高點暴跌80%。新天堂消失了。是時候讓美國人再次穿上西裝領帶，像理智的成年人那樣回到工作崗位，重新踏入一個彷彿陷入宿醉的經濟中。當網路泡沫所有好玩的事都結束時，人們感到無趣，而且有些沮喪。聯準會出手降息，只是為了讓經濟稍微有些活力，但是那一年的9月11日早上8點46分，美國航空公司的11號航班撞上了世界貿易中心的北棟。早上9點3分，聯合航空公司的175號航班撞上了南棟。

那天股市沒有開盤。股市暫停交易整整一個星期，這是自大蕭條以來最長的暫停交易期。當紐約證券交易所的開盤鈴聲於9月17日再次響起時，市場陷入一片混亂。道瓊指數當天下跌了7.1%，創下道瓊單日最大跌幅的新紀錄。標普五百指數暴跌了11.6%，而科技股最重要的那斯達克指數則下跌了16%。總計價值損失了1.4兆美元。

在華盛頓特區憲法大道的埃克斯大樓（Eccles Building）裡，葛林斯潘與聯邦公開市場委員會（FOMC）成員坐在一

起，神情凝重。這次對美國經濟的戰爭，不知為何落在了他的肩上。美國交通系統已無限期關閉，資本市場也陷入了停滯。全國沒有人知道飛機航班何時會復飛。航空業和飯店業密切相關，這兩個行業突然陷入重大困境，帶來了巨大的信用風險，導致保險業面臨了400億美元的賠償。而這一切都發生得迅速無比。某一天早晨還是很和平，隔天美國就陷入了戰爭，經濟上也是如此。從某種意義上來說，整年都是這樣。九一一攻擊是另一個重大的打擊。因此，攻擊事件發生兩天後，被稱為「大師」的葛林斯潘開始實施又一輪降息措施，總共降了六次。

　　進入新的千禧年時，聯準會利率相對較高，有足夠的武器可以應對市場戰爭。可以說，它的「槍」已經裝載完畢，還有大量的彈藥儲備，而且還有更多的彈藥在路上。主權資產負債表，也就是政府債務狀況，處於健康狀態。當2001年開始時，聯邦基金利率維持在6%。但是在年底前，聯準會已經驚人地降息了十一次，12月時利率降至1.75%。九一一事件發生後，聯準會連續四個月進行每月五十個基點（即半個百分點）的降息步伐。請記住，低利率代表廉價的資金，也就是容易取得貸款資金。每個消費者都成了贏家。這麼做提供了足夠的流動性，在世界貿易中心遭受攻擊後，老天爺大發慈悲，讓市場迅速恢復了正常。

　　但是有一個新詞卻開始悄悄出現在市場術語中，這是我們2023年寫書的當下，面臨著主權債務危機的部分原因，使我們政府的資產負債表高達33兆美元，還有超過200兆美元無資

金準備的債務。這個詞就是「聯準會賣權」(Fed put)。

這個詞源自於聯準會對市場下跌趨勢的應對方式，以及葛林斯潘習慣在事情出差錯時提供救生艇的傾向——例如長期資本管理的破產、網路泡沫的破滅，以及九一一恐怖攻擊事件。每次發生災難時，聯準會總是會出手拯救，確保市場不至於再次出現黑色星期一的局面。我們的老朋友，曾提出資本主義「看不見的手」理論的古典經濟學家亞當·斯密，可能會對2000年代初期聯邦公開市場委員會的會議感到難以置信。

想想紐約的餐廳場景吧。如果你有機會去這個城市，你會發現有些餐廳的價格太貴，食物品質又不好，你幾乎可以預測這些餐廳會在六個月內破產。這是我所知最殘酷的市場，而資本主義在這個市場中其實運作得非常好。但是，這正是現在全球市場所缺乏的。當決策官員不允許經濟週期運作，不允許公司破產時，就會累積腐敗且縱容不法行為，因為那些壞蘋果沒有從系統中被清除掉。如果紐約的餐廳經常獲得紓困，那就會是地球上最糟糕的用餐地點！但是紐約的餐廳是全世界最好的。

市場壓力會隨著時間而增加，就像磚牆上的黴菌或苔蘚一樣，需要人員定期清潔才能變得乾淨，讓一切看起來再次清晰。放手讓資本主義市場自然發展，就會有這樣的效果。但是，當葛林斯潘繼續在發生災難時提供紓困，市場上的壞蘋果就絕對不會消失。他們只是被所有的救生艇隱藏起來，總有一天會出現在國家的資產負債表上。

我們需要傾聽市場的聲音，尤其是在巨大長期變化的轉捩點。這就是出現數十億美元獲利或虧損的時候。想想1980年代初期，高通膨結束時，在通貨緊縮時代的門口。價值股和大宗商品占據了十多年的主導地位。到了1981年，標普五百指數大部分的資金都投資於「實體」經濟的股票。這是十年持續通膨的末期，也是實體資產主要的利多因素。超過27%的市值與能源產業有關，12%與工業有關，10%與材料有關。這三個以實體資產為主的產業占市場價值將近50%，一想到就令人瞠目結舌。相較之下，金融業只占了6%。

時間快轉到2007年，在經歷了近二十年的通縮壓力、寬鬆的槓桿和聯準會賣權之後，情況完全不同了。在雷曼兄弟重大倒閉事件之前，金融業成為最大的類股，吸收了總價值的近四分之一（24%）。同時，能源下降至12%，工業下降至8%，材料下降至4%，公用事業下降至2%。另外值得注意的是，1980年資訊科技占市場價值的10%，在2000年網路泡沫的頂峰時期飆升至驚人的35%，之後在2007年回落至12%。在1990年代和2000年代，美國商業的中心完全轉移，尤其是在上層。多極世界秩序時期（1968年至1981年）的經濟重心，集中在商品開採和工業生產上。有著持續和平和自由貿易的新單極世界秩序，則完全集中於金融和科技。市場對這樣的轉變反應近乎狂熱。

到了2021年，那斯達克一百指數（NDX）中的一百支股票，占了20兆美元的財富。這是資產泡沫史上最擁擠的交易

（絕大多數投資人都湧入了這幾支那斯達克股票）。不斷重演的教訓顯而易見：不論是1981年的大型石油公司、2000年的科技股，還是2007年的金融股，當某個產業在一段很長的時期內占主導地位時，潛在的風險就藏在這裡。當主流投資的買進聲音如此之高時，一定要立即往反方向跑，絕對不要遲疑。

隨著一場重大長期變革的起源降臨，要即時解讀這些跡象非常困難，但如果你仔細觀察，所有的徵兆都可以看得出來。我們的團隊每天都在尋找這些徵兆。

## 槓桿是強大的毒品

在雷曼兄弟的交易大廳裡，「系統性」這個詞並不是日常用語。直到我們開始分析某些資產負債表的巨大風險，並想像其中一個巨大骨牌倒下的後果，這個詞才逐漸浮出水面。我們觀察房利美（Fannie Mae）和房地美（Freddie Mac），這兩間公司擁有數千億美元的抵押債券。這兩間公司支持著充斥次級抵押貸款的體制，當利率重設後，借款人就還不起貸款了。我已故的好友，無可取代的賴瑞·麥卡錫（Larry McCarthy）把這兩間公司描述為「不過是由政府資助的正利差避險基金」。2007年，影子銀行一間接一間倒閉。在雷曼兄弟，我們的團隊率先意識到了這一點，並大幅放空次級抵押貸款經紀商新世紀（New Century），以對我們在房地產部門的多頭部位避險。但最終導致我們失敗的，是與長期資本管理公司相同的問題：

槓桿。

　　但是雷曼兄弟的倒閉和2008年的金融危機，現在來說早已是舊聞了，討論它發生的機制和原因會使敘述變得混亂。我們需要知道的是，這件事確實發生了，政府將整個金融系統納入了紓困，而不是讓它自行倒閉。聯準會在2001年至2003年期間設定的低利率，以廉價貨幣和寬鬆的貸款標準創造了房地產泡沫，也阻礙了像伯尼‧馬多夫（Bernie Madoff）這樣的騙子曝光，而在整座紙牌搭建的房子垮掉時，聯準會賣權將它撐住了。

　　2008年金融危機後的公共政策反應，相當於金融武器版本的廣島原子彈。但這對接下來的十年，帶來了什麼後果？聯準會確實修復了信貸市場、企業維持營運、金融體系得以生存下來。但在這個世界上，任何事都會有代價。當你將5.7兆美元投入於應對危機時（參見第三章的估計），這會過度激烈地破壞自然平衡，必然造成可怕而意想不到的後果。為了理解我們今天身處的情況，面對像喜馬拉雅山般龐大的債務，我們必須探究雷曼兄弟倒閉後，聯準會使用的實驗性藥物，及其可能在某天摧毀市場的毀滅性副作用。

第三章

# 量化寬鬆帶來的曙光，以及光芒的消逝

2009年1月20日，寒風刺骨，但有超過兩百萬人湧進首都，見證主題為「新自由誕生」的歷史性事件。巴拉克・歐巴馬（Barack Obama）在2008年的大選中輕鬆勝出，結束了共和黨執政的八年。他向一個陷入危機的國家承諾希望：結束伊拉克戰爭、解決高昂的醫療費用問題、制定應對氣候變化的計畫，最重要的是，制定修復經濟的計畫。在小布希政府最後執政的幾個月，美國政府花了數兆美元來挽救崩潰的經濟。光是聯準會就買了價值1.3兆美元的高風險資產，除此之外，還建立了一連串撥款機制來解凍信貸市場，如定期資產擔保證券貸款機制（TALF）、資產擔保商業本票貨幣市場基金流動性機制（AMLF）、定期借券機制（TSLF）。到了12月，聯準會開始向剛被國有化的房利美和房地美，購買價值6,000億美元的機構抵押貸款證券。

　　標普五百指數於3月6日一度觸及不祥的666。摩根大通股價跌破11美元，正如我們一直以來的朋友道格・卡斯（Doug Kass）在全國廣播公司商業頻道（CNBC）上所說：「這是我所見過最好的買進機會。」每個人都坐立不安，等待著經驗不足的聯準會主席柏南克採取下一步行動。

　　但這位聰明絕頂的經濟學者、哈佛大學學士兼麻省理工學院經濟學博士，卻已經彈盡援絕了。聯邦基金利率處於谷底。儘管他們在這場危機中投入了數兆美元，但這是一個黑洞，以勢如破竹之勢吸入資金。

　　柏南克在學術界時對大蕭條做過廣泛的研究，他擔心美國

經濟會像1930年代那樣，陷入災難性的通貨緊縮螺旋。柏南克進入了一個未知的領域，帶著他最新的想法——稱為量化寬鬆的全新貨幣政策。正如我們在第二章討論過的，日本在1990年代末期和2000年代初期曾嘗試過這種做法，但是柏南克認為聯準會需要的規模，比日本人敢做的更大許多。雷曼兄弟破產倒閉的震撼彈，將美國一路推向了金融崩潰的邊緣。這是非常時期，需要採取非常手段。

結果成功了！2009年3月，聯準會承諾買進1.25兆美元的機構債券和公債，此舉立即引發股票狂潮和新一輪牛市。華爾街從此沒有回頭，到了2009年底，標普五百指數已經飆漲68%。當時很多人露出微笑、很多人互相拍背鼓勵，還有很多人顯得洋洋得意。但是我記得很清楚——我認識最聰明的風險顧問都感到不安，對聯準會的作為和國會批准的債務規模感到震驚。

儘管股市反彈，但經濟仍持續衰退。工人，尤其是低技能的工人，面臨著極為匱乏的就業機會。許多人失去了積蓄、工作和房屋。隨著資產價格飆升，美國最富有的1%擁有的財富，突然超過了整個底層95%的人口！

底特律曾經是美國、甚至世界上最繁榮的城市。2009年，底特律倒下了。汽車製造廠被廢棄。全市將近三分之一的房屋已成空屋。其他製造業重鎮也是如此：揚斯敦（Youngstown）、水牛城（Buffalo）、弗林特（Flint）、蓋瑞（Gary）和聖路易（St. Louis）。

## 政府為2008年金融危機花了多少錢？[1]

我們先從聯準會對雷曼兄弟倒閉的回應開始，因為這是最容易衡量的。截至2010年第一季底，聯準會已經根據新的量化寬鬆計畫，買了1.5兆美元的資產。這還不夠，第二次和第三次量化寬鬆接踵而至，聯準會從2008年到2014年，總共挹注了3.5兆美元的流動性。7,000億美元的「問題資產救助計畫」（TARP）銀行紓困基金，後來減少到4,750億美元。房利美和房地美共獲得不到2,000億美元的紓困，而花旗銀行獨得4,000億美元的資產、債務擔保和其他政府援助，而美國銀行則獲得了1,000億美元。摩根士丹利在2008年10月獲得了聯準會提供的1,000億美元，以便在第三季財報中宣布擁有「充足的流動性」。此外，政府於2009年初通過了9,000億美元的《美國復甦與再投資法案》（American Recovery and Reinvestment Act），以在雷曼破產後重振瀕死的美國經濟。從2009年到2012年，政府預算赤字遠高於1兆美元。若不計入這些赤字，紓困總支出為5.7兆美元，超過了前任紓困單位負責人尼爾・巴羅夫斯基（Neil Barofsky）估計的4.6兆美元。

是什麼導致了美國製造業經濟的消亡？不能把一切都歸咎於雷曼兄弟。其中一個根源是遠在千里之外的中國，無知的人民共和國。中國在2001年加入WTO時，美國製造業有一千七

百五十萬筆就業機會。到了2007年，少了其中三百五十萬筆就業機會，到了2009年，只有一千兩百八十萬人仍受雇於製造業。這表示有五百萬名勞工失業。儘管自二戰結束以來，美國製造業工人的比例一直在下降，但是這個速度卻大大加快。高中畢業、沒有大學學歷的勞工（建築工人、機械工人和製造工人）就業人數，從2000年的三千七百萬，下降到2010年的三千三百萬。這就是藍領勞工的困境。它正在將美國朝著危險的內亂推去。

歐巴馬總統迫切希望解決「鐵鏽帶」（Rust Belt）的困境，而他擁有完美的平台。他的政黨贏得了眾議院、參議院和總統職位——這是歷史上每屆政府都夢寐以求的。白宮首席經濟顧問賴瑞‧桑默斯（Larry Summers）協助他制定了一個計畫。桑默斯是傑出的經濟學家，十六歲就錄取麻省理工學院，馬帝‧費爾德斯坦（Marty Feldstein）是他在哈佛研讀博士時的指導教授。雷根經濟學（Reaganomics）根本就是費爾德斯坦的發明。

桑默斯在1999年時協助柯林頓總統廢除了《格拉斯—斯蒂格爾法案》（Glass-Steagall Act），該法案的廢除最終成為雷曼兄弟倒閉的主要原因之一。現在他不得不處理意想不到的後果。議程上的首要任務是拯救汽車製造商。通用汽車和克萊斯勒（Chrysler）面臨日本車商的競爭，以及數十年管理沉痾的重大打擊，在深淵邊緣搖搖欲墜。

到了2009年5月，美國政府透過債轉股的方式，收購通用

汽車72.5%的股份。這使得五千七百名加拿大人在那年冬季，不必到慈善廚房討東西吃。總紓困成本約為510億美元，另外還有172億美元用於該公司的抵押貸款銀行——被房地產崩盤嚴重打擊的通用汽車金融服務公司（GMAC Finance）。

歐巴馬的經濟團隊隨後採取了前所未有的行動。通用汽車被迫破產，其私人債券持有人被犧牲，被迫接受價值遠低於債券的股票。與此同時，工會也大獲全勝，將兩倍的股權收入囊中，用於養老金支付。這破壞了所有的法律先例，優先債券持有人的順序被放在最後。在此之前，付款的優先順序是由破產法官決定的，但政府顛覆了長達兩百年的破產法。一旦政治凌駕於法律，以後就會有愈來愈多這種情況。（問問委內瑞拉和阿根廷的投資人就知道了。）

克萊斯勒也面臨類似的命運。公司也被迫申請破產保護，並獲得了80億美元的「擁有控制權的債務人」（debtor-in-possession）貸款，公司50%的股份以極低的價格賣給了義大利的飛雅特（Fiat）。

北美自由貿易協定（NAFTA）對這件事有很大的影響。這是1995年美國、加拿大和墨西哥之間簽署的一項友好合作協議，但對美國汽車工人卻是一個毀滅性的打擊。即使2009年進行紓困、且承諾保留就業機會給本國，製造業仍然持續轉移到墨西哥，因為那裡的勞動力成本更低。

## 美國汽車工業的消亡[2]

儘管外國汽車公司的製造工廠大量湧入美國，但美國汽車業的就業人數還是從1992年的兩百二十萬人，下降到2023年的一百八十萬人。通用汽車在1990年有八十萬名美國員工，到了2023年只有十六萬七千人。福特在1990年有四十萬名美國員工，到了2023年只剩下十七萬人。1994年，美國每月生產超過五十萬輛汽車。到了2008年，減少到每月三十萬輛，2018年減少到二十萬輛。新冠肺炎危機進一步阻礙了生產，現在這個數字下降到每月十五萬輛多一點。美國愈來愈多的生產製造被轉移到國外。

舉例來說：2004年，北美製造的所有汽車中，74%是在美國製造的。只有9%的一小部分是在墨西哥境內製造，剩下的17%是在加拿大生產。但是十年後，情況發生了巨大的變化。墨西哥的汽車產量占比增加一倍，達到20%，美國的占比則大降。墨西哥製造還有一個額外的吸引力，那就是離美國相對較近，不像遠在太平洋另一邊的中國。當汽車進行長途運輸時，這一點就很重要。

機器人在製造業中的興起，也造成全國數千個就業機會消失。這些失業的勞工將何去何從？當福特T型車問世時創造了整個產業，如輪胎店、換油店、洗車店等等；失業的馬車鞭子推銷員和鐵匠有很多新的機會。但是對於那些從汽車業被淘汰的人來說，現在情況就不一樣了。有一段時間，零售業似乎會

### 圖6　線上商店與百貨公司

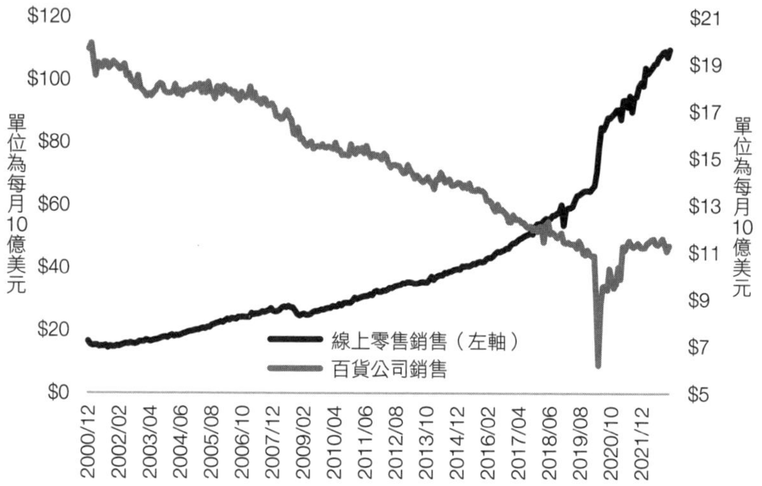

帶來希望。但隨著線上零售業的興起,一個又一個購物中心倒閉,許多工作機會開始消失。

歐巴馬政府知道所有的問題,卻沒有持久的解決方案。因此,按照政客的神聖傳統,他們砸錢解決問題。失業救濟金支付大增,歐巴馬《患者保護與平價醫療法案》(Obamacare)在全國推出,同時還有綠色能源補貼、抵押貸款紓困方案,以及太陽能補貼。總支出為1.3兆美元,由納稅人買單。

支出計畫[3]和收入不平等的暴增,加劇了美國民眾的兩極分化。茶黨抗議活動如雨後春筍般出現,無視美國資產負債表上不斷增加的債務。赤字支出仍在持續,2010年又增加了1.3兆美元。但隨後美國的政治機器猛踩煞車。

### 投資人筆記

## 朝野分裂對債券的影響

我們的首席策略師羅伯特・馮・巴滕柏格（Robbert van Batenburg）告訴我們，歐巴馬的期中選舉對市場的影響。他向客戶展示一個令人震驚的圖表，因為它完美地說明了當華府從團結政府變成分裂政府時，會發生什麼事。當總統和國會由同一個政黨控制時，債券收益幾乎無一例外地會上漲。沒有人監督支出，開啟了買進狂潮的洩洪門。這導致更大的赤字以及發行更多公債。但是當執政黨失去對國會的控制時，也失去了對財政支出的權力。執政者不能再收買民心了，再也不能（或者會減少）提供特殊利益團體好處。赤字不再增加、公債發行減少、價格上漲、收益下降。這正是在2010年期中選舉後，民主黨失去眾議院主導權後發生的情況。在歐巴馬的兩個任期內，十年期公債收益率從原本的3.6%，到了2016年夏季逐漸下降到1.4%。

有時候，最好的交易是最容易理解的。因此，我們在2018年10月期中選舉前做多債券。眾議院倒向民主黨，債券經歷了前所未有的兩年反彈走勢。那年秋季，十年期公債收益率高於3%。兩年後，在新冠肺炎危機時，收益率跌到0.5%。做多長期公債兩年的報酬率高達50%，真是令人難以置信。

共和黨在2010年的期中選舉時，眾議院席次大勝民主黨。民主黨當天失去了六十三個席次，這是自1926年以來最大的敗選，他們明顯失去了對國會的控制。從那天起，歐巴馬的計畫將陷入僵局。幾乎在眾議員就職後，共和黨議員就竭盡全力刪減美國的赤字支出。2011年，他們推動了預算減赤，威脅要讓全國債務違約，迫使歐巴馬和民主黨同意在十年內刪減2.4兆美元的預算。在歐巴馬總統剩餘的任期內，共和黨一直握有控制美國政府支出的權力，他們確實刪減了赤字——從2009年的1.4兆美元，到2013年降至6,800億美元。

隨著國家重新走向緊縮政策，對振興措施上癮的市場再次陷入困境。如果沒有聯準會的幫助，股票根本不會反彈。而這

**圖7　團結與分裂政府下的公債收益**

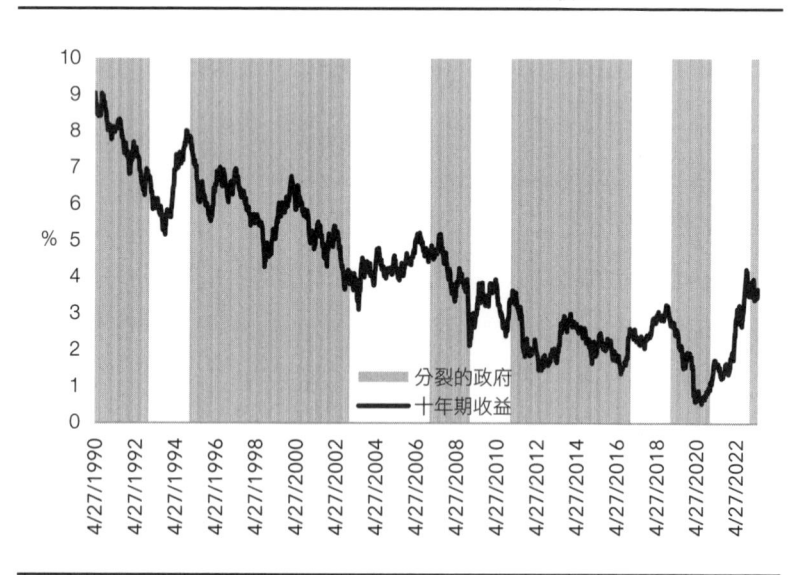

正是他們得到的結果。

2011年，美國再次證明其工程技術是有史以來最佳。我說的不是汽車，而是金融工程。媒體將這個計畫稱為「扭曲操作」（Operation Twist）。聯準會正在買進長期債券，並賣出期限較短等值債券——做多三十年期債券，做空兩年期債券。由於通膨率和未來展望仍然如此低迷，聯準會希望透過任何必要的手段，進一步壓低利率，並將收益推向最低水準，以啟動經濟成長。到了隔年，2012年時聯準會對結果不滿意，開始了1.7兆美元的債券購買計畫。

你可能會問，這是否使股票上漲？這簡直就像標普五百指數接上了一支馬斯克（Elon Musk）的獵鷹九號（Falcon 9）一樣——九部由液態氧和火箭級的煤油推進劑提供動力的梅林引擎（Merlin engine），在海平面上的推力超過一百七十萬磅。答案是肯定的。絕對！股市開始飆漲，從2012年夏天，柏南克宣布第三階段量化寬鬆到2014年中結束，標普指數飆漲了逾50%。

然而，與2009年3月一樣，股市的反彈並沒有擴及至整體經濟。在接下來的幾年，實質GDP成長率從未超過2.5%。垂頭喪氣的民眾仍只能勉強溫飽、支付電費。聯準會的計畫是加強銀行貸款，並允許企業投資經濟。但是銀行不願意放貸，而是將資金存放在風險非常低的資產，即美國公債，而且美國企業正在囤積現金並回購自家股票，原因我們稍後將會討論。

你還記得利率和價格之間的相關性嗎？這是一個經典的因

## 圖8 聯準會振興方案對標普指數的影響

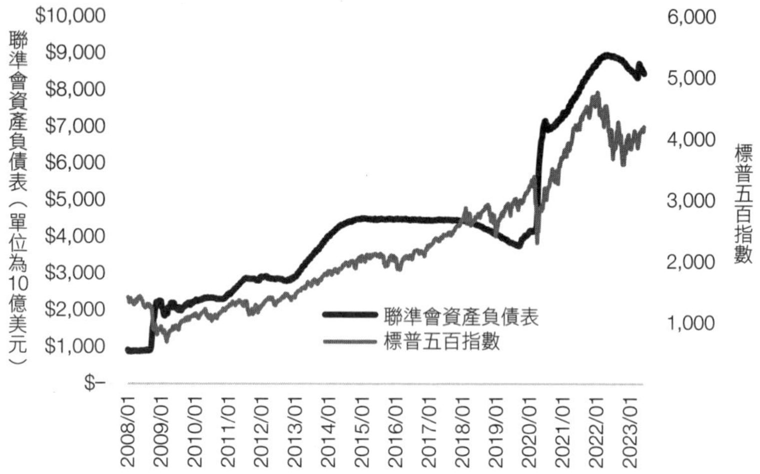

聯準會資產負債表（單位為10億美元）

- 聯準會資產負債表
- 標普五百指數

果關係。低利率代表貸款成本更低，這麼做是人為地抬高了價格，尤其是像房屋這樣的大型資產，需要大筆貸款。這使得房地產價格居高不下，進而使租金居高不下。大量低收入和中等收入家庭買不起房子，或是與房屋所有權相關的經濟負擔增加了。高昂的開支使生活比以往更加艱難，並進一步加劇了不平等，直到美國最終出現了鍍金時代（Gilded Age）以來最嚴重的不平等現象。

各位，接下來是金融界最沉悶的話題之一：長期停滯。在這種經濟狀況下，私人部門已經明確決定囤積現金，而不是進行投資。在正常環境下，低利率應該鼓勵投資和成長，但儘管聯準會盡了最大努力，這在2012年至2014年間仍沒有發生。

這是因為銀行、企業和家庭在金融危機大屠殺後，專心重建資產負債表。消費者延後消費，企業延後投資。

原本的計畫是，一旦填補好銀行資產負債表上的漏洞（估計接近5兆美元），就會結束量化寬鬆。較低的利率代表銀行持有的資產價值增加。但低利率的時間，持續得比原先預計的還要久得多。

與此同時，人為壓低的利率使老年人和退休金領取者的收入減少。老年人傾向將大部分儲蓄投資於市政債券以及其他固定收益投資產品中。在雷曼兄弟危機影響下，他們許多人已經只能勉強度日。在某種程度上，量化寬鬆實際上是將財富從退休人士的手中轉移給銀行。在銀行沉痾解決很久之後，財富卻仍持續從老年人手上轉移到銀行。許多美國人仍在調整自己的資產負債表，而固定收益商品的低報酬率，進一步削弱了家庭的支出能力。這是大衰退（Great Recession）後成長緩慢的一個因素。

但聯準會並不想看到這種狀況。當經濟沒有成長，債券回購計畫的規模就變得更大。聯準會從第一次到第二次量化寬鬆，然後迅速進入第三次，直到其資產負債表達到4.5兆美元。請記住，這是聯準會的資產負債表，與國債不同，國債的數字在曼哈頓布萊恩特公園（Bryant Park）附近的一個大電子鐘上顯示，這是房地產大亨西摩‧德斯特（Seymour Durst）的主意。國債鐘的增加速度令人嘆為觀止。美國大約每分鐘印一百萬美元的鈔票。當歐巴馬政府在2009年入主白宮時，美國

**投資人筆記**

## 量化寬鬆如何推升股票與債券

市場流動性是帶動股價漲跌的最大因素之一。流動性的增加將把更多的資金投入金融市場，然後進入股票和債券。另一方面，消除流動性會使市場流失現金，並為股票和債券價格帶來壓力。

但是，聯準會如何向市場挹注和收回流動性呢？當聯準會買進債券時，它將以現金交換投資人手中的債券，然後將這些債券存入央行的帳戶中，並持有至到期日。這種交換會向市場挹注流動性，因為投資人現在需要重新配置這筆現金。想像一下，當聯準會根據量化寬鬆方案，買進數兆美元的美國公債時，會使投資人擁有數兆美元的現金，而聯準會則持有一大筆無風險債券，而原本的投資人已經無法再取得這些債券。這些投資人需要使用這些流動性來買進新的債券，以取代聯準會從他們手中買走的債券。但由於聯準會一直在市場上大量買進債券，導致債券收益降至極低點，不再符合投資人所需。

許多機構投資人，例如保險公司或退休基金，需要買進具有最低報酬率的低風險固定收益資產。因此，這些投資人會在其他地方尋找具有適當報酬率的債券，最後他們會買進投資級的公司債。但這會對這些債券收益造成壓力，最終造成投資級債券短缺。這些現象共同造成了標準下降，迫使投資人買進原本不需考慮的資產類別。這種情況導致固定收益

市場中的收益下降，而較低的收益通常對股票價格有利，因為這使得股票相對於債券更具有吸引力。這還使得資本充裕的公司以人為低利率發行債務，並利用所得資金回購自家股票。以蘋果公司為例，自2012年以來，該公司已發行了1,300億美元的債務，以買回5,000億美元的自家股票。

不過，事情不是這樣而已。聯準會本身資產負債表上的現金很少，因此它用在商業銀行創造的信貸購買這些資產。因此，如果聯準會買進1,000億美元的美國公債，商業銀行的準備金也會增加相同的金額。商業銀行資產負債表上的準備金，是用於買進更多資產。自2008年以來，監管變得更加嚴格，將銀行可以在其資產負債表上持有的資產，限制為最安全的資產，主要是公債。所以這就是這些銀行所做的：買進更多的政府債券。換句話說，每當聯準會買進大量債券時，它就會在商業銀行創造一種資產，他們也用這些資產買進美國公債，因此這是對債券的雙重打擊。

從2024年到2026年，將有2.9兆美元的美國公司債到期（包括高收益債券、投資級債券和槓桿貸款）。如果聯準會真的將利率「在更長時間維持較高水準」，那麼這個巨大的債務負擔，將需要以更高的收益率進行再融資。殭屍公司和龐大的違約周期將俯拾即是。請記住，這些債務大部分是在2020年至2021年期間發行，當時債券收益率明顯較低。一個令人大開眼界的例子是2060年到期的蘋果AAPL 2.55%債券在2020年以面值的100%出售給投資人，到2023年以每美元60美分的價格交易。投資人需要保持高度警惕。

國債規模是10兆美元,正好是GDP的68%。到2014財政年度結束時,國債已攀升至17.8兆美元,是GDP的101%。自二戰以來,美國欠的錢首度超越了經濟所產生的錢。

到了2016年,隨著歐巴馬進入任期最後一年,這位八年前滿懷希望的年輕人,現在顯得鬱鬱寡歡,曾經烏黑的頭髮也變成了灰白色。美國陷入了困境。不只是因為就業減少和所有的債務,也不只是政治分歧。可怕的毒品問題正在奪去美國人的生命,尤其是在鐵鏽帶地區。太多失業和就業不足的勞工階層,因過量服用毒品、自殺以及與酒精有關的疾病而死亡,使得美國的預期壽命開始下降(過去數十年都處於上升狀態)。普林斯頓大學的安・凱斯(Anne Case)和安格斯・迪頓(Angus Deaton)教授[4]以「絕望死」(deaths of despair)一詞來描述這樣的趨勢。納森・塞爾策(Nathan Seltzer)教授於2020年的研究〈毒品流行的經濟基礎〉(The Economic Underpinnings of the Drug Epidemic)指出,製造業失業情形對於男女服用毒品和鴉片類藥物過量而死亡,有很大的預測作用[5]。如果觀察美國製造業的就業地圖[6],它與毒品使用過量的死亡率相當準確地重疊。

高盛曾深入研究這些資料,以分析美國勞動力的差距。報告指出,美國的壯年參與率,也就是二十五至五十四歲之間的勞動力比例,低於大多數其他已開發經濟體。曾任歐巴馬經濟顧問委員會主席的亞倫・克魯格(Alan Krueger)的紀錄指出近一半未進入勞動市場的壯年男性每天服用止痛藥,近

20%的人報告健康情況不佳。同樣令人震驚的是，自2008年以來，美國的女性壯年參與率停滯不前，而其他已開發經濟體的這個數字則一直攀升。

過去十年來，超過十億台iPhone是由中國製造，出自燃煤發電所供電的工廠。我們將環保罪惡感輸出到中國，同時損害鐵鏽帶的就業前景，為美國企業創造一個不公平的競爭環境，這麼做根本沒有意義。這是一條無法永續的道路，具有重大的政治後果。儘管碳減排目標值得稱讚，但如果中國沒有發揮更積極和建設性的作用，就不可能實現。2022年，中國新建燃煤電廠數量是世界其他地區總和的六倍。根據全球能源監測（Global Energy Monitor，GEM）和能源與乾淨空氣研究中心（Centre for Research on Energy and Clean Air，CREA）的一份報告，它延續了2022年開始的燃煤電廠「許可狂潮」，2023年上半年允許新增五十二百萬瓩（GW）的煤電。這表示從2022年起，燃煤電力的產量可能增加23%至33%。

比起其他已開發國家，美國企業和消費者更偏好廉價進口產品，尤其是來自中國的進口產品。雖然許多其他已開發國家都有政策來保護其工業和工人，免受這種激烈競爭的影響，但政客和華爾街卻把注意力集中在廉價進口商品的通貨緊縮效應上。低通膨代表低利率，這提振了股票和債券，而華府能夠以最低利率為不斷膨脹的赤字提供資金。這一切的代價是數百萬人失去工作和機會，十年的長期停滯，以及數十萬人不必要的死亡，這一點似乎愈來愈明朗。

從2008年到2016年期間，美國公債不只增加，而且幾乎增加一倍，從10兆美元增加到19.5兆美元。隨著全球化和購買力流失使中產階級消失，資金以貿易逆差的形式流向海外，然後以買進債券的形式回到華爾街。這種不平等將美國變成了一個贏者全拿的社會。大型企業可以用略高於聯邦基金利率的利率借錢，大約為1.5%。但是，地區銀行卻以6%和7%的利息貸款，或循環利率18%的公司信用卡，占了中小企業主（真實經濟的命脈）的便宜。他們根本無法跟大企業競爭。在2007年至2019年期間，美國投資級公司債（最大和最安全企業的債券）增加了3.7倍，以金額來說增加了4.5兆美元。相較之下，高收益債券，也就是為中小企業提供資金的債券，只增加了1.6倍。低廉的信貸成本讓亞馬遜、家得寶（Home Depot）和星巴克等巨型企業可以用低成本借錢，然後用這些錢來淘汰小型企業。

極低的資金成本為大企業提供了另一種發揮其優勢的機制：由廉價債務資助的股票回購。當一間公司回購自家股票時，會減少在公開市場上交易的股票數量，進而推高股價。投資人顯然喜歡這樣，因為這增加了他們投資組合的價值，而且與股利收入不同，在出售之前，他們不必為這些獲利繳稅。2009年，在長期停滯和零利率時代之前，標普五百指數中的公司，總共花費了1,370億美元回購股票；第二年增加了一倍多，達到2,850億美元；2012年達到了5,000多億美元，而且到2020年以前，一直維持在這個金額。

小公司輸給大企業，不只是因為兩者之間得到的利率有著巨大的差異，也因為投資人想要把資金投資在會回購股票的公司。2010年代的大部分回購，發生在科技和金融領域，進一步擴大了建立在長期停滯基礎上的體系與實體經濟之間的差距。總而言之，聯準會推動的廉價債務和槓桿率的氾濫，帶動了2010年代5兆美元的股票回購。沒有人問最重要的問題：透過快得無法長久的股票回購，廉價的債務和融資將標普五百的價值扭曲得有多嚴重？

　　根據《華爾街日報》的報導，從1997年到2017年，前一百大企業的利潤率，從52%飆升到令人咋舌的84%，到了2020年更是接近90%。

　　長期停滯的經濟，甚至自冷戰結束以來的整個制度安排，對於鐵鏽帶的製造業工人、小企業主和員工以及中產階級來說，並不是有效的解決方案。

　　還有另一個問題。歐洲央行開始每月買進價值數十億歐元的債券，而聯準會開始發出鷹派的聲音（威脅要升息）。這導致美元兌其他貨幣迅速走強。強勢美元聽起來很不錯，對吧？錯了。正如第二章所討論的，強勢美元破壞了美國工業的競爭力，因為這使我們的產品對其他國家來說更加昂貴。主要就是因為這種情形，美國在2015年和2016年又減少了五萬個製造業的工作機會。

　　根據國際清算銀行（Bank for International Settlements）的資料，2010年至2020年間，美國境外以美元計價的債務（包

### 投資人筆記

## 企業實施庫藏股，是美股需求的最大來源

標普五百指數中的企業，平均每年回購6,000億至8,000億美元的自家股票。這個發展在二十一世紀初非常受到歡迎，他們的想法是，如果公司找不到投資報酬率更好的標的，就應該用他們的資金回購自己的股票。

當聯準會將資本成本壓低的時間愈來愈長，資本主義就不會正常運作；它反而會變成一個雙層系統。低廉的債務成本，為規模最大的企業帶來了無法超越的優勢。

**圖9　標普五百企業實施庫藏股（每半年）**

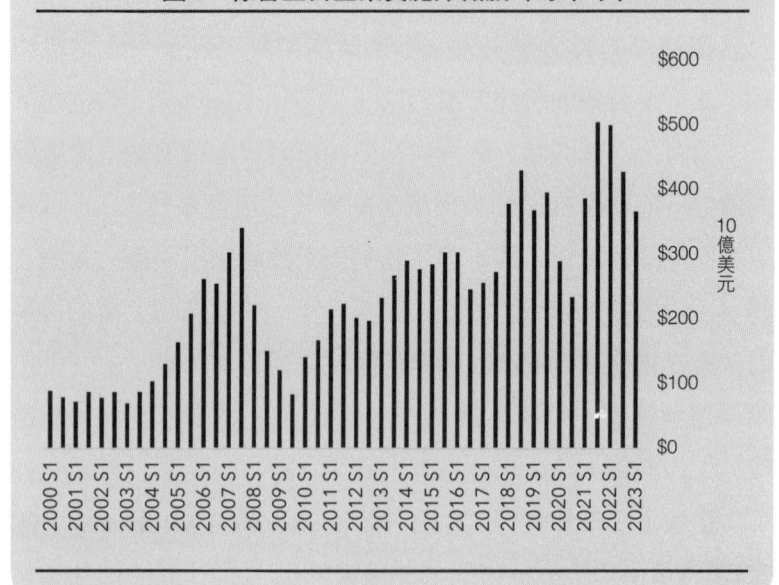

（單位：10億美元）

括政府公債和公司債)增加了一倍,近13兆美元,是2000年的六倍多。世界上充斥著信貸,只要美元升值,信貸的成本就會變得更加昂貴,在資產負債表上的負擔也愈來愈重。如果美元指數(DXY)上漲10%,新興市場的10億美元債務就會變為11億美元。美元升值變得更具破壞性,甚至導致通貨緊縮更嚴重。實際上,聯準會已經開始為整個世界制定貨幣政策,而強勢美元現在已成為全世界的落錘。標普五百指數中大約40%的營收來自美國境外,美元走強使美國產品變得更貴。

在聯準會鷹派言論(威脅升息)之下,全球製造業產出暴跌,引發了全球獲利衰退,股價跌了近20%。這也促使中國人民銀行在2015年夏季使人民幣貶值。請記住,中國將其貨幣緊釘美元匯率,因此如果美元升值,人民幣也會升值。透過將人民幣貶值,中國保持了競爭力,而美國製造業則萎靡不振。

改變的希望已經消退,民主黨在2016年的總統選舉中輸給一位完全不同的政客。他住在紐約第五大道的一座摩天大樓裡,看起來就像邁達斯國王(King Midas)*的住所,那棟大樓還以他的名字命名。他可能是政治史上最不圓滑的人,但他觸動了美國靈魂的神經。他宣稱要創造就業機會,而不是把這些就業機會送往海外。他讀到美國前製造業之都的毒品死亡事件而感到不滿,並且決心阻止。他還吹噓,他將與中國針鋒相對,以重建美國在國際貿易中的地位。

---

* 譯注:希臘神話中的國王,許願接觸到所有東西都能變成黃金,是西方對富豪的象徵,也是「點石成金」的由來。

小企業主和疲憊的公民願意冒險嘗試一些新事物。即使是過去十年央行政策受益者中的1%，也期待著更低的稅收和更寬鬆的法規。

## 第四章

# 新華盛頓共識帶來的長期價格上漲

史蒂芬・史匹柏（Steven Spielberg）於1975年執導的電影《大白鯊》（*Jaws*）轟動一時，敘述一條會殺人的鯊魚，在虛構版本的瑪莎葡萄園島（Martha's Vineyard）中威脅海灘遊客。我在鱈魚角長大，與真正的島嶼隔著葡萄園灣，這裡是我的家鄉——但這部電影幾乎沒有嚇到我。葡萄園、鱈魚角或附近任何地方，都沒有會殺人的鯊魚。事實上，我認識的人都沒有見過，至少在麻薩諸塞州沒有。整個夏天我都毫不猶豫地在這些水域玩耍。後來我發現，1936年，鱈魚角曾發生過一起致命的鯊魚攻擊事件，但那是很久以前的事了，沒有人想起過。

　　但在2018年，一切都改變了。那一年，有一條大白鯊在鱈魚角海岸三公尺的地方，襲擊一位來自紐約斯卡斯代爾（Scarsdale）的六十一歲神經學家威廉・利頓（William Lytton）。他被直升機送往波士頓，醫生為了挽救他的生命，輸了五·六升的血液。三周後，一條大白鯊在威爾弗利特（Wellfleet）咬死了二十五歲的巴西大學生亞瑟・梅迪奇（Arthur Medici），當時他正在國家海岸線上一個風景如畫、以牡蠣小屋聞名的小鎮附近衝浪。雖然他的死震驚了整個地區，但對鯊魚攻擊的恐慌從2014年以來就一直在蔓延。那一年，另一條大白鯊在普利茅斯（Plymouth）將兩名女性從她們的皮艇中撞了出來。

　　但是，究竟為什麼鱈魚角會爆發鯊魚攻擊人的問題？是什麼打破了自然平衡，使得該地區每年檢測到的鯊魚數量，從2013年的十一條，激增到2021年的一百三十二條？是什麼令史匹柏的《大白鯊》電影，從不可能發生的虛構故事，變成定

期的頭條新聞？

結果是治理的問題。也許原本是出於好意，但是考慮不周。1972年，美國國會通過了《海洋哺乳動物保護法》(Marine Mammal Protection Act)，保護美國海域中的所有哺乳動物，包括海豹，這正是大白鯊最愛的食物。1997年，國會議員進一步將鯊魚在大多數聯邦水域中指定為受保護物種，八年後也納入麻薩諸塞州水域。這些立法變革，使得鯊魚及其食物來源都不會受到騷擾和捕殺——對牠們來說是非常好的消息，但對麻薩諸塞州的海灘遊客來說卻有害，而且有時甚至會致命。決策官員並不知道，保護海洋生物的立法，會導致世界上最令人畏懼的動物攻擊民眾。國會和州議會的立法官員寫完幾筆劃、簡單立法後，無意中將鱈魚角海岸變成了北美版的南非甘斯拜（Gansbaai），世界上鯊魚最密集的水域。

本章要討論的不是鯊魚、海洋或鱈魚角的故事，而是關於天真且單一面向的公共政策思維所帶來的意外後果，如何為美國金融市場引發了可怕的危險。柏南克在五年內以量化寬鬆的形式向市場挹注數兆美元，已成為西歐和美國央行的操作手冊。但是，當波動性被壓制多年，央行在出現任何危險的跡象時就出手相救，會發生什麼事？這將會為市場帶來一種錯誤的安全感，並將投資人引入危險的水域。

## 市場內的潛在威脅

　　市場於2016年初再次亮起紅燈，高收益債券市場一片火海。央行總裁珍妮特・葉倫（Janet Yellen）與歐洲、日本和中國的央行總裁聯手應對。在被稱為《上海協議》（Shanghai Agreement）的框架下，他們進行了新一輪的貨幣刺激，並公開承諾不再升息。

　　波動性消失了，市場重回牛市──直到那年春末，英國投票退出歐盟再次震撼市場。但英格蘭銀行在第一天就勇闖火海，拿出「消防水管」，宣布了一項大規模的購債計畫。這立即撲滅了火焰，平息了受驚嚇投資人的緊張情緒，市場迅速恢復。但是如果央行不斷壓制波動性，一看見麻煩就馬上提供救命繩以阻止市場修正，市場專業人士很快就會明白一件事，那就是：如何致富。但是，操縱市場總是會帶來傷心的結局。

　　2017年夏天的某個周末，《熊市陷阱報告》的巴滕柏格向我解釋了波動性交易的細微差別──以及其日益普及所帶來的危險。我們在法國興業銀行（Société Générale）的全球總體部門共事時成了好友。他思想敏捷，總是穿著合身的訂製西裝，長相有些像演員威廉・達佛（Willem Dafoe）。那是七月一個難得的日子，涼爽的西風吹過城市，驅散了悶熱的夏季。我們約在市中心的碼頭見面，前往「大堤岸」，位於一艘名為雪曼茲威克的多桅縱帆船甲板上的牡蠣餐廳。仲夏時分，人們都會聚集在哈德遜河。

巴滕柏格在二十歲出頭時從荷蘭移民到美國，並在紐約最大的法籍銀行，努力成為有影響力的市場顧問。他善於與機構客戶建立緊密的關係、以他的歐洲魅力贏得信任、提出對的問題，並做出令人訝異的發現。

當我到達時，他正在舷梯旁邊。他總是早到幾分鐘。我們在吧台找到兩個座位。雖然人很多，但在塔里頓海峽（Tarrytown Narrows）吹來的微風中，人聲都變得柔和。

巴滕柏格說：「我們的工作是用證據佐證一項資訊。這叫做馬賽克研究（mosaic research），我們就是為此而生。」他說話帶著荷蘭口音，不過他在哥倫比亞大學研讀國際金融碩士期間，把英語練得很好。「市場中有一顆定時炸彈。過去幾年來，波動性ETF的流行程度飆升，問題是，波動性策略往往是投資界中被財經媒體忽視的一角。」

當我們啜飲著冰涼的勃根地白酒，看著剝殼工人拆開威爾弗利特牡蠣的外殼時，巴滕柏格向我解釋一個市場的場景，令我毛骨悚然：「這是由一群極客（geek）所主導，尤其是法國的量化交易員。法國的哲思教育體系每年都會培養出無數的數學系畢業生，而最優秀的人可以在倫敦和曼哈頓的銀行，以及避險基金的衍生商品部找到工作。他們毫不疲倦地專注於波動性交易策略這種一般人難以理解的主題。」

一盤新鮮的牡蠣放在我們面前的碎冰上。牡蠣旁搭配著檸檬和醋，但我從來不使用這些調味。我喜歡鹹味、海洋氣味，這是貝類的鮮味。對我來說，牡蠣一直是來自海洋的甜酒，不

> **投資人筆記**
>
> ## 波動性策略是樁高風險生意
>
> 　　波動性這個概念，大多數散戶投資人只有在劇烈波動調整期間，才會在CNBC上聽到。波動率指數的英文簡稱為VIX，是衡量股市動盪程度的主要指標。如果用嚴重的風暴來比喻的話，VIX指數超過三十，相當於三級颶風，超過四十則是猛烈的五級颶風。如果你在股市大幅下跌期間持有波動性ETF，報酬率可以達到30%到60%。這完全取決於你的進場點和時機。當有人說他「做多波動性」時，表示他押注大盤（就是標普五百指數）會下跌。
>
> 　　假設今年的績效不錯，時序進入9月，你的投資組合上漲了15%。保護這些獲利的一種方法，就是出售你的部分資產。問題是，這麼做就必須繳稅。眾所周知，有資本利得就要繳稅給政府，因為國家需要收入。
>
> 　　在不想繳納大筆稅款的情況下，保護部分收益的一種方法是購買波動率ETF。如果你上漲了15%，何不用2%的利潤來保護你的錢呢？
>
> 　　在市場大幅下跌期間之外，波動性通常表現得很穩定，大多數在非常狹窄的範圍內交易。在這些時期，大多數投資人很少關注波動性，而投資顧問和經紀人則利用波動性為客戶賺取額外收入——透過出售選擇權。如果你在出售波動性，你就是賭場的「莊家」。投資人想要購買保險，當你出

售波動性時，如果市場保持平穩，你就可以獲得有吸引力的報酬。在這種情況下，你就是在放空VIX。

你可以根據標普或那斯達克等指數或個股買賣選擇權。選擇權價格中包含了波動性溢價。當股票或指數波動很大時，溢價就非常高。在平穩的市場中，波動性溢價相當低，但如果經紀人認為波動性在短期內將保持穩定，仍然值得出售以獲取收入。此外，當股票或指數有待處理的事件（例如財報或聯準會利率決策）時，波動性通常會升高。但是一旦財報公布或政策會議結束，波動性溢價就會大跌，溢價就是選擇權賣方的獲利。這些是做空波動性策略，投資人還可以透過反向波動性ETF來發揮這些策略，例如ProShares Short VIX ShortTerm Futures ETF（SVXY）和-1x Short VIX Futures ETF（SVIX）。因此，當波動性下降時，這些ETF就會上漲。但正如我們在2018年初看到的，如果市場陷入劇烈拋售，這些ETF的價值可能會迅速大跌。

一個做多波動性策略的例子是買進選擇權，如果波動性飆升，選擇權的價格就會上漲。另外，投資人還可以買進長期波動性ETF，如iPath Series B S&P 500 VIX ShortTerm Futures ETN（VXX）或ProShares Ultra VIX Short-Term Futures ETF（UVXY）。這些ETF的問題在於，它們持有VIX期貨合約，因為VIX本身是一個指數，不進行交易。由於這些ETF主要持有最接近到期日的期貨，因此ETF必須每個月將資產轉移到下個月的VIX期貨中。如果市場保持穩定，這些ETF

> 每個月在「展期」時都會損失一些資產，導致這些ETF隨著時間推移逐漸走低。因此，大多數投資人使用這些ETF來對抗突然的賣壓。否則，要想從這些長期波動性ETF中獲利，投資人真的需要相信市場近期將發生一次修正；如果沒有，隨著價格每天逐漸下跌，他們就會一直被困在其中。永遠不要忘記，槓桿ETF只應該短期投資，而不是長期持有。長時間下來，展期的期貨合約成本會非常高昂。

需要加入任何酸來調味。

「你在這些法國銀行工作了多久？」

「大概十年吧⋯⋯如果算上法國巴黎銀行的話，那就是十三年了。」

從那時起，巴滕柏格加入了新型造市者之中最大的一間，專門從事ETF套利。身為首席策略分析師的他，可以俯瞰公司的每一個交易櫃檯，他對波動性或VIX發生的事情感到震驚。現在這被稱為恐慌指數。

他告訴我：「我們都知道，波動性衡量的是標的資產未來價格的不確定性。如果不確定性上升，就表示波動性上升，股市下跌。如果有很多不確定性，例如在雷曼危機期間，波動性就會極高。華爾街透過建立VIX，使衡量這種波動性變得更加容易。這個指數通常介於十到十五之間，但在這樣的災難中，它會升到高達九十，這是前所未有的極端水準。」

他繼續說道:「想想雷曼兄弟倒閉時,VIX飆升得多高。你當時也在場。當恐慌指數達到九十的那天,老實說,我以為世界末日會來臨。」

「那一天的確是我的世界末日。」

「對我們來說都是。重點是,那種波動性花了近六年的時間才平靜下來。對散戶投資人來說,這其實是一場噩夢,但對選擇權交易者來說,簡直就像天堂,因為那種波動性使選擇權變得更昂貴。」

我補充說:「令人驚訝的是,雷曼兄弟的傷疤一直持續到2014年。」

「是的。VIX花了六年時間才恢復到十五年的基線。這是在世界各地央行協助支撐市場下才辦到的。但是現在,精明的投資人動不動就賣出波動性,更甚以往任何時候。」

「為什麼這是一顆定時炸彈?如果市場現在如此平靜,之後將如何吞噬他們?」

巴滕柏格拿起一顆牡蠣,像是在北歐海岸長大的人那樣,熟練地將貝殼中的牡蠣掏出咀嚼。「這需要一點解釋,但基本上,做空波動性現在是全球最多人做的交易之一。他們正在湧入反向波動性ETF,例如VelocityShares Daily Inverse VIX short-term ETN(XIV)和ProShares Short VIX Futures ETF(SVXY)。」

「央行有一天會停止這些寬鬆政策嗎?」

他把空殼面朝下放在冰上。一陣強風在餐廳裡呼嘯,幾個女人伸手去拿羊絨披肩纏繞在肩膀上。

巴滕柏格清了清喉嚨，啜飲了一口水。「問題並不在此。問題在於有多少資金投入這些做空ETF。這種標的確實和1980年代的椰菜娃娃（Cabbage Patch dolls）一樣受歡迎。從財務顧問到基金經理人，每個人都在提高收益策略的幌子下，賺取額外的收入。」

聽著他說的話，令我對所有紓困措施感到有點憤怒。雖然我是一個自由放任市場的資本主義者，但注入市場的資金金額令人暈眩。「這就是人為的低利率對市場的影響，對吧？它們引誘人們買進根本不該買的產品。」

「沒錯。」巴滕柏格說，他的眼睛裡閃爍著純粹的恐懼，對市場盲目地螺旋式上漲成一道磚牆感到憂心。「我認為90%的買家完全沒有意識到風險。其他力量也有影響。被動基金和量化基金現在是一個怪物⋯⋯占每日股票市場交易量將近七成，每天以成交量加權平均價格買進市場。這進一步抑制了波動性。這種情況會自行擴大，就像一個負向迴圈。」

「這些被動投資人不分青紅皂白地買進，給波動性帶來了下跌的壓力，隨著波動性下降，這些被動投資人就會增加了他們對股票的曝險。」

「我談的不只是有些額外的資金湧入這些策略。波動性拋售是爆炸性地上漲。在短短幾年內，這些ETF的資產成長了六倍。可以說是每個投資人都在賣出波動性並收取溢價。這就是為什麼SVXY，這個從未在新聞中提及的無害小ETF，在過去十五個月來上漲了600%。加上避險基金和選擇權結構，我計

算出現在有多達2兆美元的資本與短期波動性策略有關。」

我在那裡坐了一分鐘，望著餐廳對面，不知道我們周圍有多少人做空波動性。在巴滕柏格的肩膀後方，我可以看到代表美國金融實力的淺藍色鏡面摩天大樓——自由塔（Freedom Tower），隱約俯視著華爾街以南的炮台公園（Battery）地區。

到了2017年夏季，即將到來減稅政策讓市場陷入狂喜，標普五百指數每天都在走高。最後，那一年標普五百指數只有三個交易日下跌超過1%。這種事在股市歷史上從來沒有發生過。

巴滕柏格驚呼：「這是世界上最簡單的交易！但市場裡的野獸潛伏著，藏身陰影之中，有點讓我毛骨悚然。」

「你認為市場會拋售嗎？我不了解這怎麼會發生。」

他回答：「現在情況變得複雜了。這與『vega』有關，這是一個奇怪的希臘詞，華爾街只有大約五個人懂。vega衡量選擇權價格對1%波動性變化的回應程度。所以，vega會讓你知道，如果人們對標的資產未來價格的不確定性發生變化，選擇權的價格會發生多大的變化。舉例來說，如果不確定性增加，波動性上升1%，則vega高的選擇權價格，會比vega低的選擇權價格上漲更多。」

「你必須謹慎關注vega。因為這是野獸走出陰影，像幽靈一樣撲向投資人的時候。」

我啜飲一口酒，小心翼翼地把杯子放回吧台上。

巴滕柏格繼續說：「VIX指數現在大約是十左右，並且已

經持續好幾個星期。但是，如果一些未知因素進入市場，這個指數可能很快會從十飆升至十八。這只比基數十五點高出三點而已，仍然算是溫和的水準，但是依百分比來計算的話，增加了多少？」

「從十升到十八嗎？這是80%的漲幅。」

「是的，增加了80%。我們來看看一個更極端的場景。想像一下標普五百指數下跌3.5%，VIX指數上漲大約十二點，相當於120%。儘管如此，我們談論的VIX只有二十二而已。這不是像雷曼兄弟倒閉之類的大事。決定vega風險的是百分比變動，而不是波動量。」

「所以，這個數學會殺死所有做空波動性的人。因為當你做空波動性時，就是在做空vega。目前，反向VIX ETF中的vega量約等於2億美元。這些ETF的經理人就像貝蒙錦標賽（Belmont Stakes）的賽馬博弈公司一樣，必須在當天平衡他們的曝險。如果VIX飆升1個百分點，他們必須買進2億美元的VIX期貨來減輕這種風險。但是，如果指數真的飆升，例如我剛才提到的上漲十二點，他們就需要買進七萬筆VIX期貨來抵消這種風險。這七萬筆期貨加起來會是370億美元。你能想像這樣做空嗎？根本沒有那麼多的VIX期貨可用於這種程度的避險。這麼做的人最後會死得很慘。」

「這太瘋狂了，」我邊說邊回想2008年市場是如何崩盤的。流動性枯竭，沒有人能逃得了，這件事會永遠困擾著我。「這會讓市場不堪重負，不是嗎？」

「那是一定的。」

「天啊！」我咕噥著，幾乎不敢相信如此巨大的風險再次深埋在市場裡。

「結果你猜怎麼樣？VIX ETF並不是唯一以較大規模做空vega者。避險基金又做空了2.5億美元的vega。這些都在做空波動性以追求收益。就連散戶投資人現在也做空了7,000億美元的選擇權。但每個人基本上都是在同樣的交易中，他們都忘了如果市場突然急遽轉向，就會完全缺乏流動性。」

我目瞪口呆地坐著，想著所有隨意踏入死亡之谷的投資人。

我終於問：「如果發生這樣的危機會怎樣？」

「這些ETF會賠個精光，擁有這些ETF的所有人也是。」

一週後，我們發表了一封信，解釋做空波動性的所有危險。但標普五百指數每天都在走高，一直漲到年底。到新年前夕，它漲了20%。我們向全球客戶發出的嚴厲警告，讓我們看起來像是喊著「狼來了」的男孩。我一直對被動投資持懷疑態度，尤其是在過去十年中，數兆美元流入被動ETF。儘管如此，我還是對巴滕柏格告訴我的事情感到震驚。我想知道他說的是否真的會發生。

然後，在2018年1月下旬一個平淡無奇的早晨，一切都開始發生。

## 波動性末日

　　2018年1月22日星期三，一群新聞記者進入白宮橢圓形辦公室，觀看總統簽署對亞洲洗衣機和太陽能電池板徵收的新關稅。這些關稅相對較低，但不僅針對中國，還涵蓋了整個亞洲。這引發了南韓和中國的抗議和眾怒，但被美國鋼鐵和電器工人稱讚為一個偉大的舉動。

　　但這一次，市場站在亞洲那一邊。自從川普入主白宮以來，他們首次感到憤怒。1月29日星期一，股價開始崩潰。由著名的恐慌指數VIX追蹤的波動性，在一天內飆升了270%。（基本的法則是，每當股市下跌時，VIX就會上升。）

　　這是令人震驚的事件，沒有人相信自己的眼睛。難道九一一事件又發生了嗎？又有一間雷曼兄弟倒閉了嗎？並不完全是。這是一場空頭回補的狂潮（空頭賣家紛紛平倉的狂潮）。這可能是我所見過最糟糕的一次。市場已經平靜了這麼久，投資人認為在股市上做空波動性是最安全的賭注。顯然，總統會一直讓市場上漲。但是市場內部的野獸，厭惡減稅和關稅的變化。

　　這讓所有人都措手不及，尤其是那些做空波動性的投資人。隨著愈來愈多投資人平倉，波動性愈升愈高。記住，你得買進才能平倉，而不是賣出。那可怕的波動性飆升，就像是壓縮了十四個月的彈簧突然釋放一樣。VIX ETF的經理人驚恐萬分，急於買進VIX期貨合約，因為波動性的程度摧毀了他們的

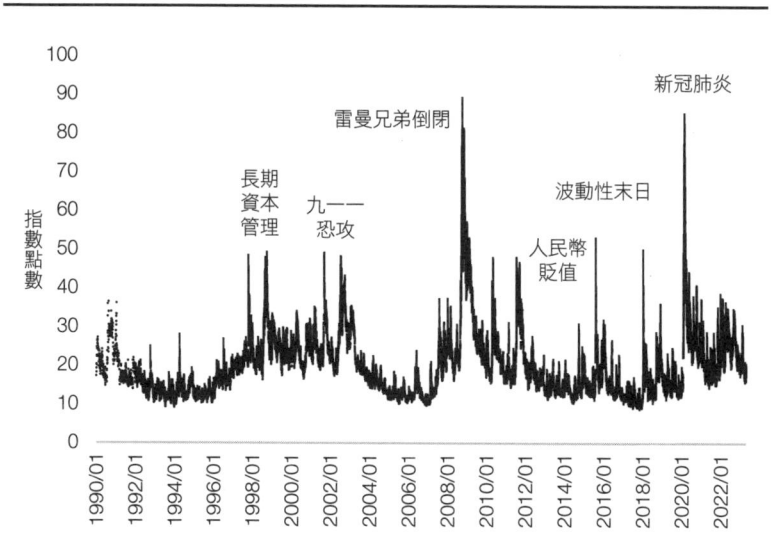

圖10　VIX恐慌指數

基金。他們被迫買進所有市場上的VIX期貨，以再平衡他們的投資組合，但到了下午四點市場收盤時，他們知道一切都結束了。這個世界所有的期貨，都無法滿足他們迫切的需求。

接下來，每個做空波動性的交易者都遭到正面襲擊。多達數千人的交易者全都在奔逃。但保證金管理員——借給交易者資金以進行槓桿交易的後台管理員，像獅子般盯上他們，到了2月9日星期五下午，這些交易者已經被生吞活剝。當交易者的抵押品面臨價值不足以償付的風險時，保證金管理員就會無情地把交易者掃出他們的部位。提高收益的終極交易，被死神拖入地底下。五年的報酬在一週內被吞噬殆盡。當你的投資策略，就像是在一列急駛而來的貨運火車前撿拾一美元鈔票那般

危險時，就會發生這樣的事情。2018年春季的那兩週，將永遠被記得是「波動性末日」（Volmageddon）。

接下來的幾個月，隨著川普宣布多輪對中國進口商品的關稅和威脅，市場上下波動。然而，經濟強勁得足以吸收來自橢圓形辦公室的咆哮。市場逐漸適應了關稅威脅，並在2018年夏季慢慢攀升至新高。與此同時，聯準會開始出售在大衰退期間及其後多輪量化寬鬆中累積的4.5兆美元資產。這些資產主要是政府債務，出售這些的效果類似於升息。此舉增加了市場上公債和其他債務的供給，提高了利率並吸收了過剩的流動性。這個所謂的量化緊縮（Quantitative Tightening，QT）剛開始時很緩慢，但到了2018年秋季，聯準會每月出售500億美元的公債和證券化抵押貸款。同時，聯準會在每次會議上都提高聯邦基金利率。整體來說，央行提高了1.5個百分點的利率，並將其資產負債表縮減了3,400億美元。聯準會之所以進行這波大幅升息週期，是因為當時金融市場和廣泛的經濟看起來都非常強勁。然而到了2018年底時，市場卻開始動搖。

那一年最後三個月，標普五百指數下跌20%。川普不停痛斥聯準會不願放寬貨幣緊縮政策，但是完全沒有效果。量化緊縮對經濟踩煞車，經濟在2017年和2018年大部分時間的表現都非常活躍，但這時正在快速放緩。聯準會主席傑洛姆·鮑爾（Jerome Powell）幾個月來都沒有讓步。然而，最後他看到他的政策對市場和經濟造成的傷害。他在2019年初認輸，升息就此結束，市場迅速復甦。從2018年12月的低點到2019年

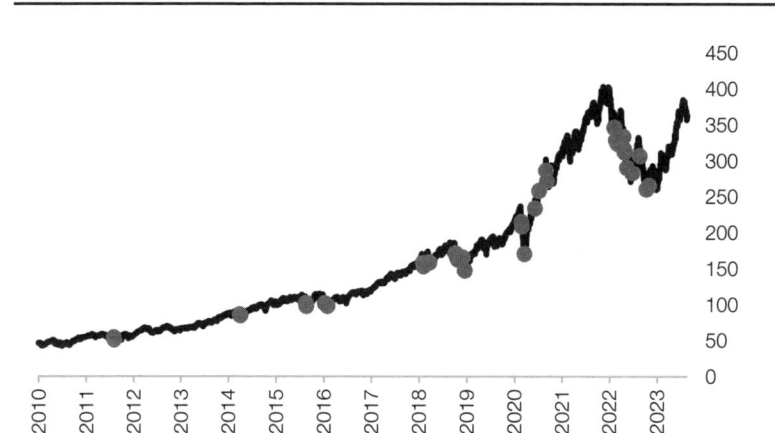

圖11　那斯達克多次跌幅達3%

底，市場飆升了39%。反彈有時會被川普粗暴地打斷，因為他會向中國發出更多的貿易戰威脅。但是到了2019年9月，反覆無常的川普開始投入準備2020年大選。與中國達成貿易協議可以安撫市場、緩和兩個經濟超級大國之間的關係，並使他處於加強競選機器的有利地位。

2020年1月15日，川普與中國副總理劉鶴一起走進白宮東廳，伴著銅管樂演奏〈向統帥致敬〉（Hail to the Chief）*。他走上講台，後面跟著副總統麥可・彭斯（Mike Pence）、財政部長史蒂芬・姆努欽（Steven Mnuchin）和美國貿易代表羅伯

---

* 譯注：美國總統官方進行曲。

特‧萊特希澤（Robert Lighthizer）大使。總統在劉先生左邊的一張木桌旁坐下，兩人簽署了協議，裝訂在行政命令中常見的經典黑色皮革夾中。當川普俯身與中國代表握手時，露出了他沾沾自喜的標誌性微笑。筆跡都還沒乾，市場就開始猛烈反彈，道瓊好幾個月以來首次觸及兩萬九千點。川普對連任充滿信心。

但是在中國政府內部，有消息指出一種神祕的病毒，正在中國的大城市武漢傳播。

## 風險指標亮起鮮紅的警示燈

《熊市陷阱報告》的二十一個雷曼系統性風險指標，對提前發現重大風險事件非常有效。像是雷曼兄弟倒閉這樣的事件，是具有危機級別的戲劇性意外事件，讓投資人驚恐萬分。投資人從市場撤出資金，換句話說就是減低了投資組合中的風險偏好。所有的拋售和買進時的猶豫，使資產價格暴跌。這是2001年和2008年等市場崩盤和熊市背後的基本機制。

這些風險指標告訴我們，大象在市場的哪些地方留下了腳印。這是指世界上一些最聰明的基金經理人，也就是先行者所管理的大筆資本。所有投資人都應該跟隨這些指標，以保持領先。大多數時候，這些指標都相當平靜，可能只有一、兩個指標閃爍著輕微的擔憂。

然而，2020年1月下旬，我們的許多系統性風險指標都亮

起了紅燈，顯示我們正處於一場國際性噩夢的懸崖邊緣。表面上看來，市場尚未做出反應，但是底下可以看到一些大事正在開始發展。

這在市場上經濟敏感的部分尤其是如此。他們正在大幅拋售。銅價急跌，債券上漲——這是典型的避險資金接管波動性股票的情況；而運輸類股（航空公司、租車公司、飯店、UPS和FedEx）每天都在拋售，努力尋找買家但徒勞無功。這就像坐在肯亞的馬賽馬拉草原（Masai Mara）上，紅燕麥草茂盛生長，吉力馬札羅山腳下的塵雲突然迅速穿越非洲大草原，一群叢林大象緊密列隊從森林中衝出。問題是，究竟是什麼驚嚇到牠們？

我們在辦公室裡處於高度警戒狀態，懇求投資人降低風險。我們曾在2008年9月15日之前的幾週內，見過類似情況。我們可以清楚看到，隨著黑暗的風暴之雲再次聚集，市場情緒出現轉變。資金從高收益市場流出，資本藏身於那斯達克。事實上，2020年2月，那斯達克一百指數幾乎每天都在上漲——在不到三週內上漲了8%。一段時間過後，疫情威脅的證據愈來愈多。隨著電視新聞傳遍全球，來自亞洲的新冠肺炎病例每晚都暴增更多關注。

隨著通縮衝擊的風險上升，你在股市中首先看到的是，資金流向長期成長股。同樣地，資本配置者開始尋找被認為安全的地方，這就是為什麼蘋果、微軟和Google等超大型科技股會受到追捧——這麼做全都是為了應對即將來臨的風暴。

在2月20日左右，我們的團隊注意到資金從非必需消費類股ETF（XLY）中，加速流向必需性消費類股ETF（XLP）。XLP ETF中包含了寶鹼（Procter & Gamble）、通用磨坊（General Mills）、可口可樂（CocaCola）和好時（Hershey）等公司，這些公司在衰退期間的表現出色。通常資金流入消費性必需品領域的速度，緩慢得足以讓任何人感到無聊，但那個星期我們的模型偵測到，資金簡直像在逃命。一開始的速度是每小時十六公里，然後是每小時三十二公里，突然間飆升到每小時一百四十五公里。這就是所謂的「變化率」。投資人紛紛跳到座位上，買進這些股票。

當我們震驚地看著大量資金湧入這些美國的平庸股時，我在交易大廳喊道：「嘿，克里斯，過來看看好嗎？」我們與克里斯・布萊頓（Chris Brighton）共用辦公空間，他是艾斯特・羅瑞吉（Astro Ridge）這間聲譽極佳的小型利率交易公司合夥人。布萊頓對利率衍生性商品內部運作的了解，比其他人都更深入透澈。感覺就好像和華爾街操盤高手保羅・都鐸・瓊斯（Paul Tudor Jones）在同一間辦公室一樣。

布萊頓那個月一直表現出色，將客戶的錢投資於長期美國公債，他走進我們的辦公室，看到兩支ETF的線圖在我們面前閃爍。他的臉色異常嚴肅。

他說：「哇，我們在利率上也看到同樣的情況。每個人都在湧入三十年期的美國公債。」一切是從1月8日開始。接下來的一個月，利率從2.36%降至2%（相當於債券價格漲了

7%）。布萊頓指出：「日復一日，人們都在進行深入、無休止的競購。」並非每個人都正確認識公債市場和債券的重要性，但債券幾乎總是市場的領先指標。固定收益資產是地球上最好的領先指標。隨著經濟衰退風險上升，債券上漲的時機會比股票還要早得多。

他大喊：「我們來計算（利率的）模型。銅、石油、消費性必需品與非必需品，還有別忘了運輸類股。我們需要衡量這些價格的同步性和變化率。」

換句話說，有多少類股正在轉向，轉向的速度有多快？有多少隻大象在移動，移動的速度有多快？

當我們計算資料時，結果令人毛骨悚然。沒有人看過這樣的情況，就連布萊頓這樣一位紐約固定收益市場的老手也是。至少自從雷曼危機以來是如此。市場發出了一個明確的訊息。

布萊頓說：「天啊，如果情況變得像我認為的那麼糟糕，我們可能得關閉辦公室。」

那是我第一次真正感受到。

「天啊。」我自言自語。

我拿起電話，毫不猶豫地按了十個數字，直接打給《金融時報》（*Financial Times*）美國主編吉莉安・泰特（Gillian Tett）。她是世界上最優秀的金融記者之一，而且她的旋轉式名片夾裡都是美國金融界的關鍵人物。她的文筆犀利，曾在劍橋大學歷史最悠久的學院之一克萊爾學院（Clare College）接受薰陶。泰特是英國人，說話帶著冷靜、上流社會的口音，當

她接起電話時，我立刻認出了她的聲音。

能被全球最受尊敬的商業報紙引述，一直都是一件榮幸的事，我仔細地陳述了前一天的發現，關於變化率以及這些資產如何同步移動（意思是它們的交易情況彼此一致），以及市場即將面臨的死亡螺旋。當我說話時，她沒有打斷我，而當我停下來時，我只能聽到自己極其微弱的回音。我等著她的反應，但只有一段漫長的寂靜和遠處振筆疾書的聲音。泰特用一種毫不示弱的語氣問了我一個問題：「這次有多糟糕？」

我說：「很糟糕。我們的指標顯示，現在非常接近類似雷曼的跌勢。」

2月21日，那斯達克指數重挫4%，是十四個月以來最大的跌幅。經過很長一段市場平靜、波動率低的時期，股票首次下跌3%，通常代表短期困境即將到來。2月23日，泰特把那些話寫在《金融時報》上。那個星期，標普五百指數下跌了12%。3月16日，市場暴跌12%。那是1987年黑色星期一後，最大的單日跌幅。到了3月底，標普五百指數已經下跌了35%。順帶一提，技術上這被稱為一場屠殺。市場表現得像一匹暴衝的野馬，甚至是三次奪取公牛騎乘世界冠軍的塔夫・赫德曼（Tuff Hedeman），也無法在這個市場中穩住。它將騎手甩得到處都是，左、右，甚至直接從頭上甩出去。

十天後，聯準會將利率降至零，並開始推出史無前例的量化寬鬆和緊急貸款方案。彷彿2008年重演，但速度更快、規模更大、力度更強。柏南克可能會暈倒，但是和他比起來，新

任主席是一個冷血殘酷的殺手。鮑爾擁有普林斯頓大學的政治學士和喬治城大學法學博士學位，他制定的量化寬鬆措施，規模比先前所有的規模相加都還要大得多。他宣布了一系列新的方案，支撐信貸市場的每一個主要角落，從貨幣市場到垃圾債券皆然。到了6月，聯準會的資產負債表已擴大了3兆美元，在一年之內將達到5兆美元，到了2021年3月達到驚人的9兆美元。如果這個數字不是在電腦螢幕上，而是換成美元鈔票，將疊到98.5萬公里那麼高──從地球到月球距離的2.5倍。

美國政府同時開始大肆支出。世界正走向末日，唯一能拯救它的是華府的消防水管直接流出的水。川普政府放棄任何謹慎的態度，把油門踩到底，將債務提升到無法想像的程度。國會共和黨和民主黨在3月聯手通過了美國史上最大的金融紓困方案，也就是2.2兆美元的《新冠病毒援助、救濟和經濟安全法案》（CARES Act）。

這項巨額法案以閃電般的速度通過，將支出分配到全國經濟中。這個法案支撐了搖搖欲墜的州和地方政府，以貸款方案支持小型企業，甚至向每個美國家庭無條件發放資金。這些對美國經濟的影響可能會引發很長一段時間的爭論，但在混亂、瘋狂的2020年，美國確實成功避免了真正的經濟衰退。當然，這使國家債務增加了好幾兆美元，也帶來了一個新的威脅：通膨。

從3月底開始，各種資產紛紛回升，當時很明顯聯準會將推出6兆美元的資產購買計畫，而法案也將通過。然而，到了

4月中旬左右，情況開始趨於平穩。我們究竟是朝著牛市還是波動更加劇烈的情況前進，當時並不是很明朗。

記得我們的二十一個雷曼系統風險指標，如何辨識風險偏好下降的事件嗎？它在捕捉風險偏好上升的事件也做得不錯，即投資人對未來抱持希望，並透過買進股票、債券和其他資產來提升風險水準。當然，這會導致價格飆升。

儘管股市仍在尋找更穩定的方向，但我們的二十一個雷曼系統風險指標，正在發出風險上升的訊號。這個訊號來自信貸市場。多年來，這一直是我們所知最好的風險指標之一。在投資股票時，許多專業或機構投資人會從高收益債券中，尋找確認或否定的訊息。信貸市場就是這樣。而最重要的問題非常簡單：當股票想要通宵狂歡時，信貸市場是否也相同？對這個問題的答案，通常是你所需要的唯一答案。

債券交易員通常都很擅長衡量風險。他們幾乎是金融界中最敏銳的人。在某些情況下，他們可以比任何人更早看到未來。因此，當他們大量投資高收益債券，表示他們很有信心。

遠距工作時代初期，我們的團隊透過Zoom與布萊恩．馬吉奧（Brian Maggio）交流。他是避險基金經理人，也是優秀的交易者。十多年前，他在雷曼兄弟擔任金融信貸部門主管。當時，他幫助我們的團隊進入美國國家金融服務公司（Countrywide）的信貸違約交換市場。這種交易是押注抵押貸款巨頭違約。但在2020年第二季，仍然有很多股票空頭論者，押注新冠肺炎經濟壓力達到近乎高峰時，不會出現復甦。

那天馬吉奧向我們的團隊發出了嚴厲警告。「看在老天爺份上，別放空。股市會暴漲。」他說得好像這件事關乎他的性命一樣。馬吉奧一再對我們說：「當你看到CCC級債券超越股票到這種程度時，這對股市來說是非常樂觀的。你一定要買、買、買！」

評等CCC級的信貸是高風險、最糟糕、最粗糙的垃圾債券。這是晦澀難懂的專業知識，但是馬吉奧非常了解。交易融入了他的血液。就像一個打擊率接近0.400的人一樣，他完全正確。

CCC級的債券於2020年3月23日觸底，收益率高峰達到19%，一般來說通常在11%左右。到了2020年4月17日，這個數字已降至14.4%，到了6月5日，降至10%。同時，股票在4月17日至5月17日期間區間波動，而高收益垃圾信貸則緊縮2%，這對債券來說是一個重大數字。但5月中旬之後，股市像一群獵犬一樣嗅到了這種氣味，並在9月初勢不可擋地進入了牛市。多年來，如果你傾聽市場的聲音，你會發現信貸市場（債券）的重大變動通常會領先股市。

找到最佳資訊、揭露市場潛在祕辛的訣竅在於建立人際關係。（如果這些人脈遍及不同的資產類別，那就更好了。）如果你知道該提出什麼問題，你就可以拼湊出這個拼圖。就像傳奇人物吉姆・羅恩（Jim Rohn）總是說：「成功不是關於成為一個勤奮的工作者。我們大多數人都能做得到。重點在於問對的問題。」

我們就是這樣認識博亞茲‧韋恩斯坦（Boaz Weinstein）的，他是跨資產領域的名人堂成員——意思是他研究不同的資產類別，尋找價值和機會。他還是位國際象棋大師，十五歲就開始在華爾街工作，現在經營避險基金薩巴資本（Saba Capital）。他和團隊總是在尋找不尋常的地方，總是在提出問題。在公司債市場中，擔保貸款憑證（collateralized loan obligation）的交易價格與高收益債券相比，是高還是低？垃圾債券相對於股票波動性如何訂價？恐慌指數與高收益債券市場的價格相比是否昂貴？

「市場透過重要的分歧在對我們說話。」發現這些訊號的大師韋恩斯坦說。

就股票而言，有些股票的資產負債表上有槓桿。像韋恩斯坦這樣的資深信貸投資人提醒我們，要隨時關注整個資本結構。你可以把公司想像成一個切成十片的蘋果派。如果其中八片是債務，只有兩片代表股權，那麼股票投資人就處於巨大的劣勢。公司的企業總價值包括所有股權市值，加上債務面值，減去公司資產負債表上的現金。太多的股票投資人看到一支股票時，並不了解它可能只是整體情況的一小部分。

如果是高度槓桿的公司，當債券呈上升趨勢、而股票價格保持在一定範圍內時，這代表股票投資人抱持樂觀的前景。不利的一面則是，如果債券被拋售且表現不佳，這可能成為一個顯著的熊市領先指標。在高度槓桿的公司中，資本結構主要是由債務所組成，債權人比股權持有者擁有更大的影響力。

這個故事的教訓是什麼？聆聽信貸市場的聲音。這通常可以讓你避免受傷，或者更好的是，能讓你處於最佳位置，做出很好的交易。

**圖12　漲幅最大個股清單**

| 2020年漲幅最大個股 |||
|---|---|---|
| 名稱 | 產業 | 漲跌幅 |
| 特斯拉 | 電動車 | 750% |
| Enphase | 太陽能 | 591% |
| 莫德納 | 疫苗 | 448% |
| Etsy | 零售 | 300% |
| Solaredge Tech | 太陽能 | 239% |
| 開利全球 | 空調 | 217% |
| 輝達 | 處理器 | 125% |
| Generac | 發電機 | 125% |
| Paypal | 電子支付 | 117% |
| Albemarle | 鋰電池 | 108% |

| 2021年漲幅最大個股 |||
|---|---|---|
| 名稱 | 產業 | 漲跌幅 |
| 戴文能源 | 油與天然氣 | 189% |
| 馬拉松石油 | 油與天然氣 | 145% |
| Fortinet | 軟體 | 143% |
| 福特 | 汽車 | 136% |
| Bath & Body Works | 零售 | 129% |
| 莫德納 | 疫苗 | 128% |
| 輝達 | 處理器 | 124% |
| Diamondback | 油與天然氣 | 123% |
| Nucor | 鋼鐵 | 120% |
| 顧能 | 軟體 | 110% |

| 2022年漲幅最大個股 |||
|---|---|---|
| 名稱 | 產業 | 漲跌幅 |
| 西方石油 | 油與天然氣 | 119% |
| Constellation Energy | 油與天然氣 | 107% |
| Hess | 油與天然氣 | 94% |
| 艾克森 | 油與天然氣 | 89% |
| 馬拉松石油 | 油與天然氣 | 88% |
| 斯倫貝謝 | 石油服務業 | 82% |
| Valero | 煉油 | 77% |
| Apa | 油與天然氣 | 75% |
| 哈利伯頓 | 石油服務業 | 75% |
| 康菲石油 | 石油服務業 | 72% |

## 通膨怪獸已從冬眠中甦醒

截至2020年底,標普五百指數已經從3月的低點上漲70%。科技股那斯達克指數飆漲90%,尤其是亞馬遜、網飛(Netflix)、臉書(Facebook)和蘋果等封城的最大受益者。由於投資人認為通貨緊縮將持續下去,巨型成長股今年上漲了120%,而巨型價值股則下跌了不到1%,這是除了網路時代之外,史上最大的一年期差異。

川普在11月時連任失敗。那斯達克指數在他四年任期內飆升了172%,而標普五百指數上漲了83%。聯準會的資產負債表成長一倍至8.5兆美元,美國政府債務增加了7.8兆美元。儘管開啟很多對話、新的重大友誼關係以及美中之間的頻繁往來,全年貿易逆差仍然遠超過3,000億美元。

新任總統拜登毫不浪費時間。在2021年3月31日發表的一份聲明中,他承諾「重新構想並重建[1]一個新的經濟體系」。這表示更多的支出。大量的支出。據稱,這些支出全都會透過將公司稅率提高到28%來支付,當然,也會承擔更多的債務。在3月31日的聲明中,拜登還提出了一項提案,利用聯邦權力改革各州的「工作權」法律,這將大大增強全國工會的力量。「美國就業計畫」(American Jobs Plan)只是拜登所謂「重建美好未來方案」這個更廣泛重點的一部分,這是他競選承諾的一個主題,構想了大規模、持續的基礎建設支出,以將美國經濟轉型為碳中和。

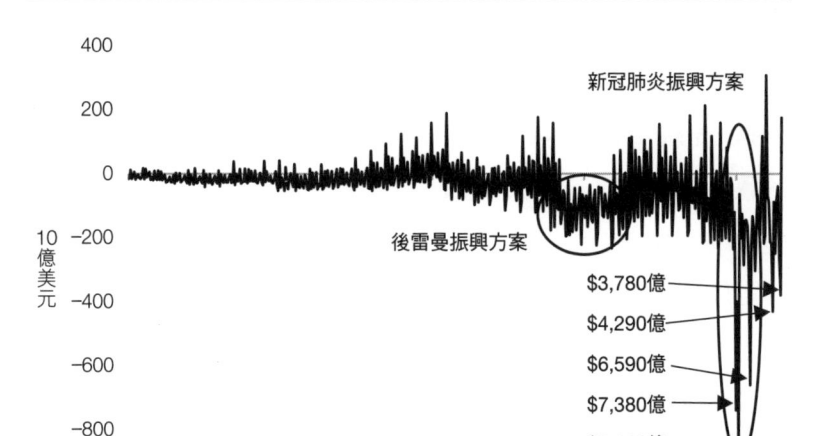

## 圖13 美國單月預算赤字（1980–2023）

```
400
200
0
-200   後雷曼振興方案        新冠肺炎振興方案
-400                      $3,780億
-600                      $4,290億
-800                      $6,590億
                          $7,380億
-1000                     $8,640億
```
（10億美元）

1980/05 1982/05 1984/05 1986/05 1988/05 1990/05 1992/05 1994/05 1996/05 1998/05 2000/05 2002/05 2004/05 2006/05 2008/05 2010/05 2012/05 2014/05 2016/05 2018/05 2020/05 2022/05

　　無論是哪個政黨執政，這種振興措施都能給投資人帶來真正的好處。我們的團隊與大衛・麥茲納（David Metzner）和他位於華府的頂尖政治顧問公司ACG分析（ACG Analytics），與我們最大的客戶在2020年底和2021年時，就這個主題舉行了一場電話會議。我們認為，投資人需要透過太陽能和鈾相關股票，來應對這種財政和貨幣政策的反應。這種規模的財政政策，投資報酬可能會令人驚訝。舉例來說，Invesco Solar ETF（TAN）從2020年3月的低點到2021年10月的高點，上漲了490%。這個投資工具包含了一籃子股票，包括First Solar、

SolarEdge、Enphase Energy、Array Technologies和Canadian Solar。Sprott Uranium Miners ETF（URNM）從2020年到2021年上漲了570%。該基金持有Cameco、NexGen、Energy Fuels、Denison Mines等股票。在你有生之年，每次看到這麼大規模的政府財政和貨幣政策反應時，通常都有巨大的機會。在法條建構的過程中，市場會立即開始反映這些利多——法案都還沒通過就開始反映。在危機期間，一定要密切關注政策反應。投資人必須積極主動，而非被動應對。正如前芝加哥市長拉姆‧伊曼紐爾（Rahm Emanuel）說的：「不要白白浪費一場好的危機。」更多的振興措施和支出將產生一批贏家和輸家。身為投資人，你需要為這些時刻做好準備。

　　從川普對新冠病毒危機的反應，到拜登「重建美好未來方案」的眾多法案，2020年至2022年是政府支出的狂歡期。2020年12月，就在卸任前，川普簽署了另一項9,000億美元的援助計畫，內容包括向每個家庭提供支票。拜登上任後，於2021年3月通過《美國救援方案法》（American Rescue Plan Act），進一步通過了1.9兆美元的刺激計畫，內容包括發出更多支票。2021年11月，他簽署了1.2兆美元的基礎設施投資和就業法案。隔年，國會通過了另一場名為《降低通膨法案》（Inflation Reduction Act）的支出大浪潮，提供近5,000億美元的補貼，來促進電動車和太陽能的採用。整體來說，2020年和2021年所創造的美元，占美國所印鈔票總量的44%。川普任期內已經新增7.5兆美元，拜登在任期內又增加了5兆美元的國家債

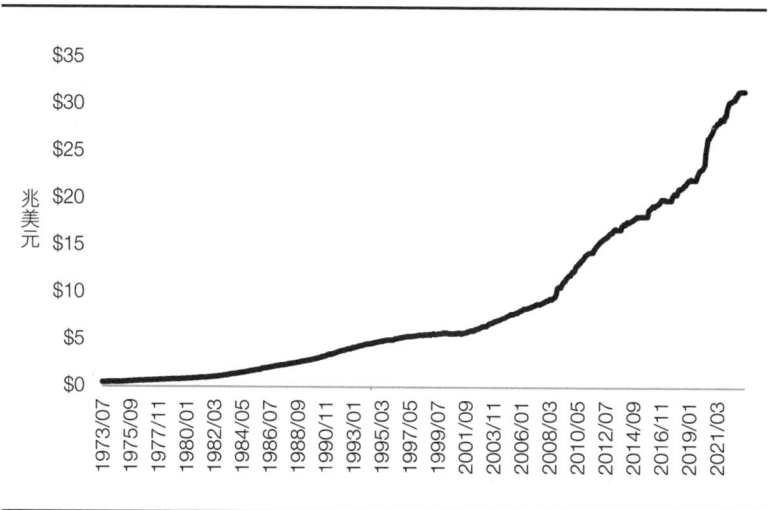

圖14　美國聯邦債務總額

兆美元

務。這兩位總統在七年間，總計將國家債務增加了50%。

通貨膨脹源於貨幣供給和流通速度的增加。換句話說，如果政府印製了1兆美元的現金，並將其封存在密封的金庫中十年，那麼這對通膨不會產生任何影響。許多振興措施旨在修復2008年和2009年大衰退期間的銀行資產負債表。但如果將那1兆美元甚至更多美元，直接存入數百萬美國人的銀行帳戶裡，通膨就會飆升。這正是2020年到2022年發生的事情。

新冠疫情也將權力平衡從美國企業手中轉移到勞工手中。為了在封城期間支持勞工，聯邦政府通過了緊急失業保險，並持續到2021年9月，而且還發放了三輪直接振興支票。這給予勞工優勢，並加強了他們在集體談判和薪資談判中的地位。許多勞工永久離開了勞動市場，主要是提前退休。也有更多的人

選擇留在家中，造成了勞動力短缺。過去幾年來，對亞馬遜、沃爾瑪和星巴克的員工加入工會的呼籲激增，這些公司以及其他類似公司的薪資也隨之上漲。這三間公司是世界上最大的雇主之一。亞馬遜物流中心的最低薪資，從2018年的每小時15美元，增加到2022年的超過19美元。星巴克也出現了類似的趨勢，工會還迫使公司改變其股利政策。工會在2022年透過威脅罷工，差一點癱瘓了美國聯合太平洋鐵路（Union Pacific Railroad）的貨運，最後是提高工資才避免了罷工。公司將此列為其營收的一大拖累。這些情況是美國已經很久沒有發生過的情形，自1968年至1981年以來就未曾出現過。

**圖15　M2貨幣供給**

（包含現金、支票帳戶、貨幣市場基金、定期存款、儲蓄存款）

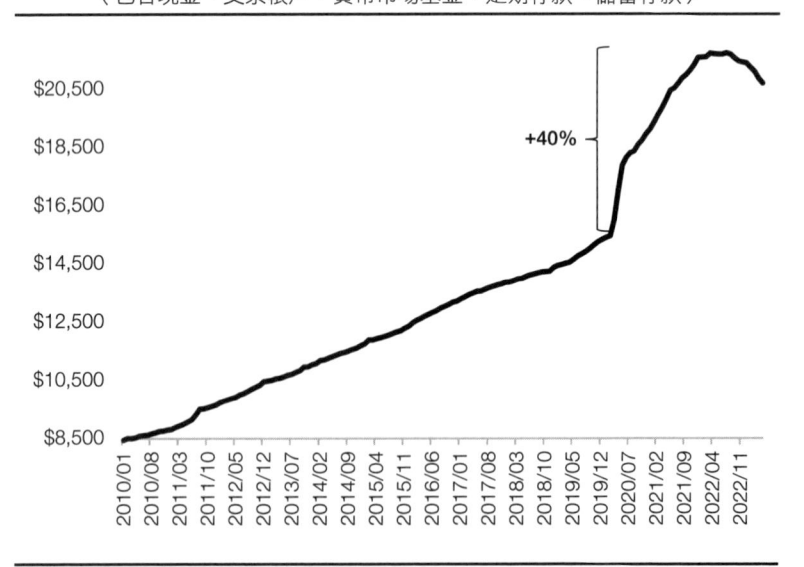

過去三十年來，外包和「工作權」立法削弱了工會的力量，通貨緊縮壓力也損害了勞工談判薪資的能力。通貨膨脹則賦予工會力量，因為當勞工由於購買力下降而受到損害時，更多的勞工會加入工會。工會促成的更高薪資進一步增加了通貨膨脹，形成了一個自我強化的循環。這將使通貨膨脹持續很久，並創造出一個難以消除的環境。亞特蘭大聯邦準備銀行的薪資追蹤器顯示，即使消費者物價指數通膨在2022年和2023年下降，薪資成長仍然偏高。工會力量的增加，開始在我們的政治中顯現出來。工會的支持率從2010年歷史上最低的48%，上升到2022年接近歷史最高的71%，增加的部分主要是發生在疫情期間。

**圖16　核心消費者物價指數（年增率）**

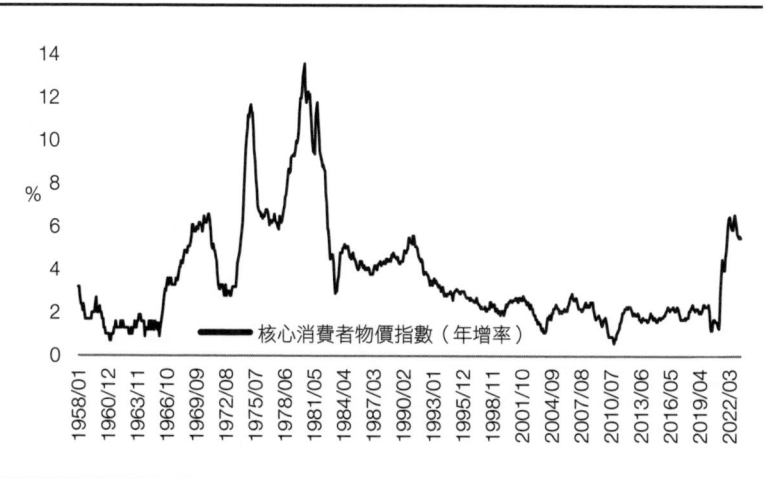

舊的華盛頓經濟共識是徹底緊縮的：開放國際市場，將生產外包到開發中國家，而且除非必要，不去干預私人部門。這些政策主題透過降低勞動力、商品和全球運輸成本，降低了各方面的價格。而新的華盛頓共識則大致上是膨脹的：貿易戰、工業產能回流，這些都由巨大的赤字支出來支付，請參閱2,800億美元的《晶片與科學法》（CHIPS and Science Act）。同時，我們還推出了積極的外國制裁。在這個多極化的世界中，全球在很多方面都可能發生代價高昂的衝突，再加上勞工重新獲得的力量，就會產生一個關鍵的結果：長期價格上漲。做好準備吧！

第五章

# 化石燃料為通往綠色能源鋪路

歐布里‧麥克倫登（Aubrey McClendon）把白髮[1]從前額上撥開，他的指關節發白，襯衫的前兩顆鈕扣解開，沒有穿外套，也沒有打領帶。他的鼻梁上架著一副無框眼鏡，眼鏡後面是一雙專注於前方道路的銳利藍眼睛。但這個男人正在流淚。他腦海中重播著過去二十四小時的情景。他的人生結束了。至少是他所知的生活結束了。他經歷了一次壯觀的墜落。他曾是奧克拉荷馬州最富有的人之一，前切薩皮克能源公司（Chesapeake Energy）的執行長，天然氣領域最知名的人，人脈遍布世界各地，有些甚至是一國之君或是掌權的政府要員。現在他破產了，而且還面臨十年的牢獄之災。

將近三十年前，他穿過一片塵土飛揚的德州田野，周圍是豎立的鑽機在抽取石油和天然氣，他清晰地看到了未來。他一輩子的朋友湯姆‧沃德（Tom Ward），與他共同創立切薩皮克能源公司的那個人，可能就在他身邊，兩人都戴著斯泰森帽，穿著牛仔靴，眺望著這片土地。他們決定徹底放棄垂直鑽井，把所有能找到的錢都投入橫向鑽探中，將天然氣從崎嶇、意想不到的頁岩層中釋放出來，也就是水力壓裂技術。

這些人在能源市場上一直非常成功，將切薩皮克的市值提升到370億美元──這是非常驚人的金額。

但是，隨後雷曼危機給他們迎頭重擊，正當他們的資產負債表像高空彈跳繩索一樣，在德州和奧克拉荷馬州之間緊繃得幾乎斷裂的時候，能源價格崩跌到幾乎和他們的地下壓裂鑽井一樣低。天然氣價格從15美元跌至4美元，突然間，所有的槓

桿，也就是為探勘和土地租賃而借貸的巨額資金，就像一群餓狼一樣撲向他們。到2008年底，切薩皮克的債務達到210億美元，公司每年燒掉50億美元的現金。公司股價在幾週內從62美元跌至12美元，市值暴跌至1.15億美元。但2008年的崩盤並不是終點。

如我們所知，政府紓困所有人，支撐金融系統，政府干預使得長期資本管理公司倒閉所致的傷口化膿加劇。干預市場是一個危險的遊戲。市場是個精妙的系統，就像有數百萬個微妙平衡零件的巨大生命體，每個零件都會相互影響，每個部分都像由製錶大師製作的白金齒輪。健康的市場是具有彈性的機器，能夠自我修復，具有其獨特的減震功能。國際暢銷書《黑天鵝效應》(*The Black Swan*)的作者，知名的納西姆‧尼可拉斯‧塔雷伯(Nassim Nicholas Taleb)，幾年前針對「反脆弱」(antifragile)的概念，發表了一次精彩的演說。

「反脆弱」這個詞並不表示堅不可摧，也不只代表強大或能承受巨大的壓力。這個詞的意思是，每次受到打擊時就會變得更強。他把這比喻成人類肌肉在劇烈的張力下，每次纖維撕裂時，肌肉就會以更大的力量自我修復。這是所有重量訓練的基礎，也可能是塔雷伯如此熱衷於舉重的原因。多年前我們曾在摩納哥一起喝酒，當時我們都獲邀到一個會議上，發表關於全球總體經濟學的演講。能見到這位風險管理界的偉人是一種榮幸，他對韌性和反脆弱性的理論依然令人著迷。現在的政府官員完全不信任這個理論。他們保護市場、縱容市場、迎合市

場的變化,導致經濟再也無法在沒有任何政府支持的情況下穩健運作。

在雷曼危機之後的寬鬆貨幣年代,經過兩輪量化寬鬆後,市場再次陷入困境。市場對振興措施上癮,我們可以在2010年代初期非常清楚地看到。沒有聯準會的幫助,市場根本不會上漲。這正是市場得到的,從扭曲操作(透過買進長期公債和出售短期公債來控制長期利率)到第三輪量化寬鬆額外創造的1.7兆美元——就連柏南克也承認[2]這種實驗性的藥物理論上無效,但是因為某種奇蹟,而在實務操作時有效。所以,在進入新世紀的第二個十年後不久,聯準會繼續做它擅長的事情:

**圖17　美國的石油和天然氣資本支出**

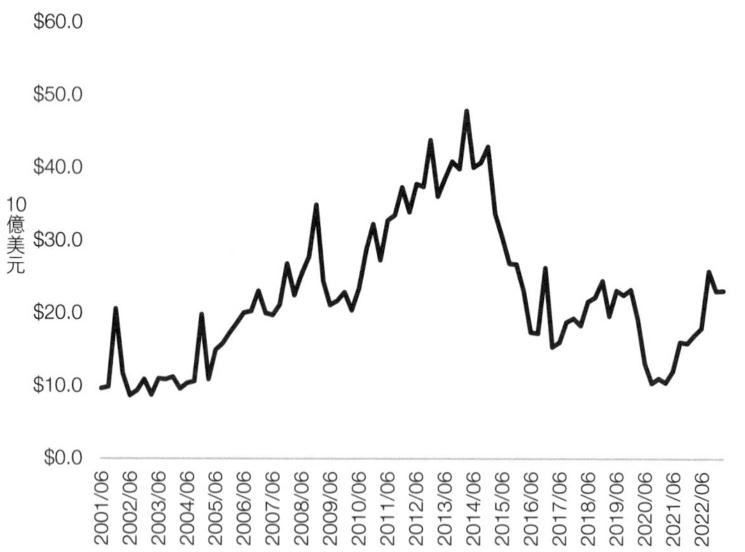

壓低利率。這讓市場攀升得更高。能源價格也重拾升勢，原油價格從2008年底的每桶35美元，一路攀升至2011年的125美元，這足以支撐另一場石油和天然氣的榮景。

低廉的借貸利率獨自創造出一波巨大的探勘浪潮。洪水閘門為獨行探險者和流浪的石油和天然氣探勘業者打開，競爭變得激烈起來。美國石油產量在2009年至2015年間增加了一倍，達到每天1,000萬桶。阿帕契（Apache）、戴文能源（Devon Energy）和西南能源（Southwestern Energy）等公司都加入了。眾所周知，艾克森美孚（Exxon）在2009年以410億美元收購了頁岩油鑽探公司XTO能源。其他頁岩油鑽探公司，如Range Resources、EOG Resources、Diamondback Energy和Pioneer Natural Resources，也在二疊紀盆地（Permian Basin）和北達科他州荒地五十二萬平方公里的巴肯地層上，花費了數十億美元的土地費，開採數十億桶的原油和天然氣。

切薩皮克不再是主導力量。這些能源公司的財務長都像潘普洛納的鬥牛一樣向前衝。大公司累積了大量債務。他們借用廉價的資金，投入到鑽油和探勘中。這個產業的槓桿程度令人頭暈目眩，而切薩皮克也不例外。

沃德那時早已離開，麥克倫登從某種意義上來說是孤身一人。也就是在那時，他越過了道德底線，透過安排好的拍賣競標土地，幾週前就計畫好了得標價格。他的優勢不復存在了，被眾多競爭對手蠶食他的獲利。他只能透過提供更好的土地租賃交易來競爭，否則就完了。在那段絕望的時期，帳面上的槓

桿如此之高，加上眾多其他鑽探公司，石油和天然氣生產的榮景造成了供給過剩，最終導致能源價格暴跌。

總會有一個時刻定義了市場的底部，這通常是一個嚇死所有人的價格。但是這一刻通常還伴隨著其他的事件，可能是一間大型基金倒閉、一間銀行崩潰、一間大公司投降、公司高階經理人被帶走、破產律師來到門口。2016年2月10日，石油價格跌至每桶27美元，創下新低。不到一個月後，這個價位再次面臨考驗。2016年3月2日，石油和天然氣市場再次走低，第二天新聞全都在報導麥克倫登駕駛自己的貨車撞牆自殺。那天，石油價格達到每桶34美元，能源產業的一個大名人進了停屍間。底部就這麼確立了。

整個能源產業拉緊褲帶，石油公司不願意投資，特別是因為政府監管和限制也跟著增加。隨著庫存減少，價格逐漸上升。2018年，德州輕質低硫原油的價格達到每桶77.41美元。

隨著全球人口呈上升趨勢，未來幾年地球對能源的需求將無法阻擋。與此同時，供給成長受到了限制，這是我們接下來將探討的問題。這導致了能源和關鍵資源的需求量與可供給量之間，存在著巨大的鴻溝，這個鴻溝將在未來幾十年內進一步擴大。

西方國家的政治人物正在大力推動替代能源，如果有人建議繼續進行鑽探、壓裂和開採，他們就會避之唯恐不及。我在很大程度上支持推動採用綠色能源，但當時這麼想還太早，早了二十年。我在鱈魚角長大，常常航行在南塔克特海灣

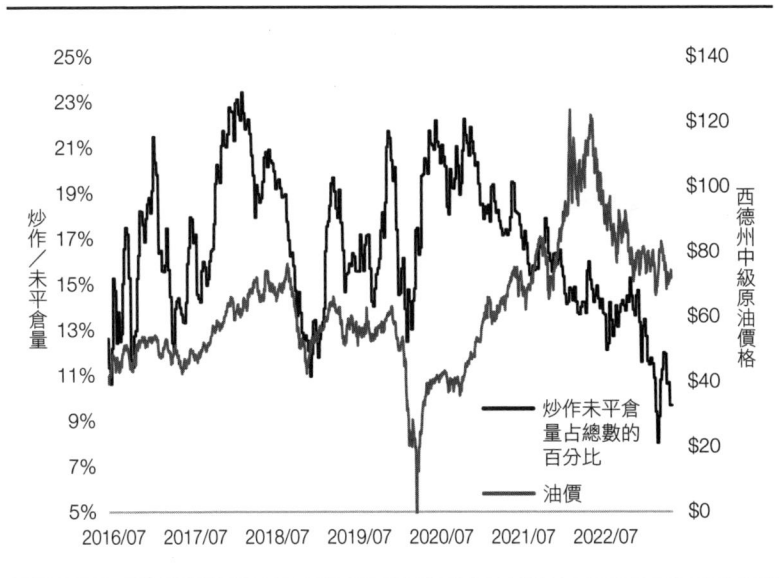

**圖18 投機者的西德州中級原油期貨部位**

炒作／未平倉量

西德州中級原油價格

炒作未平倉量占總數的百分比

油價

2016/07  2017/07  2018/07  2019/07  2020/07  2021/07  2022/07

（Nantucket Sound），呼吸著清新的空氣，走在乾淨的海灘上，並且在巴恩斯特布爾港口（Barnstable Harbor）直接享用新鮮的扇貝。對自然和自然界的尊重是我靈魂的一部分，但我也是一位經濟學家，了解供應約八十億人口食衣住行所需的代價，這對我們的電力網來說是一個沉重的負擔，而且這個需求不是只靠風力發電廠、太陽能板和水力發電就能滿足的。差得遠了。

現在最重要的任務應該是維持電力供給，並且以負責任、低通膨的方式，推動龐大的全球經濟向前發展。這需要化石燃料，有點諷刺的是，化石燃料將為綠色能源革命鋪路。但是只要算一算就知道，目前使用綠色能源來取代石油是不可能的，

特別是因為世界上一些人口最多的國家（如印度、中國和俄羅斯），並不打算受制於西方的碳排放標準，我們在本章中將討論這些問題。

## 石油是最原始的必需品

「如果杜魯道\*在這裡，我會告訴他這咖啡是用油做的。」拉菲・塔馬齊安（Rafi Tahmazian）一邊為我們每人倒了一杯，一邊諷刺地評論道。塔馬齊安是世界上最優秀的能源資產經理之一，2021年11月我在卡加利石油俱樂部（Calgary Petroleum Club）發表下午演講後，在他位於市中心的辦公室見面。他繼續說道：「種植和收穫的機器、運輸的車輛、更多包裝的機器、烘烤和研磨豆子的電力、燒水用的電熱，這不是靠小仙子撒仙粉就能辦到的，老朋友們。這些全是靠原油辦到的。」

當他說話時，我能聽見他收到電子郵件的聲音。他在獨木舟金融（Canoe Financial）公司負責投資部門，該公司管理的資產達20億美元，專門投資於石油、礦業和天然氣。他在觀點上不涉及政治，但多年來堅定地抱持一個信念：「整個地球都是靠原油運作的。包括我們所接觸到的一切、我們所消耗的一切。這與政治完全無關，這是實際的情況。這場對石油供應端的戰爭，是我所見過最愚蠢的事情。但杜魯道上任後，卡加

---

\* 譯注：賈斯汀・杜魯道（Justin Trudeau）是加拿大總理。

利市中心在2015年被搞得一團亂。我永遠不會忘記。這個人是個戲劇老師，竟然跑來指導能源政策！」

他站在窗邊，朝著旁邊的全景視野大手一揮。多棟高聳的摩天大樓上飾有能源巨頭的標誌——殼牌（Shell）、艾克森美孚、康菲（ConocoPhillips）、森科能源（Suncor）。這與曼哈頓的金融大教堂形成了鮮明對比。這裡的氣溫也比曼哈頓冷兩倍。「你有看到這些辦公大樓嗎？這是我們判斷生意興衰的方式。」2014年時，他所認識最聰明的人，迅速意識到市場已到達頂部了。「在這裡，一旦紐約的資金湧入——例如高盛和摩根士丹利這樣的大銀行，以及大型能源公司，就是我們正處於牛市的預兆。資金一開始是涓涓細流，接著便勢不可擋。當

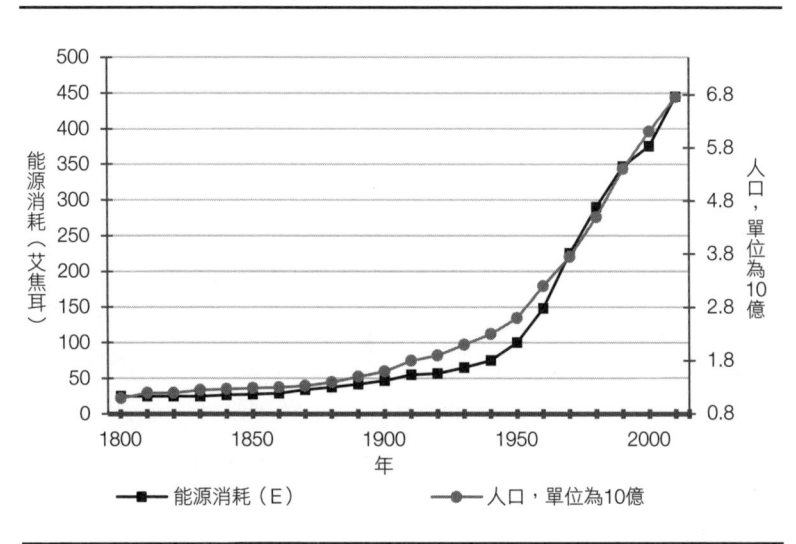

**圖19　能源消耗與人口**

他們看到辦公室的租金漲了一倍甚至兩倍,這就是所有老牌、本地的加拿大油田探勘者,開始解除部位、減少對石油和天然氣的長期持有部位的時候。」但是從那時以來,情勢已經發生了徹底的變化。

塔馬齊安喝了一口咖啡,停了一下以整理思緒。「在1850年,也就是我們發現原油之前,世界上八成的人口每日收入不到1.5美元;大多數人是自給自足的農民。儘管在1985年,農民的比例還是有五成,但從那時就開始下降了。快轉到2020年,這個比例已經降到只有一成。幾乎可以說,只靠石油就讓數十億人擺脫了極端貧窮──特別是過去三十年,更多的生產活動遷移出西方國家。更重要的是,它讓大多數人獲得了類似中產階級的生活。」他往後靠,繼續說:「但是這代表,開發中國家對所有東西的消費愈來愈多──服裝、電視、汽車,你想得到的都是!這種趨勢將會持續下去,至少直到他們的生活水準與西方國家相同為止。」

他專注地靠近我:「你想想看印度。2000年以來,印度的能源使用量已經增加了一倍,而且因為他們的都市化速度非常快,將以全球平均的三倍速度成長。這將代表從2021年到2031年,對空調的需求會出現巨大的成長。所以我們正處於氣候危機中,十四億人口組成了地球上能源需求成長最快的部分。這比美國、英國、德國和其他已開發國家快三到四倍。印度非常需要便宜的煤炭和化石燃料。這裡正在醞釀著一個重要的投資主題。在印度大約三‧二億個家庭中,現在只有不到兩

千兩百萬戶擁有空調設備。」

他開始用手勢來表達情況的嚴重性。「我們談的是一個白天平均溫度接近攝氏二十九度的國家。隨著印度人均收入上升、生活水準提高，家庭每月預算中第一個增加的就是空調！要在2050年達到碳中和根本是幻想；對於開發中國家總計四十億人口來說，可能要到2100年或2125年才有可能實現，而石油、天然氣和核能將需要填補這個缺口。較高薪的工作轉移到地球另一端是要付出代價的──這不是免費的。」

塔馬齊安在卡加利長大，一生都在能源投資領域打滾，現在他在一間超大的投資基金中占有重要的地位。他生來就是要應對能源業的興衰。他的分析和世界觀既直接又合乎邏輯，最重要的是，圍繞著一個極其簡單而驚人的中心主題，而現代政府卻幾乎忽略。

「說到底，西方國家若出現能源短缺，就表示你得洗冷水澡。也許咖啡不太好喝。但在新興市場，你會看到慘烈、混亂⋯⋯甚至可能會引發內戰。」他帶著一絲諷刺的微笑看著我。「有人能告訴我，為什麼沒有一條管線把我們的石油運到加拿大東部嗎？因為被魁北克政府阻止了！你能想像嗎？他們寧願買沙烏地阿拉伯的石油，也不願意讓自家的石油穿過綠色的田野！」

他一臉不可思議。

當我回到紐約的家時，我無法停止思考不久的將來會有哪些能源供給短缺的問題。根據我的估計，從2014年到2020年，

化石燃料和金屬方面的資本支出減少了2.4兆美元。「資本支出」（Capex）是能源市場不斷提到的用語。能源是地球上最資本密集的產業之一。想想那些精密的鑽井設備、廣泛的管線系統、先進的精煉技術、加工廠等等。有時候，尤其是礦業，公司必須修建鐵路來運送商品離開原產地，而修建鐵路並不便宜。

這2.4兆美元的減少是由於2014年衰退後，資本紀律不佳、許多公司破產和資產出售，加上政府監管所造成的。換句話說，煤炭、石油、天然氣、鈾與金屬探勘和生產方面的傳統投資根本不夠，尤其是在北美地區。在這段時期，全球人口增加了八億。現在我們可能需要額外3兆美元的資本支出才能趕上需求。

新冠疫情改變了石油業，影響或許會持續十年。就在疫情爆發後，對所有石油的需求就像水滴落在熱銅鍋上一樣突然枯竭。石油市場崩潰，將西德州中級原油價格壓低至每桶0美元。整個產業的公司都關閉了油井，停止了設備運轉，讓員工回家領取失業救濟金。每個人都記得那場重大的經濟停擺。連高速公路上都空無一人，週六晚上的曼哈頓也聽不到汽車喇叭聲。中城區那寬闊、詭譎的大道，就像反烏托邦電影中的場景。新世界正在推向一個以元宇宙或擴增實境為基礎的未來。Z世代和千禧世代相信，能源的未來不再是骯髒的石油，它將會有某種不同，是一個擺脫碳排放的全新電氣化世界，過去一百年的汽油車最終將被拖到歷史的廢車場。但這是一個可怕的錯誤判斷。

## 全球能源需求預測可能完全錯誤

國際能源總署（IEA）提出的永續性成長場景，預計在二十年內將全球二氧化碳排放量減少一半？這不太可能實現。它預測到2040年人均能源需求將下降25%？真是不敢置信。國際能源總署假設，即使是新興市場經濟體的需求也會下降，這根本瘋了。利伊‧格林（Leigh Goehring）和亞當‧羅森瓦伊格（Adam Rozencwajg）[3]在這方面的研究是必讀的。兩人提出一個很好的經驗法則：一旦一個國家的人均GDP超過每年2,500美元，大宗商品消費就會呈指數暴增。一旦人均GDP超過每年2萬美元，消費量可能會趨於平穩。但是首先，對交通的偏好，將從自行車轉向摩托車和汽車。隨著都市化提高了生產力和收入，人們會需要冷暖氣、照明和電力，也會吃更多的肉，而生產肉類所需的能源比蔬菜還要多。對未來二十年全球人均能源需求的合理估計是增加10%。

根據石油輸出國組織的資料，2023年全球石油日消耗量約為1.02億桶。如果我們假設未來五到十年內，已開發經濟體（例如美國、西歐、已開發亞洲國家）的石油需求保持不變，因為人口和GDP成長被人均能源消耗的持續減少抵消，那麼石油需求的成長一定是來自新興市場。假設這些國家的需求成長與過去五年相同，我們估計石油需求將從2023年的每日5,600萬桶，增加到2028年的6,500萬桶，並增至2033年的每日7,700萬桶。這表示在這十年內，全

球將消耗1.23億桶石油。這些額外需求全都來自新興經濟體,甚至還沒有考慮到非洲和印度等地的人均收入,會達到推動石油需求指數成長的水準。

在供給方面,自2019年以來,美國的產量一直停滯不前,2022年約為每日1,200萬桶。委內瑞拉、伊朗和俄羅斯的產能(這些國家都受到國際制裁),也因無法取得先進鑽井技術和西方資本,而受到損害。換句話說,這些國家的石油生產也繼續停滯不前。沙烏地阿拉伯和阿拉伯聯合大公國,是石油輸出國組織成員中產能過剩最多的國家,但目前僅約為每日400萬桶,遠低於額外所需的2,100萬桶。如果沒有大規模增加新產能的投資,石油業根本無法滿足這種預期的需求成長。

世界在新冠疫情封城後,於2021年重新開放時,石油輸出國組織對供給實施嚴格的限制,而美國的產量恢復緩慢。關於「終結頁岩」的言論也主導了2020年的民主黨辯論,這讓很多參與者卻步,尤其是在拜登贏得大選之後。為什麼要投資殺戮區?資金不只是撤出,根本是奔逃離開這個產業。

毫不意外,油價攀升得愈來愈高。供給根本不夠。需求迅速超過供給,通貨膨脹開始在市場上蔓延,因為航空公司的機隊打開了巨大的煤油動力渦輪引擎,乘載量達三千人的柴油遊輪被遊輪公司拋棄了,高速公路逐漸重新見到汽油動力汽車、公共汽車和卡車。不只是美國,這是全世界都在發生的現象。

## 圖20　石油與天然氣業總負債

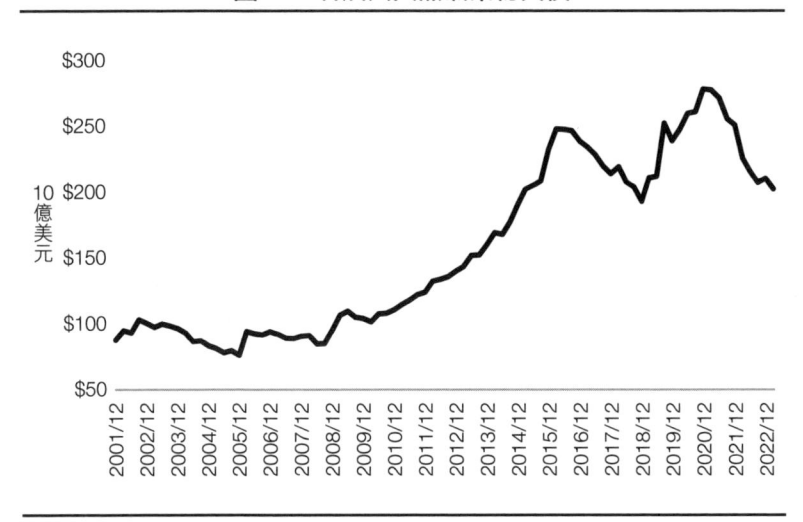

（10億美元）

## 圖21　石油蘊藏量：大廠 vs. 獨立探勘與生產業者

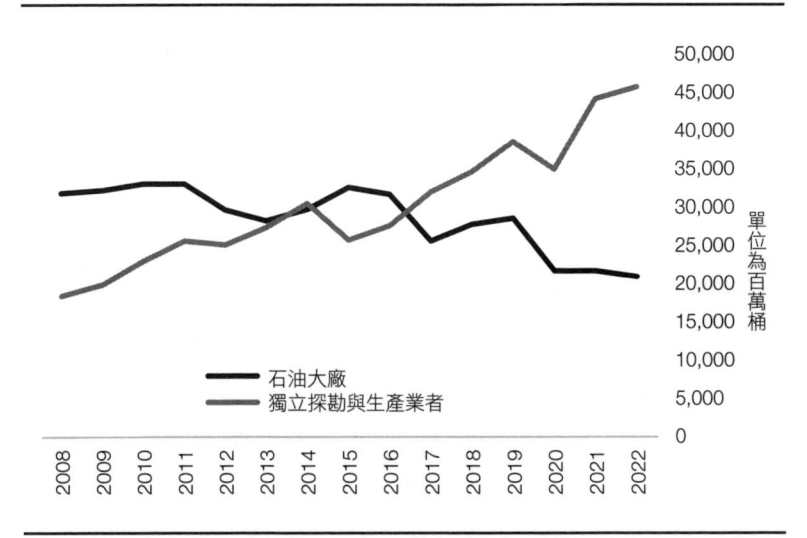

（單位為百萬桶）

— 石油大廠
— 獨立探勘與生產業者

從上圖可以看出，主要石油公司的蘊藏量正在下降。這個情況使得獨立的探勘與生產公司成了吸引人的收購目標。同樣地，這個產業已經減少了槓桿。由於大型石油公司一直在積極償還債務，因此在生產方面的投資要少得多。

> **投資人筆記**
>
> ## 核能可以補足缺口嗎？
>
> 全球愈來愈多環保人士終於承認，要邁向綠色能源以及實現碳中和的唯一途徑，就是透過大量使用核能。但是這並不是一個簡單的解決方案。自1986年蘇聯車諾比核災、2011年日本福島核事故以來，媒體對核反應爐和核能有關的一切進行猛烈抨擊。德國率先退出這個領域，關閉了大部分核電廠，轉向風能和太陽能。核能領域的投資嚴重不足，使得鈾市場狀況如同雨中的停車場一樣淒涼。美國只有兩年的鈾供給量，來維持其五十四座商業核電廠的運作。
>
> 建造反應爐需要好幾年的時間。想要扭轉這個局面，就像讓三艘航空母艦轉向一樣困難。招募新人才、找到合適的博士級人才來監督經營，都將是漫長而耗時的過程，可能需要將近十年，或至少五到七年。同時，這個產業正面臨人才流失的困境，許多優秀的人才都流向加密貨幣這類產業。
>
> 華府現在有兩黨攜手支持這個領域，五到十年前這相當難以想像。最重要的是，全球供需背景對這種商品和股票整體來說非常看好。加拿大、歐洲和亞洲出現了顯著的趨勢轉變，推動未來需求的大幅成長。根據彭博的資料，核能的單位生產成本在所有能源中最低，只有水電的90%、風電的46%、太陽能的40%，以及石油的27%。
>
> 根據比爾・蓋茲的說法：「現代核能[4]的整體安全紀錄

比其他能源更好。」我們喜愛這個投資領域。自2014年以來，全球人口成長了八億，每十年就會增加這麼多人。這自然增加了對化石燃料、能源和電力的需求。現在世界最大經濟體，也就是美國和中國，能源需求與核能產能之間嚴重脫節。核能供應像法國、匈牙利和瑞典這樣的大國超過30%的電力，而在美國、中國、巴西、印度和英國這樣的大國，這個比例甚至低於20%──在中國只有5%。

馬斯克最近全力支持擴大核能產能。他說：「德國不僅不應該[5]關閉核電廠，應該重新開啟已關閉的核電廠才對。這完全是瘋狂的行為。世界應該增加核能的使用！」需求方的人們開始呼籲提升發電產能。他們看到了即將到來的短缺。因為如果所有的需求，最終落在嚴重供給不足的核能產業，可能會導致鈾價格急遽上漲。

我們的長期顧問約翰・奎克斯（John Quakes），是鈾產業專家兼地球科學研究員，他向我們介紹了過去幾個月該產業的數十項發展。他說：「看到核能的發展愈來愈好，以前所未有的方式宣布建造、計畫、擴建和重啟新反應堆，真是令人興奮。德國似乎是爆發點。他們退出核能是一場災難，使他們依賴俄羅斯的天然氣和價格過高的風電場，德國的作為就像是催化劑，催促其他國家做完全相反的事。」

核能幾乎所有指標都輕鬆打敗所有其他能源。碳排放、成本、安全、浪費……不勝枚舉。但我們在報紙上看到的只是核廢料以及福島和車諾比留下的痛苦。但很少有人談論

太陽能產生的廢棄物。根據彭博新能源財經的報導：「全球每年產生的太陽能板廢棄物量[6]，將從2021年的三萬公噸增加到2035年的一百多萬噸，到2050年將超過一千萬噸。」垃圾面板被丟棄在一堆爛掉的鐵鏽和塑膠中。而稀土是風力發電機的重要原物料，但我們也沒有看到多少報導在討論精煉稀土所產生的有毒廢物。

令人驚訝的是，幾年前鈾產業光是為了維持目前全球反應爐機組的正常運作，就已經走向嚴重的供給不足。但隨後在2022年底出現了新的復甦。新冠肺炎大流行對供應鏈造成打擊，但是現在需求又回來了，並且即將飆升。

我們將在第九章說明如何領先於這個即將到來的趨勢。

過去三年來，西方國家已經將其在化石燃料上的戰鬥，升級為一場全面的戰爭。ESG的限制正在增加。西方國家希望鼓勵企業採取負責任的行動，但這只是「遠離任何試圖汙染地球的東西，尤其是化石燃料」的委婉說法。你可以在新聞中、競選承諾中，以及董事會中看到這些說法。這扼殺了對石油、天然氣和煤炭等傳統能源業的投資，也造成供給全面下降。

石油供給的增加並非在彈指間就能實現。要讓大量生產重新上線需要很多年。首先，有多年的監管漏洞需要跨越，其次政府需要激勵企業這麼做，但許多政府反而對大型石油公司徵收暴利稅。這是錯誤的做法。稅收會導致生產停止。第三是必須進行探勘，找到最富含石油的土地進行鑽探。這是一個昂貴

> **投資人筆記**
>
> ## 即將到來的石油業併購浪潮
>
> 在石油和天然氣領域出現了三波主要的併購浪潮：一波發生在1990年代末期，當時艾克森和美孚在史上最低油價的環境下合併；第二波發生在2004年至2007年期間，當時油價飆升，頁岩革命才剛在天然氣領域開始；第三波發生在2015年至2019年期間，大型石油公司投資熱潮過後，較弱小的業者被收購。
>
> 現在這個產業正準備經歷另一個整合時期。許多最有利可圖的頁岩油田已經被買走了，而ESG這種投資類型，是根據「環境保護、社會責任和公司治理」這三個標準，來篩選哪些公司可以借入資金，因其對鑽探和資本的限制，使石油巨擘傾向收購而不是開發土地。在多極世界中，化石燃料儲備在離本國較近的地方會更有價值，因為遙遠區域的儲備可能會捲入地緣政治動盪，或是被外國政府收歸國有。例如，當美國和歐洲在2022年對俄羅斯實施制裁時，全球石油巨頭與俄羅斯政府之間的所有合資企業都解散了。BP公眾有限公司放棄俄羅斯石油公司（Rosneft）20%的股份，相當於其儲量的一半左右，因此遭受了多達250億美元的打擊。殼牌為了資助北溪二號（Nord Stream 2）的管線，與俄羅斯建立合資企業，退出時自然也蒙受損失。

> 艾克森美孚在2020年時有40億美元的現金，到了2023年已飆升至330億美元，而該公司的自由現金流每年從負20億美元成長到超過580億美元。大型企業的口袋裡有很多美元沒地方花，這些錢最需要的就是一個新家，如今收購是增加儲備的最簡單方法之一。

的遊戲。第四階段是搬運設備，這要耗資數百萬美元。然後是雇用合格人員，接著是鑽井、基礎設施、運輸和物流等等。在ESG的努力最終失敗後，大約需要七到十年才能再次讓市場上充滿石油和天然氣。ESG的努力終究會失敗的，只需要研究數字就知道了。

如果各國政府真的想取代石油這種地球上的能源，那麼目前需要一個面積比法國大一點的風電場，五十四億公畝的土地。一個取代石油的太陽能發電場則需要西班牙那麼大，面積為四十八·五億公畝，更不用說它需要每天至少70%的日照，每年運作、每天八小時。現在想想這將使用多少塑膠、玻璃纖維、鋼軸和渦輪機，無止盡地維護，還有數以百萬計的電池和電纜。這麼做絕對會使地球破產。也許數十年後有一天能辦得到，但現在還不行。

ESG投資的限制造成了意想不到的問題，與金融市場的問題完全不同。它在看不見的地方造成嚴重的傷害。過去幾年來，加州發生了多起毀滅性的火災[7]；超過六萬座建築物被

燒毀。知名歌手麥莉·希拉（Miley Cyrus）、尼爾·楊（Neil Young）和蘇格蘭演員傑瑞德·巴特勒（Gerard Butler）失去了家園。自本世紀以來，加州的森林大火總共燒毀了將近九萬平方公里的森林和草原，相當於整個緬因州。這些火災所產生的二氧化碳汙染，相當於一·二億輛汽車連續駕駛一整年。

歸咎於氣候變化很容易，但絕對不只這樣而已。事實上，大部分原因歸結為加州熱衷於使用再生能源，而不考慮所有可能的後果，以及其公用事業公司太平洋瓦斯與電力公司（PG&E）的管理不善。自2000年以來，這間公司雜亂無章的輸電基礎建設維護，已經引發了數十起重大野火，造成數百人死亡和數十億美元的損失。部分問題在於，複雜的法規要求公用事業公司從遙遠的地方取得再生能源，例如華盛頓州的水力

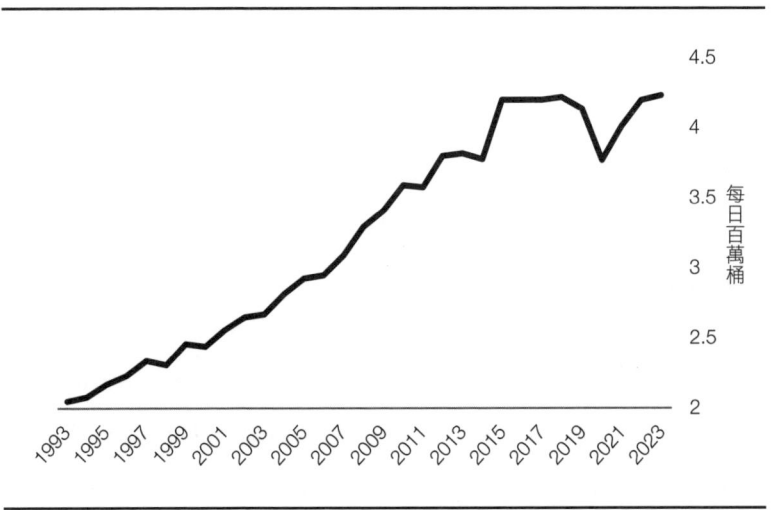

**圖22　非洲石油需求**

圖23　中國石油需求

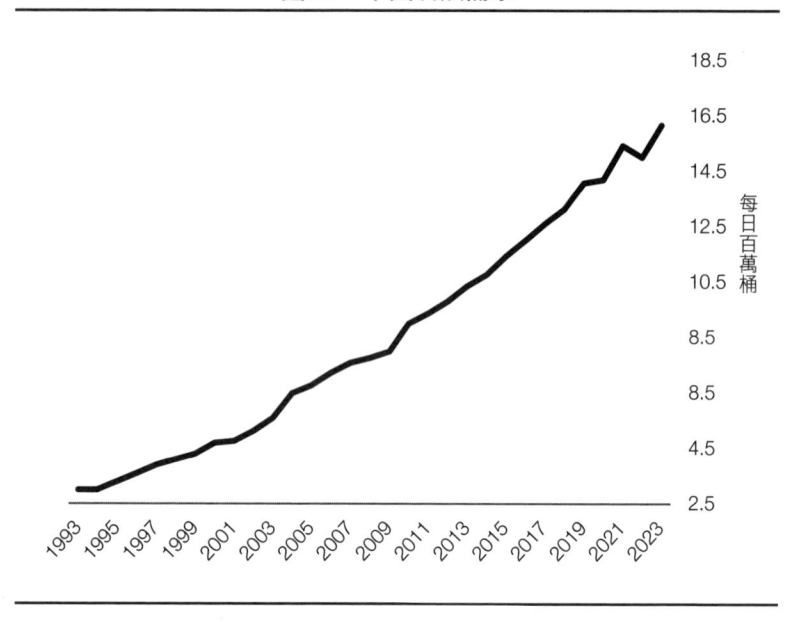

每日百萬桶：18.5 / 16.5 / 14.5 / 12.5 / 10.5 / 8.5 / 8.5 / 4.5 / 2.5

1993 1995 1997 1999 2001 2003 2005 2007 2009 2011 2013 2015 2017 2019 2021 2023

發電和內華達州的太陽能發電。為了連結太平洋公司的電力網與這些遙遠的再生能源，花費了一大筆錢建造通往州外地區的長距離高壓線路。批准這些投資的監管機構是聯邦能源監管委員會（FERC）。

加州公用事業委員會（CPUC）是加州監管機構，還有聯邦能源監管委員會負責監督太平洋公司向消費者收取的電費。與大多數公用事業一樣，太平洋公司必須獲得監管機構的批准才能提高費率，而這些都是根據公司所做的投資而決定的。由於這些再生能源的要求以及滿足這些要求所需的昂貴基礎建設，導致加州的電價最後變成全國最高。因此，加州公用事業

委員會經常拒絕太平洋公司基於其他支出而請求提高費率，例如通往城鎮的當地配電線路這類簡單的維護支出。換句話說，公用事業監管機構決定太平洋公司應該執行哪些維護計畫，而不是由公司本身決定，因此沒有資金維護當地線路、電線桿和輸電站，最後這些線路開始老舊損壞，導致加州各地大火頻傳。

## 為通膨加溫

說到底，能源價格是造成通貨膨脹的根本原因。想想看，一些簡單的事情需要使用的每一滴汽油和能源有多少，例如我們的卡加利咖啡。再加上高油價，結果星巴克的一杯4美元咖啡，突然要花6美元才買得到。

但是能源和通貨膨脹之間還有第二層關係。更高的能源成本不僅會推高其他成本，而且還會使通膨更難對抗。以下可能是本書中最重要的一段話：如果通膨率在這個週期中的標準變成3%至4%，而不是像前幾十年那樣為1%至2%，那麼數兆美元將在整個投資資產生態系統中被錯誤配置，因為大多數投資組合仍然大量加碼成長型股票。

通常在經濟衰退時期因為需求下降，能源和石油價格會急遽下降，這是通貨緊縮的主要力量。但是展望未來，即使在經濟衰退期間，能源價格也可能保持在相對較高的水準。由於對石油和天然氣產業的長期投資不足，美國和加拿大將寶貴的市占率交給了沙烏地阿拉伯、俄羅斯和石油輸出國組織，使他們

圖24 美國石油與天然氣公司併購

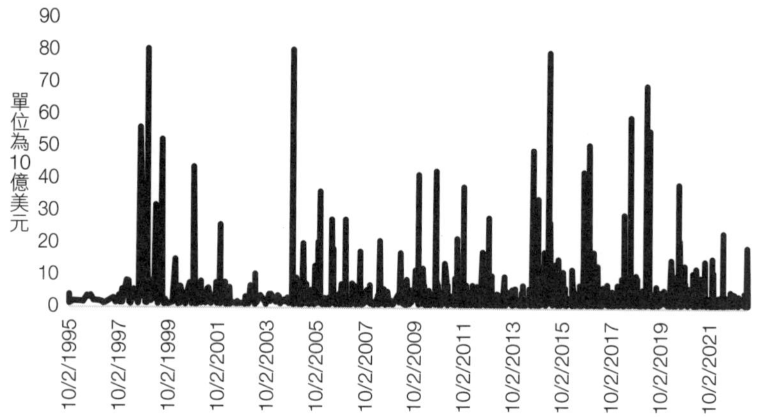

更能夠控制全球石油價格。在多極世界中，這些不太友好的參與者現在可以在經濟衰退期間協議降低供給，以維持高油價。

如果美國有八千口已鑽探但未完工的油井（DUC），我們就可以提高產量，並從那些國家手中搶回市占率。但我們沒有。未完工的油井數是十年來的低點，這使我們必須長期對抗更高和更難甩掉的通貨膨脹。我們在2022年的小型能源危機中看到了這一點，這將成為未來幾年的常態。

貝萊德（BlackRock）執行長賴瑞‧芬克（Larry Fink）在2020年寫了一封長信，給貝萊德大量投資ETF的公司執行長和董事會成員。這封信讓芬克成為董事會中的主導者。他在信中概述他對氣候政策和脫碳未來的立場。這是一篇關於無碳世界重要性的事實文章。他在2022年再次坐在桌前寫了一封後

續的信,其中提出了一個幾乎沒有談判餘地的理由。身為這些公司中大多數的大股東,他大膽地寫道:「邁向永續性投資的結構性轉變仍在加速……每間公司和每個產業,都將因為過渡至淨零世界而發生轉變。問題在於,你是領導者,還是會被領導?」

從世界經濟論壇到政治運動,從氣候學家到記者,全球從上到下的整個對話,基本上都是圍繞著二氧化碳以及大量排放二氧化碳的企業。這基本上是對化石燃料(煤炭、石油和天然氣)的攻擊,他們迫不及待地想用風能、太陽能、氫氣以及任何其他不排碳的東西來加以取代,即使這在數學上沒有什麼意義。重點在於供給,而不是需求。

由於綠色能源的計算結果並不切實際,強迫走上這條通往淨零世界的道路,將面臨全球經濟逆轉的風險。在芬克看來,「每個行業都將[8]被新的、永續的技術所改變。」零碳能源的目標現在已經演變成一種狂熱,他們還有把我們的最大利益放在心上嗎?根據世界上可用的銅數量,未來的電力需求目前看來是無法滿足的。

預計未來對於銅的需求成長,有40%將來自[9]綠色技術中的電機應用,如電動汽車、風力發電機和太陽能板。根據研究和顧問公司伍德‧梅肯西(Wood Mackenzie)的資料,由於缺乏新的銅礦開採專案,這種需求成長將造成高達五百萬噸的十年供應缺口。根據愛迪生電機研究院(Edison Electric Institute)的資料,美國的輸電網絡由超過九十六‧五萬公里

**投資人注意**

## 造成通膨揮之不去的更多原因

暫且不談社會政治因素，從單純的經濟角度來看，相較於前幾十年，新冠疫情後社會安全網的擴大，很可能帶來更高的通膨標準。這是基礎經濟學：當你補貼需求並阻止供給時，會發生什麼事？除了沙烏地阿拉伯、俄羅斯和石油輸出國組織最近扮演的角色更加顯著之外，還有一些內部政治因素提高了能源價格，導致黏性通膨（sticky inflation）甚至通膨價格螺旋上升的可能性。西方各國政府在2022年採取了非正統的舉動，在通膨危機期間補貼能源需求。加州的「通膨紓困」支票花了230億美元，這些支票主要是為了支付增加的能源成本。義大利花了140億美元做同樣的事情。這些能源需求補貼中最大的一筆，是生活成本調整（Cost-of-Living Adjustment，COLA），附加在美國社會保障和政府退休人員支票上。2023年是生活成本調整四十年來增加最多的一年，達到8.7%。生活成本調整是用消費者物價指數計算的，而它本身在很大程度上就是能源成本（因為原油無處不在）。光是透過社會保障，聯邦政府就向退休人員額外發放了2,070億美元，以彌補2022年和2023年的購買力下降。在商店裡購買食品和衣服，就會使生活成本調整資金滲透至經濟中，造成通膨揮之不去。

我們在1970年代就看過：即使價格恢復正常，還是會

因為更高的通膨預測,而使價格獲得支撐。由於成本調整比實際的生活成本晚了一年,因此這樣的調整是將過去一年的通膨投射至未來。下一次能源危機發生時,也可能會有直接和間接的需求補貼措施,這將增加全球的通膨負擔。

後疫情時代,更廣泛的社會安全網也顯著擴大。沒有比補充營養協助計畫(SNAP)更能說明持續通貨膨脹的了。在疫情大流行的那幾年,全國接受協助的人數增加了25%,達到四千兩百萬。2001年是一千六百萬,占美國人口的5.6%。根據皮尤研究中心(Pew Research Center)的資料,到2023年4月,有四千一百九十萬人獲得了該計畫的福利金,相當於美國總人口的12.5%。

沃爾瑪在2020年獲得該計畫近26%的雜貨收入。正如公司法說會中所引用的數字,該計畫的付款週期現在對沃爾瑪的營收有著重大影響。根據美國農業部的資料,食品和營養協助計畫的2021財政年度聯邦支出總額為1,825億美元,比前一次的高點(2020財政年度為1,228億美元)還要高出49%。

這是美國經濟接近「充分就業」的情況,即幾乎任何想要工作的人都能找到工作。下一次經濟衰退時,美國將至少面臨5%至7%的年度預算赤字,社會福利支出已經比二十年平均值還要高出20%。透過聯準會升息來對抗通膨,然後在新冠肺炎期間透過更高的赤字支出來抑制通膨,相對於過去幾十年,這麼做可能會導致未來更高的通膨標準。

的線路組成，其中三十八‧五萬是高壓線路，為兩百三十千伏（kilovolt）或更高。銅是輸電的關鍵材料，由結構框架、導線、電纜、變壓器、斷路器、開關和變電站組成。到了2050年，需要一‧五二億公里的全球電網（這是從地球到太陽的距離）才能實現淨零排放目標，是目前電網規模的兩倍。

根據投資研究團隊奧勒岡集團（Oregon Group）[10]的資料，到了2050年將需要四百二十七公噸的銅。為了實現這個目標，需要花費21兆美元，2022年的年度投資金額是2,740億美元，到了2050年將增加到1兆美元。我們所談的是尋找銅和重建電網所需的資本支出，以及將所有材料運送到正確位置所需的物流。

鋰是綠色轉型的另一種重要礦物。2030年全球電動車的預計鋰需求量將是2021年的二十三倍。因此，由於需求持續超過供給，預計鋰的供給短缺將至少持續到2030年。鎳是另一種綠色金屬，鋰電池幾乎總是使用鎳，因為這種金屬很容易吸收和釋放鋰離子，讓鋰離子被來回推動以釋放或充電能量。預計到了2040年其需求將增加一倍，這要歸功於電動車和電力牆中鎳基電池的增加。我們在第九章中深入探討的鈷，預計到2030年需求將增加一倍，估計供給缺口為32%。

讓美國路上再多一千萬輛電動汽車，將為整個電網基礎建設帶來巨大的壓力，眾所周知，這些基礎建設在某些地方會出現故障。過去幾年來我們看到了無數的悲慘教訓，從德州的毀滅性停電到加州的猖獗火災。美國電網已有超過半個世紀的歷

史了，而且愈來愈不穩定、維護資金不足，而且最重要的是，無法供應數以百萬計的電動汽車。光是在美國，升級基礎建設以支援交通產業脫碳的成本，就高達7兆美元[11]。

我們的團隊最近從大西洋的另一邊，聽到一個離奇的故事。德國的頭條新聞被該國失敗的風力發電部門所占據。在關閉了煤炭和天然氣、限制石油發電，並在太陽能和風能領域投入了數十億美元之後，德國面臨著真正的危機。西南部巴登—符騰堡邦（Baden-Wüttemberg）的電網營運商，有史以來第一次向客戶發出警告：當天下午將停電一小時，並要求客戶降低能源消耗。歐洲第一大經濟體德國，突然被各種因素所束縛。一種稱為Dunkelflaute（無光、無風的黑暗停滯期）的天氣模式正在造成嚴重破壞。電網營運商首次承認，風能和太陽能等再生能源占比的增加，使德國能源電網成為「一個挑戰」。德國人面對事情還真是淡定。

隨著全球能源市場無休止的問題懸而未決，你可能會問，投資人該如何利用這些知識。我們的建議很簡單：做多石油。你需要有這些市場夠多的曝險。在未來的十年，我們熱愛這個產業。能源ETF XLE和XOP以及雪佛龍（Chevron）、殼牌和艾克森美孚都是不錯的起點。特別是，艾克森美孚之所以吸引我們，是因為公司在南美洲東北部的蓋亞那（Guyana）擁有龐大的新蘊藏量。艾克森美孚在蓋亞那首都喬治城設有辦事處，在海上展開許多正在進行的探勘和開發業務。自2015年5月以來營運的史塔布洛克（Stabroek）油田有了重大發現，該

公司預計2027年的產能,將從2022年的每日37.5萬桶增加到120萬桶。這隱含的意思是,四年後蓋亞那將占艾克森美孚全球產量的約25%。這是一個可以存放資本的穩定標的。我們買進艾克森美孚(XOM)。在圖25中,我們重點介紹了幾間估值具有吸引力的小型石油和天然氣生產商,它們有可能被其中一間石油巨頭收購。

華爾街如何評估石油和天然氣公司,投資人如何從大公司的方法中獲利?評估能源業價值的方法之一,就是將其企業價值(債務和市值的總和)與其地下石油和天然氣蘊藏的價值進行比較。這種比較所衡量的是公司每「桶油當量」的價值,也

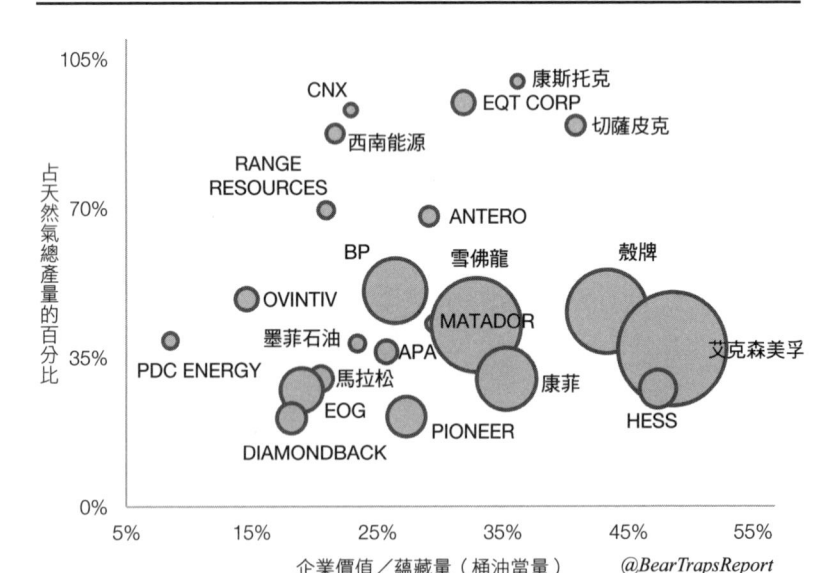

**圖25 探勘與生產公司的估值**

[圖表:縱軸為「占天然氣總產量的百分比」（0%–105%），橫軸為「企業價值／蘊藏量（桶油當量）」（5%–55%）。標示公司包括：CNX、康斯托克、EQT CORP、切薩皮克、西南能源、RANGE RESOURCES、ANTERO、BP、雪佛龍、殼牌、OVINTIV、MATADOR、艾克森美孚、墨菲石油、APA、康菲、PDC ENERGY、馬拉松、EOG、PIONEER、HESS、DIAMONDBACK。資料來源：@BearTrapsReport]

就是石油和天然氣轉化為多少桶石油。一間公司的企業價值與其地下蘊藏量相比愈低，公司的估值就愈便宜。例如，PDC Energy非常便宜。雪佛龍也是這麼認為的，所以在2023年5月向該公司提出了收購邀約。（圖25顯示了雪佛龍收購之前PDC的估值。）

## 最大規模的資本遷移

每個投資人都應該關注的就是任何經濟體的龍頭，因為多年來龍頭都在變化。有些行業在很長一段時間內變得流行，然後再次消失在陰暗處。如果你能領先於這些趨勢，並學會如何找到趨勢，你的投資組合將處於一個更好的位置。舉例來說，1981年時，石油、天然氣、工業和材料類股占標普五百指數的49%，到了2021年卻驟降至12%——在經歷了十年的通貨緊縮之後，這真是令人震驚。標普五百指數的構成在其他方面也發生了變化。在接下來的四十年，直到2020年到2021年，我們看到金融資產、長期資產的過量，這些資產最能代表成長型股票和債券。這場資金大量移動在2022年1月時達到高峰，當時科技股占標普五百指數的43%。這一刻是市場的轉捩點，也是一場巨變的開始，每十年都會發生一次，我們預測這種轉變可能會持續到2030年。

我們已經從高度確定的通貨緊縮環境，轉變為通貨膨脹的環境，這就是所有投資組合結構中，資產配置的組成發生變化

的時候。我們相信，能源和金屬價格將在未來十年持續上漲，而且已經形成了我們一生中見過最大規模的資本遷移。投資人在2022年時紛紛遠離科技股和成長股，現在他們正在轉向實體資產，建構能更有效應對持續上漲的能源價格和持續通膨的投資組合。從疫情的低點到2022年底，隨著通膨肆虐，Energy Select Sector SPDR ETF（XLE）上漲了325%，Sprott Uranium ETF（URNM）上漲了318%，Global X Copper Miners ETF（COPX）上漲了260%，SPDR S&P Metals and Mining ETF（XME）上漲了260%。隨著大環境從2010年到2020年的確定性通貨緊縮時代，轉向持續通膨的時代，實體資產比長期金融資產更受歡迎。

　　石油股仍處於早期階段，我們預測未來幾年將有數十億美元流入這些公司；估值很便宜。奧馬哈的先知巴菲特清楚地看到了這些巨大的趨勢。巴菲特近年來投入的大部分新資本都在能源領域。波克夏·海瑟威公司現在擁有西方石油公司（OXY）近25%的股份，和雪佛龍公司（CVX）7%的股份。美國石油產量一直在下降。就在疫情之前，美國每天生產一千三百一十萬桶。三年後，日產量仍然只有一千三百三十萬桶。從2016年到2019年底的三年中，美國的產量從每天八百四十萬桶飆升至一千兩百九十萬桶。許多人認為這種速度是必要的，因為未來十年預計需求將每天成長兩千萬桶。人口在增加、需求在激增，而供給成長卻還很低。

　　芬克在他的投資信中寫到渡渡鳥（dodo，一種不會飛的鳥，在十七世紀滅絕）以及鳳凰（希臘神話中自燃後從原本的

灰燼中升起的不朽鳥）。未來的渡渡鳥將是那些緊緊抓住不景氣成長股的人。鳳凰則會投資於實體資產和目前仍然不受歡迎的能源股。借貸成本將居高不下，2兆美元的資本支出缺口需要數年才能填補，石油、天然氣和煤炭等化石燃料的低價，將很快成為遙遠的記憶。

## 投資大師觀點

# 訪談大衛・泰珀

　　我在2013年的冬天向西行駛，高速公路上的淺灰色瀝青被鋪路鹽弄髒了。後視鏡中是曼哈頓天際線不對稱的山峰。當我沿著I-78公路行駛時，天際線變得愈來愈小，這條高速公路橫掃紐澤西州，經過威夸希（Weequahic）公園，那裡有三公里長的橡膠慢跑道，一個充滿天然泉水的三十公頃湖泊，以及美國最古老的公共高爾夫球場。開了幾公里後，我右轉進入米爾本大道（Millburn Avenue），沿著通勤帶穿過貴族區。北邊是米爾本，西南邊是該州最富有的城鎮之一薩米特（Summit）。1800年代中期，薩米特只是一個令人感到舒適的農業社區，但內戰之後變成一個高級的避暑勝地，有著清新的山林空氣，而且距離紐約大都會區不遠。下一個鎮是查塔姆（Chatham），就在私人獨木舟布魯克鄉村俱樂部之外，這裡擁有全國兩個最好的錦標賽高爾夫球場。以前我有空的時候，差點就在這兩個地方打出標準桿，但我從來沒有進入四大賽。我的才能不在那個領域。

　　三分鐘後，我的車停在目的地外面。我寄了十七封電子郵件、打了十二通電話才得到這次見面的機會，但從某種意義上來說，這花了我一輩子的時間，現在我離門口只有三公尺遠。阿帕盧薩資產管理公司（Appaloosa Management）是一

間專門經營不良債務的避險基金,由匹茲堡本地人大衛‧泰珀(David Tepper)經營,他有著過目不忘的能力。泰珀是高盛在1987年唯一沒有賠錢的交易員。事實上,那次崩盤時他放空,並在下跌的過程中為公司大賺一筆。在2009年市場跌到谷底時,他買進許多美國銀行的股票。當美銀的股票不值錢時,泰珀兩隻手都在買進。

「買對了也永遠不會感覺很好。」他告訴我。還真是難搞的傢伙。

當美國金融業復甦時,阿帕盧薩資產管理公司賺進了75億美元的利潤。泰珀和我們一樣,當世界變得恐懼,他就買進這些強烈的恐懼。我們很容易想要認賠殺出,但沒有人像泰珀那樣做。垃圾債券交易傳奇麥卡錫曾說:「較高的價格會吸引買家,較低的價格會吸引賣家。規模會令人睜大眼睛。時間會扼殺交易。當他們哭泣時,你應該買進。當他們興奮喊叫時,你應該賣出。人們需要好幾年的時間才能學會這些基本的知識,如果他們學得會的話。」

泰珀是性情非常穩定的人,他的職業生涯體現了麥卡錫的話。當他說話時,聲音有一種熟悉的堅毅感,就像你常在偉大人物面前時聽到的那種。但是以泰珀來說,我不是隨便就用「偉大」這個詞的,是因為如果有人在1993年向阿帕盧薩資產管理公司投資100萬美元,到了2013年就會變成1.49億美元,這無論用何種標準來看都相當卓越。

會議室裡放著一頂來自匹茲堡鋼人隊的頭盔,那是泰珀老

家的美式足球隊。我以前從未在避險基金公司看過這樣的東西，所以我們聊了一會全國美式足球聯盟（NFL），以及泰珀對擁有球隊少數股權的興奮感。2018年，泰珀以23億美元收購了卡羅萊納黑豹隊。

他告訴我：「這個著名標誌中的三種顏色，分別代表煉鋼所使用的三種不同材料。黃色代表煤炭，橙色代表鐵礦石，藍色代表廢鋼。」1960年代初期，鋼人隊必須向美國鋼鐵協會（American Iron and Steel Institute）提出請願，將鋼鐵標誌（帶有黃色、橙色和藍色星星符號的商標圓圈）內的「Steel」（鋼）更改為「Steelers」（鋼人），以作為球隊的標誌。

泰珀本來可以聊足球聊上幾個小時。但我們也可以輕鬆聊起不良債務。我們倆骨子裡都是禿鷹交易員，總是在尋找混淆視聽的東西，總是在尋找隱藏在資產負債表某處的謊言或市場中的幽靈——熊市陷阱，就像華爾街所說的那樣。但泰珀的人品更高一階。身為資產管理業最受尊敬的人物之一，在被要求放棄誠信後（並非高盛的誠信，而是他自己的誠信），他選擇離開高盛。他在1990年代初離開並創辦了阿帕盧薩。直到今天，他的投資人仍然對他十分感激。

我說：「我對你管理這麼多錢並承擔這麼多風險非常著迷。但是你怎麼知道什麼時候該做多市場，何時該放空呢？你們的風險管理系統是怎麼做的？」

泰珀坐在那裡思考答案。「我喜歡把事情變得簡單。為什麼要把事情搞得太複雜，對吧？」

> 投資人筆記
>
> ## 五十二週高低點的重要性
>
> 　　大量股票交易價在五十二週低點，而少數股票收盤價高於兩百日移動平均線（記錄了過去兩百日的平均變化），這是非常看漲的情況，預示著拋售的高潮，這被稱為「投降式拋售」（capitulation）。在紐約證券交易所上市的股票有兩千八百支。圖26顯示，出現極多股票數量的五十二週低點期間，例如2008年10月、2020年3月、2016年1月以及1998年和2015年的8月，會是購買幾乎任何股票的好時機。
>
> **圖26　紐約證交所五十二週低點**

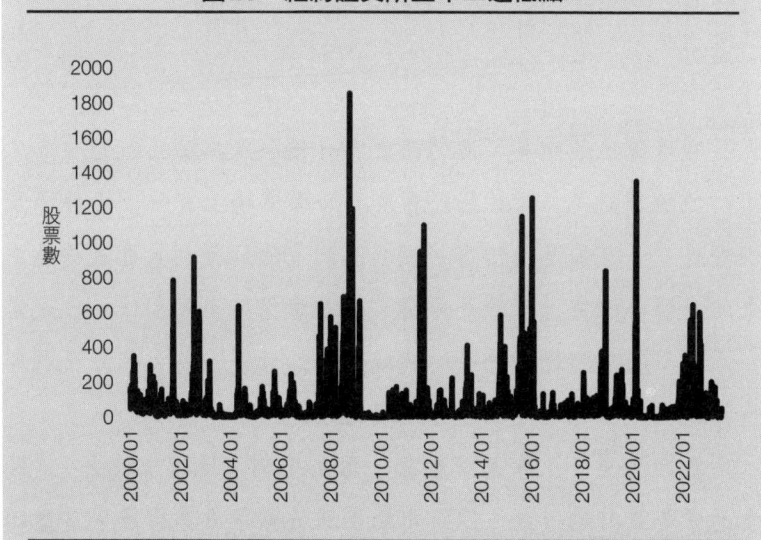

紐約證券交易所股票收盤價高於兩百日均線，也可以得出同樣的訊號。2009年3月，收盤價高於這個關鍵基準的股票比例最低，是1.1%。之後是2020年3月的3.8%、2011年8月的6.7%、2018年12月的7.9%、2016年1月的12.1%和1998年8月的15.2%。如果你只在超過一千兩百支股票的交易價格處於五十二週低點時買入，很容易就能得到市場兩倍或更多的報酬。同樣地，如果你只在不到5%的股票交易價格高於其兩百日均線時投資，報酬也會很棒。

　　這說得比做得簡單。泰珀非常善於保留實力，就像一頭獅子耐心等待撲向獵物的那一刻，泰珀在2009年第一季下了大賭注。當數量創紀錄的股票處於五十二週低點時，泰珀和他的團隊正在將大量的資金投入到最慘的類股──美國銀行業。

　　我看著他並微笑，他的語氣有一種令人耳目一新的坦率。

　　他繼續說：「所以在我看來，如果市場上有一、兩件事令人擔憂──可能是任何事，從升息到危險的獲利，也或許是中東的一場小衝突，不管是什麼，我就會保持多頭部位。但是當令人憂心的事超過四件時，我就會開始放手，將大部分多頭部位轉為空頭。這就是我遠離麻煩的方式。」

　　泰珀從桌子上拿起一枝筆，用左手調皮地轉來轉去。「做多通常是最好的行動，因為市場上漲的頻率要高得多。買進的最佳時機是市場觸底的時候。當然，時機就是一切。」

泰珀是衡量痛苦和投降的大師。我們使用的幾個訊號相當可靠。其中之一是交易價格在五十二週低點的股票數量。回顧過去四十年，當市場上有超過八百個新低，尤其是超過一千個時，幾乎就標誌著每一個局部底部。央行的寬鬆政策確實與底部有很大關係。這些年來，極端投降拋售帶來的大多數逆轉，都涉及聯準會的某種政策逆轉。當市場說話時，我們必須傾聽。另一個可靠的買進訊號，是收盤價高於兩百日均線的股票數量，高於兩百日均線的數目愈少，買入的機會愈好。自1990年代以來，所有很棒的可交易底部，都是紐約證交所股票中只有不到17%的個股高於兩百日均線的時候。2020年3月，只有4%的股票高於其兩百日均線——這就是明顯的買進訊號。

2009年時泰珀在那裡擔任交易員時，情況幾乎是一樣的。他告訴我：「2009年有一個多月，我走出位於角落的豪華辦公室，和我的團隊一起待在交易廳裡。聯準會告訴投資人，他們正在為備援提供資金——很多人不相信他們，但我們相信了，這帶給我們很不錯的報酬。」

我說：「真有意思，而且很有道理。」

「我不太在乎演算法和量化交易員。我的很多部位都是跟著直覺走。在共和鋼鐵公司（Republic Steel）的所有時間，我幾乎學到了關於資產負債表的所有知識。高盛起初拒絕了我，我花了幾年時間取得MBA學位，才在高盛得到一份工作。所以我大學畢業後其實是去了俄亥俄州。」

我調皮地笑著問：「你念大學時，麥當勞不是拒絕過你嗎？」我忍不住想問這個問題。

「看來你研究過我喔！我坦然接受被拒絕。那你呢？」

「我的過去嗎？我在賣豬排。然後我不知怎麼就進入了美林證券，然後是雷曼兄弟，成為不良債券交易員。」

「所以你走的是比較傳統的道路？」泰珀酸了我一下。我們都笑了。

然後我引用了撲克大師杜爾·賓臣（Doyle Brunson）的話：「當運氣關上門時，你必須從窗戶進來。」

是那股想要衝破生活中阻力之牆的強烈願望。泰珀和我都是在外圍奮力進入華爾街的人。泰珀非常重視經驗，尤其是對於大學畢業生。他認為學習是最重要的事情，尤其是當你剛起步的時候。

「永遠不要追逐錢。那是後來的事。你應該追逐的是經驗和知識。」他說。

我提問，想把話題拉回來：「那麼你覺得石油市場如何？油市現在勢如破竹。」

「這將以眼淚收場。到了今年年底（請記住，這次對話是在2013年），美國石油和天然氣鑽井平台數量接近一千八百個，是2009年的兩倍。這個數字在幾年內可能會降到低於一千。由於石油和天然氣行業的勞動力需求暴增，德州二疊紀地區和新墨西哥州東南部飯店的單日房價，在過去幾年來上漲了近75%。明年的石油和天然氣行業資本支出計畫接近8,000億

美元,比2010年高出3,000億美元。他們在到處探勘。這絕對是一個賣出的訊號。在阿帕盧薩,我們喜歡成為先鋒,第一個衝出草叢、帶領所有人前進。當我們轉身看到追隨者時,這是一件好事。但這些石油市場已經失控了,太多人在追逐熱門的東西。這很可能會降低石油成本,並消滅許多參與者。」

「你認為這些公司的財務長有很大的壓力必須支出嗎?」

「沒錯。他們不被允許囤積現金。但是如果他們再做任何資本支出,只會讓事情更糟。」

關於泰珀,重要的是要記住一件事:他是發現泡沫的專家,也是避免泡沫的專家。事實證明,他對石油市場的看法極為準確。

泰珀輕輕碰了一下眉頭,疑惑地看了我一會。「如果美國的生產降溫,它最終將落入石油輸出國組織手中。如果我們拚命打開水龍頭,就會使能源價格崩潰。這可能會毀掉市場。這是一個艱難的平衡。我們等著看吧。但有一件事我知道:那些財務長現在已經有點失控了。我對石油業非常沒有信心。」

「我同意。我的想法正是如此。我一直在和能源業的很多人談,他們也都有這種感覺。」

「這種事是一定會發生的。我不喜歡能源市場短期內的展望。但是關於石油和天然氣,我知道的是:我們可能會選出一個喜歡或不喜歡化石燃料的總統,然而化石燃料不會消失。應該是說,我們將會需要愈來愈多化石燃料,因為這個世界需要在全球每個角落都有穩定的電網。」

半小時後，我站起來和他握手。他陪我走下樓，穿過停車場。他總是非常開朗，人生中有幾件事他顯然做對了，這些事情讓他晚上睡得很安穩。這要歸功於他內心的指南針，指引他的道德規範。他是一位很棒的父親，而且他對所屬的社區心懷感激，而為社區貢獻良多。

「記住一件事：對市場的風險保持警惕。注意雜訊──這一直是個關鍵指標。很高興見到你。謝謝你特地跑一趟。」

我們又握了手後，我回到車裡。他揮手看著我離開。在回到市區的路上，我還是感覺自己像個追星的人，因為我剛才見了世界上最了不起的避險基金經理人之一。

## 第六章

# 被動投資的陰暗面

「不僅是我們的過失,連我們最身不由己的不幸,也往往會敗壞我們的道德。」

——亨利・詹姆斯(Henry James),知名作家

市場崩盤是由斷頭砍倉（forced selling）引起的，事實就是如此。經濟疲軟從來不是人們恐慌逃離市場的原因，它使市場的變動速度慢得多，就像一輛停在舊金山菲爾莫爾街（Fillmore Street）盡頭的公車，因為手煞車鬆動而慢慢滑行，最後停在濱海綠地（Marina Green）中間，直接面對金門大橋。斷頭砍倉比較像是電纜斷裂、以每小時三百二十公里的速度直衝而下的電梯，這種情況在雷曼兄弟發生過，當時主要經紀業務部門被迫每天下午拍賣股票，2018年2月的「波動性末日」就是這樣發生的。

　　1929年的黑色星期五也是如此，當時股市跌到谷底，這種低迷的狀態持續十年。而1987年10月19日的黑色星期一，是華爾街歷史上最糟糕的交易日。在那決定命運的一天，我身處第一線，為我父親的證券公司工作。中午時分，我打電話給一位交易員。

　　「我要賣100股IBM股票。」我說。

　　「買進價格是98美元。」他簡短回答。

　　「但但但，我的機器顯示119美元。」我抗議。

　　「那就把它賣給你的機器吧。」他毫不猶豫地反擊。

　　事情就是這樣。市場下跌得如此快速，以至於買價和賣價在一片混亂中嚴重脫節。

　　斷頭砍倉背後的常見原因通常是：保證金、槓桿交易，以及在交易中被誤解的科技進展。如今，電腦驅動的交易對401(k)退休福利計畫和個人退休帳戶（IRA）構成類似的威

脅。在過去十年中，被動投資者已經在華爾街占據主導地位，預計到2025年，他們的資產管理規模（AuM）將達到36.6兆美元。這些是在沒有主動管理者的情況下運作的龐大資金池，最著名的例子是ETF，它會投資市場中的指數或類股。其他被動投資者族群使用複雜的電腦模型，根據大量資料和演算法來進行資本配置。很少有人意識到，這些被動投資者的主導地位，已經對市場風險造成可怕的誤判，有朝一日可能會引發類似新冠疫情、雷曼兄弟和「波動性末日」期間的那種災難性崩盤，我們將在本章詳細探討。

受新聞週期的影響，一般投資人往往在自己熟悉的領域內進行投資。市場低迷時，這些投資人會躲在床底下，以防屋頂塌陷；市場暴漲時，他們會帶著毫不掩飾的熱情追高。我們雷曼兄弟公司的交易桌上，交易員如果有這種行為，可能會被解雇。我們只有在大眾投資組合陷入困境時才買入（恐懼），並且只有在市場過度狂熱時才對公司做空（貪婪）。分析師不斷在市場中尋找未被發現的價值和被低估的績優股，以尋找下一個黑天鵝時刻。

2008年，黑天鵝潛伏在房地產市場中，導致金融體系幾乎崩潰。但更有趣的是，在那些有毒槓桿之後，投資大眾對金融市場感到害怕，許多人一想到再次買股票，就會臉色發白。他們的401(k)和IRA已被摧毀，而且在他們看來，造成危機的罪魁禍首全都沒有受到法律制裁。為了尋找低風險策略，他們紛紛轉向被動投資，以及近年來變得危險的金融產品ETF。

ETF的前身是某位現代投資傳奇人物在1970年代創造出來的一種金融工具，這個人就是約翰‧柏格（John Bogle），1929年於紐澤西州蒙特克萊爾（Montclair）出生，父母在大蕭條中失去一切。

1976年，柏格創立先鋒集團（Vanguard Group）兩年後，他和他那強大的分析頭腦創立第一個指數基金。就像大多數卓越的發明一樣，該基金很簡單。先鋒第一指數投資信託（Vanguard First Index Investment Trust）僅追蹤標普五百指數，是第一個以極低管理費向散戶投資人提供的美國指數基金；在此之前，指數基金一直專供富人投資。柏格選擇的時機也無可挑剔。1976年，嬰兒潮世代中最年長者即將年滿三十一歲，很快就要累積大量財富。

這是改變遊戲規則的巧妙構想。頭一次，一般人都可以輕易購買市場股票，然後回到吊床上，翻開在海灘度假會讀的驚悚小說，讓自己的錢滾錢。這種投資方式持續近二十年。隨著柏格吸引數百萬投資人加入他不斷增加種類的指數基金，先鋒集團的資產急遽擴大。

共同基金的商業模式很簡單。找一個由專業資金經理人（選股者）組成的團隊，讓他們管理龐大的資金，並嘗試超越基準，該基準可以是標普五百指數、特定國家或類股指數。投資人的費用支付給選股者和確保資產持續成長的行銷團隊。清晰又簡單。

這些基金通常聚焦於某種投資風格，而不是特定的股票或

商品配置。比方說,如果是一支績優的共同基金,就不會購買ZZ地毯公司(ZZ Carpets, Inc.)的股票,但不必堅持購買特定的一組績優股。比方說,如果蘋果公司看起來有更大的上漲空間,經理人就可以在波音公司股價大漲後將波音股票賣出,並將收益轉移到蘋果公司。

共同基金可以聚焦於支付高股息的能源巨頭、風險較高的生技領域小型公司,或美國價值股等,但投資大眾要等到季末收到季度報表時,才會知道基金經理人將哪些項目納入共同基金。共同基金另一個非常重要的特徵,是投資人的買賣方式。投資人無法致電經紀人並立即出售所有持股,需要提前通知。通常,基金會同意在一天內賣出賣方的部位,並在收盤時對賣方提供價格。這些錢是由專業人士處理,基金內的資金也是根據專業人士的判斷進行分配。

但在1993年,ETF問世,情況很像1985年加勒比海地區出現獅子魚之後一樣。獅子魚是美麗的條紋魚,有著近乎花朵般的魚鰭。但事實證明,獅子魚是具侵略性的外來物種,以具有重要生態意義的本土魚類為食。如今,獅子魚威脅整個珊瑚礁系統的健康,ETF聲稱它的作用與共同基金完全相同,但其實並不一樣,而且可能非常有害\*。

共同基金和ETF之間的第一個主要差異是,投資人買賣基金的方式。ETF像股票一樣在交易所進行交易,任何人都可以

---

\* 請參閱本章末尾對大衛・安宏的採訪,以便更仔細檢視ETF資本的錯誤定價和錯誤配置。

透過線上經紀帳戶即時買賣，易於進出且無須支付大量費用，是使ETF如此吸引人的特點之一。但ETF內部累積的財富愈多，看起來就愈像眼鏡蛇百合，這種食肉植物會分泌一種令人陶醉的氣味，引誘獵物進入致命的陷阱。

第二個差異是，全球95%的ETF不是主動管理的；這些基金嚴格追蹤公開持股的指數或投資組合。一般投資人可以開設經紀帳戶，購買一支或多支ETF，並準確知道自己的錢投資了什麼。從表面上看，這似乎是一大優勢，但正如我們將在本章中看到的，這是風險來源。

紐約證券交易所在1903年成立，擁有由白色喬治亞大理石和科林斯柱構成的宏偉外觀，是美國最偉大的金融遺跡，以及過往時代的紀念碑。我對2013年至2020年期間的紐約證券交易所有著美好的回憶。許多下午，我作為CNBC撰稿人，與瑪麗亞・巴蒂羅莫（Maria Bartiromo）、薩拉・艾森（Sara Eisen）和凱利・埃文斯（Kelly Evans）一起參加收盤敲鐘（Closing Bell）儀式。但近年來，這個地方變得愈來愈安靜，甚至像博物館一樣。

留下來的少數專家只是為了因應緊急情況才會出現；他們常常整天看電影！造市（market making）已經變得截然不同，看起來比較像是核物理學，而不是以往交易所內像老虎般活躍的交易員所做的事。造市世界由容許極快速度（以毫秒和奈秒計算）的高頻交易演算法控管，在這個快如閃電的地下世界裡，有一場旨在擊敗對手的無止境競賽，公司為了爭取這額外

### 投資人筆記

# ETF如何運作？

　　ETF的一個迷人的特點是，經理人可以銷售無限數量的股票。因為ETF不是公司，它們的股票代號只是進入基金的前門。有多少人購買並不重要，重要的是，ETF不受稀釋的影響。如果蘋果突然發行一兆股新股，該公司的價值仍將保持不變，但其股票將被稀釋，其價值將僅為先前價格的一小部分。這就像給你女兒和她朋友10美元去糖果店，他們每人各有5美元，但如果她帶九十九位朋友，每個人就只有10美分。

　　股票突然大規模稀釋會引起股東反彈，所以公司不能、也不會這樣做。但在ETF領域，幾乎每天都會發行新股，因為ETF的價格是根據標的指數的價值，而非供需來決定。例如，標普五百指數ETF（代號SPY，俗稱「Spider」）追蹤標普五百指數，如果標普五百指數交易價格為4,000點，則SPY的交易價格為400美元（正好是該指數價格的十分之一）。如果指數跌至3,000點，SPY就會一起下跌，交易價格為300美元。即使有1,000億美元的資金用於購買該ETF，但其價格不會改變，因為它只會受標普五百指數價格的影響。不用說，反之亦然。如果人們出售ETF，也不會直接影響ETF的價格，而是會導致基金股數減少。

的千分之七秒而花費數十億美元，為了在眾多的無情競爭對手中保持領先，不惜一切代價。

但實際上，造市只是新一代交易員工作的一小部分。新的造市商是高頻交易員，不斷利用微小的價差來進行套利。這與長期資本管理公司所做的事情類似，但這些交易員對任何持續時間逾一秒的事物，幾乎都不感興趣。

很難相信，不是嗎？一筆交易怎麼會只有一秒鐘？有時候還更短，只有半秒，甚至十分之一秒。市場不再是由人類創造，交易是由預先經過程式設計的系統處理。每天早上，在開盤鐘聲響起之後，數以百萬計的交易都會透過那些演算法進行處理。

現在我們來檢視現代投資工具ETF。ETF中的所有資產，無論是股票、債券、衍生性商品選擇權或信用違約交換都具有價值。目前，讓我們聚焦於股票，因為那是掌握這個複雜主題最簡單的方法。假設ETF持有一籃子共二十支股票，按大小排列權重。你用計算機就可以輕鬆計算出它們的確切價值，用華爾街行話來說，這稱為資產淨值（Net Asset Value，NAV）。

該ETF的價格與NAV同步交易，但它真的完全同步交易嗎？一天中的每一毫秒？永遠不會有偏差？事實證明，確實會有偏差，而且通常只持續極短的時間，有時候這些差異是一般人不會真正注意到的。但高頻交易者找到一種方法，不僅可以看到這些短暫的價格差異（有些只持續不到一秒），而且還可以從中賺取數十億美元。

為了進一步了解，假設有兩條並排的鐵軌，每條一英里長，一條代表ETF的價格，另一條代表NAV。你坐在一架直昇機中，在它們上方五千英尺高空盤旋。現在，讓我們從一端移除五個枕木，然後瞬間將它們放回原位，你會注意到嗎？五個枕木消失，半秒後又出現？當然不會。但ETF價格和NAV之間不斷發生類似的過程，這種差異極為微小，最不易察覺，可能每次只持續一毫秒。

　　正如以肉眼來看，本書的書頁看似光滑，但透過電子顯微鏡，看起來就像原子活動的漩渦一樣。使用定量方法（或簡稱量化）的交易員將視線放得夠近，會看到ETF價格和NAV之間的差異。他們進行套利押注，知道這些押注將不可避免地趨於平衡。就像海洋的潮汐一樣，如果知道現在是退潮，你會下十億美元的賭注，賭水會再漲嗎？當然會。這些演算法，這些巧妙的程式碼，整天都在這樣做，挖掘潛在的套利交易。他們押注於一個永遠不會失敗的確定性，亦即ETF能以NAV價格出售給ETF發起人（sponsor），或從ETF發起人那裡獲得。

　　這些新型造市商在幫助被動投資人主導市場方面，扮演什麼角色？有毒的雞尾酒正在形成，你需要注意自己的投資組合結構。

　　當他們在ETF的基礎NAV和ETF價格之間，執行數百萬筆交易時，交易量激增。你可能會認為，所有這些活動都會為市場提供大量流動性[1]。但交易量主要集中在大型公司股票上，因為標普五百指數中二十支最大的股票，占該指數日均

交易額的逾40%，四百支最小的股票加起來僅占日均成交量的30%。換句話說，大部分交易量都集中在大型公司股票上，例如蘋果、微軟、亞馬遜、Google、Meta（Facebook）、輝達（Nvidia），尤其是特斯拉（Tesla）。

　　為什麼造市商聚焦於這些公司？原因之一是，它們在如此多的ETF中占的比例過高。它們約占那斯達克ETF的50%，例如QQQ，以及標普五百ETF的30%左右，例如SPY和先鋒標準普爾ETF（VOO）。亞馬遜和特斯拉共占非必需消費類股ETF（XLY）的40%，Meta和Google占通訊服務類股ETF（XLC）的逾50%。還有很多其他例子，但你已經懂了。

　　同樣重要的是，造市商可以向iShares或State Street之類的ETF發起人，或是像紐約銀行之類的銀行尋求協助，創立或贖回ETF股份。例如，造市商可以購買一些大型公司股票，根據銀行創建和贖回部門（creation desk）的要求，搭配一些較小型的股票，然後將該股票籃子以NAV價格換成ETF股份。他們也可以採取相反的做法，將ETF換成ETF中的一些持股。那種永久的可交換性對於ETF的運作具有關鍵性，因為它使ETF的價格多少與其NAV保持一致。如果無法將一籃子股票轉換為ETF，該基金可能會長時間以明顯低於NAV的折扣價交易。這就是ETF與共同基金等開放式基金的區別，ETF經常在很長一段時間內，以較大幅的折扣價交易。

　　造市商要獲勝，就必須有最快的速度。他們的演算法必須先接收價格資料，以便先進行交易並先賣完。但所有資訊不是

同時到達的嗎？沒錯，資訊基本上確實是同時到達，但是在這個賽局中，時間並不是我們所知道的小時、分鐘和秒。我們面對的是微觀時間。在這種情況下，資訊以截然不同的時間到達，有些需要十分之九秒，有些需要半秒，即使只有幾毫秒的差異，也可能引發套利交易。

高頻交易員會花費巨資，來獲得比競爭對手多一毫秒或甚至幾奈秒（十億分之一秒）的優勢。以芝加哥選擇權交易所（Chicago Board Options Exchange）的頂尖交易員丹，斯皮維（Dan Spivey）為例，他是密西西比人，體格就像畢生都在大河邊拖漁網的人，有著寬闊的肩膀、一頭深棕色的頭髮，以及能承受美國拳擊手舒格・雷・倫納德（Sugar Ray Leonard）一記重拳的堅毅下顎。2009年，他制定一項巧妙的計畫，打算透過期貨合約對股票進行套利，利用ETF與其NAV之間的差異賺取微小利潤。問題是，期貨合約在芝加哥交易，而Spider ETF在紐約交易。這兩個城市透過光纖電纜連接，但這條電纜穿過阿勒格尼山脈（Allegheny Mountains），沿著蜿蜒的路徑而行。斯皮維知道那裡效率低下，可能會讓他大賺一筆。他在芝加哥商品交易所和紐澤西州卡特雷特（Carteret）的那斯達克資料中心之間，建造一條更直接的電纜，節省了三毫秒。在量化領域，這相當於大約五個小時。斯皮維將這條一千三百三十公里長的電纜出租給多家套利交易公司後，為他帶來數億美元收入。

這是華爾街交易公司的新思維，它也說明了為何企業法說

會,亦即那些迫使執行長和財務長回答有關企業財報的棘手問題的法說會,變得像空蕩蕩的等候室。交易員不再需要注意基本面,例如盈虧或未來兩年預測。對交易員來說,一家公司是否可能瀕臨破產並不重要。他們現在關注的,是可以在一奈秒內取得的套利機會。重要的不是盈利,因為無論盈利如何,可進行套利的價格差異仍然很小。如果交易的生命週期極為短暫,利潤將是無限的。基本面?那些都不重要了!這才是我的遊戲!

## 被動投資的風險

正如前幾章所解釋的,從雷曼危機爆發到2021年底,聯準會向市場挹注9兆美元的資金,推高了從股票到房地產等各種資產的價值。具有遠見的「改革後的經紀人」喬許・布朗(Josh Brown),在2012年開創性的部落格中描述一種稱為「無限買進」(endless bid)的現象。他描述的情況是機構不斷買入和持有股票。隨著聯準會持續對市場注入過剩的流動性,這些機構最終提供了對金融資產的「無限買進」。401(k)的資金湧向ETF和其他被動投資產品。個人投資者認為,如果市場不斷被聯準會推高,那為什麼還要費力挑選股票?大多數選股者無論如何都無法超越標普指數的表現,被動資產讓人可以用盡可能便宜的方式擁有市場。

一波又一波的資金湧入被動投資產品,這就是為什麼它們

會開始主導投資世界。一般人並不知道他們的401(k)正被標準普爾指數中最大的十五支股票劫持，而這些股票是所有被動投資者所擁有的。

被動投資的市占率，會在什麼時刻、以多大的比例進入危險區域？被動投資者現在控制美國至少50%的基金資產，這個比例高於2012年的25%，也高於二十一世紀初的個位數。這種主導地位為投資者帶來一種鮮為人知但極其嚴重的風險。很少有人關注安宏等人提出的警告，太多投資者都疏忽了風險。

被動投資者的核心群體往往只購買指數，無論是標準普爾指數還是那斯達克指數，並以當天的成交量加權平均價格（VWAP）購買。由於大部分交易量發生在交易的前幾小時和最後幾小時，被動股權流動也集中在那些時段。對這些龐大的投資者來說，流動性極為重要，因為他們需要流動性來降低交易成本和風險狀況。某一天，特斯拉交易了價值280億美元的股票，蘋果交易了價值100億美元的股票。相較之下，像拉斯維加斯金沙集團（Las Vegas Sands）之類的股票，每天的交易額僅為2.68億美元。就連沃爾瑪的股票，每天的交易額也只有大約10億美元。比較起來，歐洲最大股票，例如德國軟體領導者SAP或法國能源巨擘道達爾能源（TotalEnergies），每天交易額也僅有3億美元。這顯示這些巨型股票有多少流動性，而被動投資者所渴望的正是這種流動性。如果他們需要賣出，可以在幾分鐘內賣出蘋果或微軟的股票，而如果要賣出像拉斯維加斯金沙集團這樣的大部位，可能需要好幾天。

### 圖27 被動基金占ETF和共同基金管理資產規模的百分比

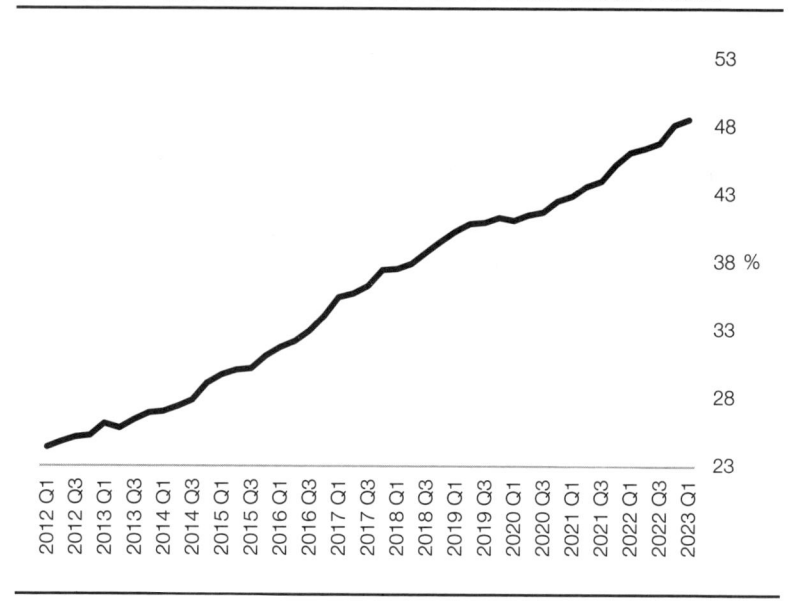

大多數時候，資金流都是淨買入，這往往會抑制市場波動性。當一支基金在最後一刻進場購買時，波動性指標VIX就會下降。如果這種情況日復一日發生，就會抑制已實現的波動性。這種持續的低波動性吸引另一群被動投資者，即波動性目標（volatility-targeting）基金和風險平價（risk parity）基金，這些基金購買股票（通常是指數）和國債的組合。在實際波動性水準下降時，這些基金會機械性地增加其曝險。隨著各國央行購買數千億美元的資產，並於多年來維持零利率，波動性被完全壓制，然後那些追蹤指數的被動投資者就會機械性地開始買入。

這又吸引另一批被動投資者，即商品交易顧問（CTA）和其他採用趨勢追蹤策略的投資者。CTA主要根據技術指標進行交易，當市場突破特定閾值（例如波動性水準或移動平均線）時會買入。比方說，如果標準普爾指數突破兩百日移動平均線，CTA就會自動增加其曝險。如果VIX跌破某個閾值，例如十五，CTA就會部署更多槓桿，並買入更多股票。反之亦然。比方說，如果標準普爾指數跌破五十日移動平均線，CTA演算法就會降低其曝險。但在市場「無限買進」期間，CTA和趨勢追隨者絕大多數是買入者。

如果繼續這種自我強化的過程更長一段時間，就會為想要收取溢價的選擇權賣家打開一扇門。他們賣出距離當前價格較遠的買權或賣權（履約價遠離當前股票或指數價格的選擇權），希望這些選擇權不會被行使。他們想要收取溢價（選擇權交易的價格），然後等待選擇權到期，變得毫無價值，並且將收益放進口袋。這種選擇權活動給波動性帶來更大的壓力，因為交易員最終會出售標的股票或指數的波動性來避險。

這是反常的、自我增強的過程，最終會造成對風險的可怕誤解。無論是個人投資者還是投資組合經理人，主動投資者在看到低波動性指標和市場反彈時，都會有強烈的錯失恐懼，這是二十一世紀最致命的金融疾病。被動投資者進入市場買進更多股票，確信自己有能力承擔風險，但並沒有充分衡量市場風險的全部範圍，而是根據量化模式機械性地購買。

久而久之，這會導致投機資本大量累積，眾多主動投資

者在多層被動投資者的基礎上買進。此舉促使股票和其他資產出現各種投機泡沫。這就像投資者購買迷因（meme）股票或追逐科技股，使這些股票價格達到極高的倍數，或是像GameStop在2021年初一個月內飆升2,400%，以及電動車新創公司Rivian在IPO時市值達到860億美元，儘管該公司連一輛汽車都尚未生產。還有人們投資狗狗幣（Dogecoin）或「無聊猿」（Bored Ape）等NFT，「無聊猿」是一張價值7萬美元的人猿畫。

經過一段時間，投機資本不斷累積，助長了這種抑制波動性的異常循環。一切看似順利，直到有事情突然發生。2018年，投機性部位導致VIX大幅飆升，觸發大規模的拋售程式。幾個月來不斷湧入股市的被動投資者，一轉眼變成盲目的賣家。問題是，所有表面的流動性也都消失了。當波動性如此劇烈飆升時，所有那些對ETF與NAV的微小偏差瘋狂套利的造市商都會消失。一旦市場呈現自由落體般下跌，在所謂帳面最高買賣價格之下的流動性，都會變得像智利的阿塔卡馬沙漠一樣乾涸（當地年降雨量只有微乎其微的〇・〇七公分）。市場內部正在形成一條大蛇，投資者需要了解它的本質是什麼。

沒有什麼比2020年3月的新冠疫情拋售更能說明這種危險。芝加哥商品交易所集團是強大的標準普爾期貨所在地，根據該集團資料，當月的訂單簿深度（在訂單簿中特定時間可以看到的價格水準數量）暴跌90%。標準普爾E-mini期貨市場是一個價值2,000億美元的市場，但在投資者最需要流動性的時

候，流動性消失了。市場上已經沒有買家。VIX在不到一個月內從十二躍升至八十五，增幅超過600%。從高點到低點，標準普爾指數在短短三十天內下跌35%。光是3月，就經歷兩個黑色星期一和一個黑色星期四。即使在雷曼危機期間，市場也花了三個月才出現同樣幅度的下跌。

就連流動性通常如海洋一樣強的美國國債市場也受到干擾。有傳言稱，業內一些最大的相對價值避險基金，亦即那些利用大量槓桿在國債市場進行收益差交易的基金，正處於崩潰邊緣。顯然，這些基金直接向聯準會主席鮑爾施壓，要求他迅速採取行動，否則他手上就會有十個長期資本管理公司要處理。這正是為什麼美國國債流動性惡化[2]的情況（以買賣價差衡量），比德國、英國或日本主權債券更明顯，後者的相對價值避險基金少得多。為了阻止暴跌，聯準會將利率降到零，但並沒有阻止這種跌勢。直到當聯準會宣布無限期量化寬鬆以及總額達1兆美元的各類信貸工具，使金融市場解凍時，市場才觸底。

儘管新冠疫情危機說明了，當被動投資者試圖同時衝出市場時會發生什麼情況，但這個情況可能變得更糟。2022年春季，芝加哥選擇權交易所針對股票市場指數，推出零日到期選擇權（0DTE，亦即在推出當天就到期的選擇權）。這導致選擇權交易量暴增。在許多交易日裡，它們的交易量占了總交易量的近50%。

想像你有一輛玩具車，你可以將車停在任何地方，如果你

把車停在山丘上，它會因為沒有煞車而開始滑動。山坡愈陡，車滑動的速度愈快。選擇權Gamma值類似於這座山的陡峭程度，這個值愈高，選擇權價格對標的資產價格變動就愈敏感。交易商使用Gamma值來管理選擇權帳簿中的風險，當Gamma值為正值時，標的資產增加，他們的Delta值會跟著增加。

請記住，選擇權Delta是一種指標，用來衡量標的資產價格每變動1美元，選擇權價格預計會發生多少變動。例如，如果有一個選擇權的Delta值為0.7，股票上漲1美元時，選擇權價格會上漲0.7美元。市場上主要的Gamma避險者是選擇權交易商，他們充當大型機構和散戶交易選擇權的對手方。當交易商進行Delta避險時，他們的目標是透過抵消多頭和空頭部位來保持中立。

因此，當標準普爾指數上漲時，交易商的帳面價值增加，他們的避險策略使之出售更多的標的資產——在本例中是標準普爾期貨或標準普爾ETF（SPY）。但是當標準普爾指數下跌時，他們的負Delta值就會增加，因此會購買更多的指數以保持Delta中性。因此，交易商的訂單流發揮反向作用，限制了初始價格波動的幅度。當Gamma值為負值時，交易商採取相反的做法。他們在市場下跌時賣出，在市場上漲時買進。這會形成一種強化趨勢，使波動性加劇。

大多數時候（儘管並非總是如此）選擇權Gamma值往往是正值，通常達到數十億美元。由於零日到期選擇權的問世，選擇權數量爆炸性成長，Gamma值的規模也急劇增加。

Gamma值的大小告訴我們，如果市場上漲，交易商必須賣出多少，如果市場下跌，交易商必須買進多少。這項活動對已實現的波動性產生巨大影響。每當市場上漲時，交易商就會進入市場，並賣出價值數十億美元的股票；而當市場下跌時，交易商就會買進。由於交易商避險的反向力量，波動性就像炎熱夏日的冰塊一樣融化消失。正如我們所看到的，這吸引了各種被動投資者，他們根據已實現的波動性，機械性地增加曝險。

他們沒有意識到，波動性較低並不是因為總體風險已經消失，而是因為大批選擇權投資者正在出售零日到期選擇權，以賺取一點溢價。久而久之，一個龐大、單邊的投機性資產泡沫逐漸形成，有多個被動投資者群體在市場上累積多頭部位，主動投資者也參與其中。但一個不合時機的事件，無論事件大小，都可能引發突然失控的拋售。由於金融市場已成為推動美國經濟的關鍵，聯準會和公共政策制定者被迫幾乎立即介入「拯救市場」，「以免蕭條再次出現」。柏南克在雷曼兄弟事件後的國會聽證會上也這樣說過。

但我們看到政策制定者被迫推出愈來愈大的救援計畫，如果聯準會因為通貨膨脹仍然過高，無法實施無限期的量化寬鬆，會發生什麼情況？如果因為債務已經無法負擔，而且外國人不再願意購買美國國債，導致國會無法批准另一項數兆美元的財政刺激方案，會發生什麼情況？

## 金融市場資本的嚴重扭曲

2021年底，僅追蹤那斯達克一百指數的龐大QQQ ETF，就有20兆美元資金投入那斯達克一百指數的股票中。在那斯達克一百指數中，48%的股票集中在前八大持股。這種被動投資使得美國過度投資於金融資產：債券和成長型股票。這些只是紙面上的承諾；它們是以大部分未實現的未來獲利能力為根據的公司股票。與此同時，能源類股ETF（XLE）的股票市值僅為1.6兆美元，全球金屬礦商ETF的成分股總市值為1.8兆美元。因此，投資實體資產的資金只略高於3兆美元，投資成長股的資金則超過20兆美元。問題是，遇到像1968年至1980年期間的高通膨時期，市場往往會大幅轉向實體資產和價值股，而不是轉向成長股。由於一般美國人的投資組合已經變得愈來愈注重成長股，在未來的通膨時期，類似的循環可能會造成毀滅性的金融災難。

## 人口定時炸彈

投資中最常被引用的格言之一是：「你的年齡，就是你該投資於債券的百分比。」基本上，年紀愈大，應該擁有的股票就要愈少。

這將我們引向被動投資主題的最後一點，並使美國不斷變

化的人口結構成為焦點。嬰兒潮世代中最年長者於2022年步入78歲，隨著現代醫學、新技術和營養的進步，許多人將活到90歲以上。但從財務角度來看，他們已身經百戰。先是雷曼兄弟公司破產，接著是新冠疫情封城，如今是2022年科技業崩盤。通膨嚴重，烏克蘭爆發戰爭，中國加強對台灣施壓，歐盟正面臨災難性的能源危機。世界瞬息萬變，事實證明股市是一個危險的賭注——至少短期內是如此。如果市場再次出現大幅崩跌，許多嬰兒潮世代將無法承受損失。

在過去的二十到三十年裡，隨著嬰兒潮世代進入收入高峰期，每年都會有大量資金流入股市。嬰兒潮世代總共掌握78兆美元的財富，而千禧世代只有7兆美元。但現在嬰兒潮世代正在退出股市，並將資金投入債券基金。他們已經受夠了，他們想要風險較小的穩定收入來源，正如馬丁・茨威格（Martin Zweig）建議的那樣，我們也會那樣建議。因此，透過被動投資工具流入市場的資金牆將會終結，或至少大幅消失。

我們認為，未來十年，有10兆美元將從股票轉向債券和實體資產（商品）。十年後，最年長的嬰兒潮世代將達到八十八歲，甚至最年輕的嬰兒潮世代也將退休。如果聯準會不採取量化寬鬆政策，而是對抗通膨，那麼將財富轉移到固定收益領域的壓力將會更大。讓我徹夜難眠的恐怖想法是，在沒有低利率和量化寬鬆的世界裡，財經媒體中完全沒有人關注股市的投資報酬。

如今，我們面對的並不是茨威格認為的股市。隨著轉向被

動投資的重大改變，愈來愈多普通人開始掌控自己的投資組合，而且流入ETF的資本金額沒有限制。但是當市場再次受到真正的重大衝擊時會怎麼樣？例如在魯莽的恐慌中，25兆美元的資產被重行結算時，沒有任何專業的投資組合經理人來引導我們度過混亂？這可能會導致一連串前所未有的失控拋售。

這讓我們看到本書中投資人最該理解的重要統計資料之一。想想美國家庭財富和投資人資本的配置。根據高盛的資料，這十年間，股票在家庭金融資產中所占的比例已增至近40%，相較之下，2010年代為28%，2000年代為18%、1990年代為33%，1980年代為17%，而通膨肆虐的1970年代為11%。團體迷思已經起了支配作用。

聯準會有效地承諾在每次市場重挫時扭轉頹勢，並提供援助措施，因而讓資金持續流入股市。它在過去三十年中的因應做法，包括對長期資本管理公司、網路泡沫破裂、雷曼兄弟倒閉和新冠疫情的紓困。但這種援助措施有一個問題。只有當通膨率較低時，聯準會才能在不致立即損害經濟其他部分之下，開啟資金閘門。如果通膨存在或是有通膨風險，聯準會就無法想像要對市場紓困，因為這會導致通膨率飆升至20%，進而為人民帶來難以承受的負擔。美國經濟建立在信貸之上，目前美國總債務為101兆美元，其中大部分是浮動債務，這意味著如果通膨率上升，利率就會上升。後果不堪設想。

在以往的危機中，通膨率大多介於0%和2%，價格不斷上升的風險很低。當通膨固定並保持在5%左右或更高時，風險

就存在，而聯準會也知道。

在一個不友善的多極世界中，隨著嬰兒潮世代人口接近八十高齡，政府債券提供的利息報酬比過去十年的水準高得多，布朗所說的「無限買進」即將變成「無限賣出」（endless offer）：大量資本流可能朝向人口結構逆轉的方向發展。

## 投資大師觀點

# 訪談大衛・安宏

「走二十四街……我們得走二十四街。」我對計程車司機說。

「你想走二十四街？」他從後視鏡斜看著我。

「是的，請走二十四街。目前的情況是一場災難。」

那是2022年2月初，我正準備與綠光資本（Greenlight Capital）的安宏會面，他可能是所有交易員中最聰明的。我第一次見到他是在2008年，當時他在彭博新聞討論雷曼兄弟資產負債表上的大量債務，以及他為什麼要做空該公司，令我永遠難忘。他很有先見之明，在雷曼兄弟破產時，他發了大財。他的著作《一直在愚弄某些人》（Fooling Some of the People All the Time）是一本投資經典，也是我們《熊市陷阱報告》最喜歡的書之一。

安宏的行程安排很緊湊，精確到每分鐘都有計畫，而且他也是出了名的行動敏捷。我為了從紐約證券交易所趕到距離三公里的中央車站，預留了一個小時，而這段距離在世界其他任何地方只需要七分鐘。

一到綠燈，計程車司機加大油門，橫切了滿是公車、計程車和貨車的三個車道，引發它們按喇叭表示不滿，而司機卻繼續以波斯語講電話，顯得漫不經心，像在鄉間小路漫步一樣。

幾分鐘後，他在大中央大樓（Grand Central Tower）外放我下車。

2點25分，我走出電梯，步入美國最令人印象深刻的避險基金公司之一。它的接待區一塵不染，鋪著完美無暇的地毯，裡面擺放的新鮮花束，推測是用知名藝術家雷內・拉利克（René Lalique）設計的花瓶插著。接待人員帶我進入一間會議室，倒了一杯茶給我。會議室書架上擺滿了因綠光資本協助而完成的IPO和資本市場交易（也稱為股票和債券發行）的各種獎盃，以及安宏一生取得的重大成就證明。他重大成就的起點是康乃爾大學，當時他主修政府學。後來他捐贈5,000萬美元給母校，用於啟動「參與康乃爾大學」（Engaged Cornell）的計畫。

安宏自1996年起就展開事業，確實克服了許多困難。根據全球科技和管理顧問公司Capco的一項研究，50%的新避險基金都會失敗，倖存的基金也面臨重重障礙。績效始終是最重要的；如果績效表現平平或正在虧損，很快就會倒閉。綠光資本擁有堪稱典範的績效和無懈可擊的倫理；在最初的十年，它的年度報酬率介於20%和30%。巴菲特曾提出這樣一個問題：「當你做出投資決定時，你會希望它出現在《紐約時報》頭版嗎？」安宏可以大聲回答他：「會。」

但我來這裡不是要談他的投資。我們的議程上有一個更緊迫的主題，過去幾年我們一直在討論，那就是被動投資和ETF的業務，以及它們如何在整個市場結構中創造巨大的轉變。那

些轉變對一般投資人來說可能看不見，但影響卻很驚人。

下午2點30分整，安宏走進來了。他的黑髮修剪整齊，身穿一貫熨燙平整的休閒褲和筆挺的扣領襯衫。儘管自2020年封城之前我就沒有見過他，但他仍是我認識的那個樣子。

我們握手後坐下。「你怎麼稱呼一支跌了90%的股票？」他問，稍微停頓一下。「一支曾經下跌80%，後來又腰斬的股票。」

我先笑了一下，後來意識到他不是在開玩笑。他的表情有時難以解讀，就像所有世界級撲克玩家的表情一樣。安宏參加的比賽是無限注德州撲克（No-limit Hold'em），他在世界曾經排名第十八。

「雙倍價格並不一定意味著雙倍愚蠢；」他繼續說道，「但是當價格下跌時，沒有人知道股票的價值。我們知道它是從不切實際的估值中下跌的，但它現在是否仍然不切實際？本益比是否降到夠低，或者還可以降得更低？沒有人知道答案，如果價值投資者開始買進，他們要等多久，市場才能注意到這種脫節？」

他指的是自雷曼兄弟事件以來，投資世界發生的無數變化，以及ETF的大量湧現。2002年，ETF數量為一百零二個，而雷曼兄弟破產後，數量已超過一千個。到2022年，這個數字已達七千零一百個。SPY ETF的資產有3,280億美元，幾乎足以維持美國海軍的運作。事實上，如今ETF的數量比股票還要多。大盤股、小型股、科技股、工業股、運輸股、新興市

場、大型銀行、風險偏好、風險規避……種類無限，它們用25兆美元的現金主導市場。

「被動投資本身並沒有什麼問題，」他繼續說，「但是在十年內湧入4兆到5兆美元資金時，貝萊德和先鋒集團這類大型公司，最終會在市場上占有更大的位置。主動型基金經理人透過企業盡職調查來追蹤公司，進而提高股票價值的做法，已經不再普遍。如今在法說會，很少有買方提出問題。」他停頓了一下。「在大多數公司中，最大的股東都是被動的。如果你擁有整個市場，而且並非真正關心特定股票的表現，你就可以轉向其他事項，例如ESG、多樣性，或其他與企業做出良好資本配置決策無關的事項。」

我又插話：「這對股票和市場的行為方式有何影響？」

安宏輕笑。「被動基金的主要問題之一是，它們甚至不再符合自身的邏輯。只有當你抱著以下的理念：『市場比我更聰明，我不想嘗試超越那些有在思考的人』，被動基金投資方法才有道理。換句話說，如果我購買按市值加權的股票指數，我可以成為價格接受者，因此可以在不確定價格的情況下參與市場。但是當相當高比例的交易和投資流變得被動，被動基金就從價格接受者變成價格制定者。如果你是制定價格的人，你就不能再聲稱『市場是有效的，而且其他人都已經清楚』，因為你剛剛用蒸汽壓路機輾過了那些分析。結果是，你最終很可能會出現嚴重的定價錯誤和資本配置錯誤，而這些被動基金的投資者最終將承受後果。」

「天哪。」我喃喃自語。我的腦海裡出現各種潛在泡沫，以及泡沫破裂後可能發生的災難景象。數兆美元的ETF，有多少只是由自我實現的循環所驅動，那些特定資產之所以被抬高價格，僅僅是因為它們恰好被包含在特定的ETF中？「我不敢相信，從長期資本管理公司獲得紓困以來市場的變化。」我說，「我們應該讓它們倒閉的。」

安宏站起來走到窗前，望著整個城市。即使在高達二十四層樓的雙層玻璃窗後面，仍然可以聽到汽車喇叭聲。

「這幾乎令人難以置信。」他說，「投資者想要投資之處存在著這樣的分歧，資金不是投入指數基金，就是投入大型科技股、大型成長型企業或大型創新性公司，對傳統產業的投資或興趣卻很少。這意味著傳統公司即使有很好的借貸成本，最終也會面臨極高的權益資金成本（發行新股籌集資金的成本）。結果是，股東們基本上會說：『你的權益資金成本太高，如果你有自由現金流，就應該分給我們這些股東，而不是用來擴大公司的業務規模。』實體經濟一直存在著投資不足的問題，因為這部分市場尚未吸引到資金。」

我很驚訝。安宏認同塔馬齊安在卡加利表達的觀點，但他也看到，實體資產投資不足的趨勢也在金融類股出現。我進一步追問他：「我認為這尤其適用於石油業，對嗎？」

「沒錯，你現在就可以看到這現象，儘管油價相當高。從歷史上看，高油價會刺激大量資本支出和探勘投入，但你並沒有真正看到這種情況，而是看到石油公司的股東們說：『不

要再投資了，公司應該要支付高額股息，並且大規模回購股份。」石油公司為了因應政治壓力，甚至不想開發更多油田——大型石油公司正在盡力使自己成為小型石油公司！但因為缺乏資本投資能對市場增加供給，最終可能會導致長期價格上揚，這是我看到通膨情況的一部分。」安宏指出，相對於熱門的科技業投資，包括水泥和航運等乏味但重要的產業，一直缺乏資金。

安宏的訊息中有一個觀點很明確。在貿易和供應鏈效率完美的單極世界中，如果資金的走向被誤導，而且像美國這類國家的國內生產愈來愈少，並不一定會引發通膨。但是在多極世界中，這種動態可能會助長長期通膨趨勢，尤其是當許多最重要的資源，都位於全球政治情勢不被看好的地區時。

我喝完茶，停下來思考這一切。「我帶你下樓。」他說，「我得動身去參加3點30分的會議了。」

我站起身，安宏為我開門，然後我們走回門廳。這是辦公室中完全獨立的部分，距離交易大廳很遠，距離避險基金所有嚴密看守的祕密也很遠。他們的辦公室都遵循相同的布局。客戶和訪客永遠不會走進交易大廳，也不會看到該基金掌控下的數十億美元背後的任何日常活動。這個地方充滿了高度神祕感和明顯的尊敬氣氛。我覺得我必須知道綠光資本，也就是安宏及其團隊的傑出人才，如何為未來定位。因此，當他按下電梯按鈕時，我問他：「除了對一些能源產業的投資之外，你的分析師最近在推銷什麼？哪些資產可能會受益於被動投資的某些

趨勢,即使市場崩盤也不會受到影響?」

「我認為銅和銀很有趣。」他說,「資金將流向綠色方向,如果我們要發展電動車,就會需要大量的銅——用於汽車引擎、汽車充電器,並因應對電網構成的額外負荷。人們對採礦業很厭惡,以致未來十年內計畫開發的銅礦數量,可能不及十年或十五年前的一半,也許只有兩到三個。而讓一個新的銅礦啟用營運可能需要十年。除非你打算很快這樣做,否則需要一段時間才能改變這種情況。」

電梯發出叮噹聲,門打開了。裡面空無一人,所以我們搭電梯往下到大廳時,安宏可以繼續講話。

「這一切都將使銅價居高不下,銀的情況也是如此,隨著建造太陽能板的需求激增,將銀應用於工業金屬的情況愈來愈多。從中期來看,比較明智的做法是投資銅礦或銀礦開採公司,而非試圖找出哪家電動車公司將在這個競爭激烈的產業中勝出。」

「這就像古老的格言說的:『如果你想在淘金熱期間致富,那就去賣鏟子,不要自己去淘金。』」我打趣道。

「道理和以前一樣。」

電梯門打開,我們穿過廣大的中庭,來到人行道上。

「那是一場教訓,」我與對方握手時說,「這一切都讓人回想起我們製造業的外移,以及如此關注少數贏家的短視金融市場。」

「而ETF只會使這個趨勢加劇,」他表示同意,「在這些

市場上,贏者通吃。祝你一路平安,老朋友。」

我轉身叫了一輛計程車,當我回頭時,安宏已經離開了,回到他的王國。每次我們談話時,我都會覺得他可能是我見過最聰明的人。2022年剩下的時間將會證實這種感覺。隨著冬天進入春天和夏天,由於石油供應極為緊張,能源成本高昂,通膨飆升。為了防止通膨持續上升,聯準會不得不立即變得非常強硬(威脅要升息),造成股市下跌,尤其是那些最容易受到利率上升影響的股票。整體而言,標普五百指數下跌19.6%,這是自2008年雷曼破產以來最糟糕的市場表現。不過,安宏的綠光資本情況卻完全相反。綠光沒有盲目地跟風湧入已經過度集中的科技、金融和成長領域,而是走自己的路。事實證明,它的定位不僅能夠抵禦通膨,也能夠在新典範中蓬勃發展。該基金2022年的整體報酬率達到36.6%,相對於標普指數,alpha(股票或基金高於市場報酬的超額收益)高達令人難以置信的56.2%。

走自己的路固然是好事,但是當然,許多基金經理人和市場參與者紛紛進行相同的交易是有原因的。在特定時刻,這可能是賺錢的方法,不過在未來的某個時候,無論是兩個月、一年或五年後,就可能不是了。我在金融領域學到最重要的教訓之一就是這點。假設你看到一位你很尊重、而且真正了解其理念的投資者,他在某項投資上採取堅定的立場,甚至可能加倍押注,這項投資可能暫時處於低迷狀態、橫向整理,或甚至呈現走低趨勢,但事實證明這些幾乎都是很棒的投資。通常,投

資者有一個出色的見解或想法，只是尚未完全展現出來。我在所認識的最偉大基金經理人身上，見過無數次這種情況。

我最喜歡的例子之一，是安宏和他對GRBK多年的信心。GRBK是美國住宅建築和土地開發公司Green Brick Partners的股票。安宏早在2014年就正確地指出，美國住宅供應長期短缺的根源，主要是由於2008年房地產崩盤後，困擾建築業的經濟破壞、抵押貸款融資困難，以及市政府的過度監管。這將提高房價並有利於該領域的公司。早在2014年秋季，安宏就持有2,400萬股GRBK巨額部位，並成為他基金的第二大持股部位。該股漲幅巨大，到2015年底漲了900%，到2021年漲了2,450%。安宏一直持有這檔股票，為綠光資本賺取巨額利潤。在市場劇烈波動時，他仍將該股保持在其投資組合的前幾名（如果不是第一的話）。即使從2021年的高點到2022年的低點，GRBK股價下跌近40%，但他察覺到機會，並向顧客發出交易提醒，推薦購買GRBK股票。最重要的是，當你看到像安宏或巴菲特這些投資名人拋售某個部位時，這可能是一個具有吸引力的入場時機。

第七章

# 泡沫心理學與加密貨幣狂熱

「我最初看到市場泡沫時,會急著進場買進。」

——喬治・索羅斯,金融巨鱷

曼哈頓有一家相當不尋常的貿易公司簡街集團（Jane Street Group）。這是第六章討論過的那種難以捉摸的ETF造市商之一。它雇用兩千名電腦科學家，是量化交易領域的重要參與者。事實上，到2022年，其市值和利潤與城堡證券（Citadel Securities）不相上下，每年的證券交易額接近17兆美元。在簡街集團，新員工第一年年薪達到42.5萬美元並非新聞。從這方面來說，它是不尋常的，而且它沒有任何董事會，甚至沒有高階主管團隊，只有一個由三十人組成的領導團隊，權力界線模糊，與華爾街的傳統幾乎沒有相似之處。

公司內舉辦的講座，通常是關於電腦程式設計，以及不同語言和典範之間的差異，參與者都是來自不同背景的電腦科學家，他們擁有Perl、Haskell和JavaScript等經典腳本語言（scripting language），以及C++等高速編譯語言的專業知識。但在簡街集團，他們幾乎只使用一種稱為OCaml的語言——該語言在產業中極具優勢，強調表現力和安全性。為了在這個層次上進行套利交易，他們需要盡可能獲得每個優勢。

這座位於曼哈頓市中心的象牙塔裡，有一種高度保密的文化。象牙塔裡面配備全新的健身房、咖啡館、午休室、乒乓球桌和西洋棋桌、放映室和演講廳。但這並不是真正的文化，而是一種狂熱。2014年，一位留著深色捲髮的22歲年輕人，穿著適合去海灘度假的服裝，走進簡街集團位於維西街（Vesey Street）的辦公室，展開他的職涯。他剛從麻省理工學院畢業，智商堪比愛因斯坦。他出生在史丹佛大學校園，父母都是

該校的法學教授。這個新人不打算在紐約待太久。他沉迷於賺錢，並且有著比為別人工作更大的抱負。事實上，他的目標相當大，以至於八年後，他將在世界上最嚴重的加密貨幣崩盤中損失400億美元。他的名字叫山姆・班克曼—弗里德（Sam Bankman-Fried，SBF）。

## 泡沫心理學

西格蒙德・佛洛伊德（Sigmund Freud）教授靜靜地坐在他最喜歡的咖啡館中，窩進一個雅座裡，午後的陽光照在他的筆記本上，窗戶背光處飄起縷縷白煙。他又抽了一口雪茄，煙霧籠罩著他的整個頭部，在陽光下形成明亮的霧氣。他繼續在筆記本上寫著，並陷入沉思。桌上有一杯咖啡和一個煙灰缸。一名服務生走過來，佛洛伊德付了帳，穿上大衣，左手拿著象牙柄的手杖走出咖啡館。入口上方的黑色字體寫著「蘭德曼咖啡館」（Cafe Landtmann），佛洛伊德大部分的下午都在那裡度過，安靜地思考或下棋，但1920年12月那天，他正忙著寫一本新書《群體心理學與自我分析》(*Group Psychology and the Analysis of the Ego*)。

佛洛伊德回到辦公室後，坐在辦公桌前，拿起鋼筆浸入黑色墨水，開始用豐富而複雜的筆跡書寫。「這是一種與他本性大相逕庭的才能，」他寫道。「除非一個人是某群體的一員，否則幾乎沒有能力做到這點。」他眼睛審視這一頁，翻過頁

面,然後在寫作中段停下來。他再次將筆浸入墨水,在文章裡做了補充。「意識人格完全消失,意志和洞察力也都消失。所有的感覺和想法,都被催眠者決定的方向所操控。」

他看著頁面。墨水開始變乾。他把寫下的字句又讀了一遍,然後把筆放在桌上,伸手去拿另一支雪茄。他走到窗前,看著下方寧靜的街道。樹木在風中搖曳。當他點燃雪茄,再次產生一層圍繞他整個上半身的煙霧時,冬天的第一片雪花開始飄落在維也納。儘管佛洛伊德才智卓越,好奇心無窮,但他當時不可能知道的是,他桌上一堆散落的文件,有一天會解釋1980年代日本巨大的房地產泡沫。它將揭示2000年網路泡沫背後的瘋狂。到2022年,它將告訴我們為什麼源於區塊鏈技術的神祕數位貨幣,會創造出逾2兆美元的資產泡沫──這是有史以來最誇大不實的泡沫。

華爾街有一句看似老生常談的格言:「市場可以保持非理性狀態的時間,比你保持償付能力的時間還要長。」雖然這個說法看似陳腔濫調,但卻很真實。人類是具有兩種本性的生物:一種是理性自我,往往主宰著有意識的思維;另一種是前理性或甚至非理性的本我,控制著潛意識。每一種資產價格泡沫,無論是股票、債券、大宗商品、貨幣或其他東西,都是因本我而來。某些時候,市場參與者被純粹的貪婪、狂熱與催眠主宰了財務行為。他們幾乎願意付出任何代價來擁有渴望的物件,導致市場價格飆升、進入絕爽(jouissance)狀態,隨後是同樣戲劇性的崩跌。

經濟史上充斥著資產價格泡沫，最著名的有十七世紀的荷蘭鬱金香泡沫、1720年的南海公司（South Sea Company）泡沫，以及1980年代末的日本房地產和股市泡沫，第二章已討論過。過去三十年，我們也看到幾次美國的主要泡沫，前面章節有提及，包括網路泡沫、導致大衰退的房地產泡沫、2000年代的大宗商品泡沫，以及新冠疫情後的科技和加密貨幣泡沫。

每個泡沫背後都有個引人入勝的故事，使資產價格上升之初看似合理。傳統石油產量達到頂峰，中國正在將經濟全面工業化——大宗商品泡沫。加密貨幣被視為數位黃金，提供了法定貨幣（沒有黃金等大宗商品作為支撐，但被當成法定貨幣的貨幣——例如美元、歐元、日圓等）和政府交易系統的替代選擇——加密泡沫。網路席捲世界，在2000年網路泡沫到來之前，每個人都需要有一台新的個人電腦——網路泡沫。在每個階段的某個時刻，投資者都變成投機客，讓資產價格與經濟現實嚴重脫節。當泡沫即將達到頂峰時，市場參與者陷入狂熱狀態。他們被紙面上的財富蒙蔽，將源於人類天生非理性的暫時現象與新的典範混為一談。然後一切都崩塌了。

資產價格泡沫的形成，不僅取決於潛意識的非理性，也取決於能受到非理性驅使的可用資本。如果沒有任何資金，十八世紀的英國人不可能將南海公司的價格推到最高。人的貪婪是與生俱來的，而且基本上不會改變。它是一種力量，是生物學的一部分；它一直存在，而且會永遠存在。能夠改變的，是決定資本如何受到引導，以及在金融市場中流動的資本數量。貨

幣供應量突然增加時，泡沫更容易形成。當貨幣供應量的成長不是透過實際經濟生產力的提高，而是透過政府法令，亦即透過央行的極端寬鬆政策或財政刺激時，情況尤其如此。這就像將一箱刀子，空投到一個充滿冷酷暴力罪犯的監獄，使他們不僅可以使用拳頭，還可以使用刀子互相殘殺。這種「刺激」具有實質上和心理上的影響：它將提高囚犯之間暴力的嚴重程度，以及他們的暴力傾向。武器愈多，這種情況就愈多。

每當聯準會向市場注入數兆美元，或國會批准大規模財政刺激時，就會發生這種情況。當政府使用消防水帶，以人為的廉價資金和容易獲得的資金來撲滅金融危機時，就會強化人們的非理性影響和干擾市場經濟的程度。第四章提到，公共政策如何助長鱈魚角的大白鯊激增，就像當大國政府開始干預市場和自然時，現有的問題會加劇，或者會產生新問題。但到了最後，問題很少得到解決，而且總是會有意想不到的後果。我們絕不能忘記通膨有不同的形式。過去三十年來，政府試圖利用政策來解決通縮問題時，通常都會導致通膨。這不是在企業和消費者的實體經濟中，而是一次又一次在金融資產中，造成幾乎令人難以置信的通膨。

聯準會紓困長期資本管理公司時，網路泡沫幾乎立即出現。聯準會在九一一事件後降息時，助長了投機性房地產泡沫，最終導致雷曼兄弟破產並引發了大衰退。2010年代，聯準會將利率維持在零並啟動量化寬鬆政策時，透過被動投資造成了科技股和成長股中最擁擠的交易。新冠疫情期間的降息和

史無前例的財政刺激水準和方式，在提供寬鬆度方面乃歷來規模最大。這引起加密貨幣、迷因股票和無法獲利的科技公司前所未有的泡沫。

## 史上最大的泡沫之一

我們第一次聽說比特幣，是在2009年。它的誕生是因為大眾對銀行系統失去信任，並且對中央政府及其對公共資金的處理，比以往任何時候都更加存疑。在雷曼危機以及全世界財富遭受驚人損失之後，人們想要在傳統受監管的貨幣之外擁有另一種方式、另一種支付形式和另一種價值儲藏（亦即可以在未來保持其購買力的資產）。直到今日，比特幣的起源仍是個謎。它是由神祕的「中本聰」（Satoshi Nakamoto）創造，這可能是一個人或一組電腦科學家，在稱為「區塊鏈」的巨大電腦網絡上挖掘加密貨幣。要用簡單的術語解釋這個概念是個挑戰，因為它的運作方式並不簡單。它涉及大量程式碼、多個電腦系統、公鑰、私鑰和相當多的演算法，再加上一些量子物理學的理論，你最終會得到一種叫做比特幣的東西——由「比特」（bit，在電腦術語中，「二進位數字」是資訊最基本的單位）和「硬幣」（coin）組成的詞彙，而且它不可能被破解；「金鑰」由二十六個字母和數字組成，它們產生的組合比地球上的沙粒數量還要多。區塊鏈技術憑藉這種難以想像的加密層級，開始推展到全世界許多不同的行業，屬於去中心化交易。

### 投資人筆記

## 成就比特幣的因素,以及投資人獲利之道

如果汽車價格上揚,汽車製造商會因此生產更多汽車。世界上有很多汽車製造商,如果每家都製造更多汽車,供應量增加最終會使價格下跌。如果白金等貴金屬的價格下跌,礦商就會減少開採該金屬,以便使價格在一段時間後回升。

但比特幣不是這樣運作的。它經由網絡開採,大約每十分鐘會將一個比特幣區塊發布到「帳本」中,該帳本使用加密技術保護的區塊,記錄了所有涉及比特幣的交易。無論是一人上網或七十億人上網挖礦,都是固定每十分鐘發布。

挖掘比特幣,是藉由生成符合特定標準的加密解決方案,來驗證區塊鏈區塊中資訊的過程。給予挖礦者的獎勵是一枚比特幣。因此,挖礦難度會不斷調整,以保持區塊發布間隔的平均時間大致恆定在十分鐘左右。這意味著用於挖掘比特幣的運算能力(總計)愈多,挖掘下一個區塊所需的運算能力就愈多。

可以產生的比特幣總數有嚴格限制。比特幣協議規定,每產生二十一萬個區塊,增加一個區塊的獎勵就減半(週期大約是四年)。最初,每個區塊包含五十枚比特幣,但最終獎勵將減少到零,並達到兩千一百萬枚比特幣的上限。截至2023年中期,流通的比特幣數量為一千九百萬枚,獎勵率已降至每個區塊對應六・二五枚比特幣。由於協議每隔幾年

就會將獎勵減半，要到下個世紀才會達到兩千一百萬枚比特幣的上限，但所需的能源消耗將使採礦成本更早就高得令人卻步。

關鍵問題是：如果比特幣的價格上漲，就會有更多人上網挖礦。為了遵守十分鐘的間隔，演算法會進行調整，使開採比特幣變得更困難，這意味著會消耗更多能源，推高開採比特幣的成本。成本上升，就意味著比特幣的損益平衡價格（break-even price）會上升。換句話說，比特幣必須增值才能維持挖礦的獲利。更高的價格吸引了更多挖礦者，使挖礦成本變得更高。這會造成價格自我強化而上漲，並可能持續數月。同樣情況也適用於價格下跌。如果比特幣價格下跌（最終總會如此，主要是由於金融體系中過剩流動性的逆轉），人們就會停止挖礦，開採一枚比特幣的損益平衡價格也會下降。較低的損益平衡價格導致比特幣價格較低，更多人會停止挖礦。這解釋了比特幣價格的極端波動，並使得比特幣獨一無二。

幾乎所有其他加密貨幣都有無限的供應量，儘管每日產量可能有上限。但幾乎所有加密貨幣都與比特幣高度相關，因此即使供應量無限，其價格也往往會隨著比特幣漲跌而波動。投資者需要了解比特幣和其他加密貨幣自我強化的上漲和拋售過程。看到大幅上漲或拋售形成時，不應該害怕參與，因為這些行情的動能可能非常強大，可以持續數週或數月之久。

## 詐騙者的絕佳溫床

雷曼危機之後,商業和金錢世界變得嚴重分裂。再次想想柏林圍牆將德國一分為二的情況。現在想像一下,一條線將網路空間和整個交易世界劃分開來,這個新世界的兩邊分別稱為中心化和去中心化。2009年,西方達到了中心化的頂峰,意即大政府、大監管和對納稅人資金的大幅控制。此外,中心化導致一系列已被證實的問題或外部性。社會對金融業失去信任,區塊鏈的出現幾乎就像基督教殉道聖人聖‧喬治(Saint George)拔劍屠龍。現在,交易可以在銀行系統或既有的線上零售商、甚至長久以來一直在兩方之間完成交易的機構之外進行。高度加密、不可複製的區塊鏈技術可以創造一個全新的世界,也許還可以創造一種全新的貨幣。但區塊鏈真的可以拯救世界擺脫中心化政府的過度干預,並催生一個完整的點對點去中心化網絡嗎?

簡短的回答是「可以」。但在去中心化金融未來的承諾之下,是一個由矽谷年輕企業家操控的脆弱生態系統。加密貨幣有一個吸引人的投資主題,圍繞著法定貨幣的消亡,以及西方政府累積的巨額債務(證據是1900年以來美元貶值93%)。這個論點使數位貨幣成為世界上最熱門的投資,比特幣泡沫在2017年已經確實開始。但每一次泡沫都會引出一群不道德的精明人物,利用投資者和他們對推動泡沫技術的無知。1990年代,安隆、世界通訊和阿德爾菲亞等公司靠會計舞弊來虛

增利潤;2000年代,像龐氏騙局主謀馬多夫和艾倫‧史丹佛(Allan Stanford)這樣的人,或者像美國國家金融服務公司和雷曼這樣的企業誤導了投資者。加密貨幣泡沫中也有不少惡意人物。

　　SBF是一家新興加密貨幣套利交易基金的執行長,該基金以舊金山灣沿岸的一座島嶼阿拉米達(Alameda)命名。但阿拉米達研究公司(Alameda Research)的投資策略據稱幾乎不受加密貨幣價格下跌的影響。和城堡證券及簡街集團的量化交易員一樣,阿拉米達研究公司的交易員也希望有價格波動──有巨大的套利機會和大筆利潤。他們沒有興趣持有任何資產超過一兩個小時。美國加密貨幣交易所與亞洲加密貨幣交易所之間的價差,可能是SBF見過最令人興奮的事情,公司一開始就賺了近2,000萬美元。

　　儘管他在阿拉米達研究公司的早期取得成功,並且進行巨大的套利交易,但比特幣的價格波動損害了它作為貨幣的地位。比特幣與其他加密貨幣的最初區別在於其供應有限,數量永遠只有兩千一百萬枚,不會再增加。這是它的價值儲藏,也是投資者的價值主張。但到2018年中,事實證明比特幣很容易受到價格劇烈波動的影響,這徹底否定了「價值儲存」理論,最重要的是,這改變了遊戲規則。比特幣變得具有投機性,並且帶來了伴隨這類投資的所有風險。這使得比特幣成為一種交換媒介,而不是貨幣,交換媒介是根據一組不同的參數來評估價值。

美國國徽是一爪抓著橄欖枝，另一爪抓著箭的白頭海鷗，象徵戰爭與和平，美國發行的每張紙幣上都印有國徽。這就是美元背後的力量，比任何其他國家夢想擁有的力量更強大——擁有十二個航空母艦戰鬥群和五千枚核彈頭。這就是支持真實貨幣所需要的。也許需要的火力沒有那麼大，但貨幣必須是政府規定、政府監管、政府強制執行的法定貨幣。根據這些參數，加密貨幣從一開始就注定失敗。但去中心化金融的夢想並沒有在2018年破滅，甚至沒有衰退跡象。

2019年春季，SBF推出FTX，該交易所成為全球成長最快的數位資產交易所，交易比特幣、其他加密貨幣和NFT。FTX作為加密貨幣交易者的市場，與其他交易所一樣透過收取交易費來賺錢，但它削弱了所有人的利益，並在此過程中籌集數百萬美元用來打廣告。該公司展開激進的廣告宣傳，除了隨處可見的標誌（還出現在邁阿密的F1賽車上），還有創辦人身穿FTX T恤、留著一頭標誌性蓬鬆頭髮的巨幅圖像。他很快就成為加密貨幣的代言人，機構也很喜歡這樣。該交易所從加州門洛帕克的一家創投基金紅杉資本（Sequoia Capital）籌集了資金。紅杉資本是科技領域種子期、早期和成長期投資的專家，在業界享有盛譽，它在FTX上抓住機會，很快讓該交易所獲得信譽。

隨著把紅杉資本加入行銷話術[1]，很快地，一大波顯要人物就蜂擁而至這家市場上最熱門領域的新秀。就連SBF也沒料到即將賺進一大筆錢。沒有人能預料，因為接下來發生的事情就像《舊約聖經》中的事情一樣。隨著新冠肺炎不斷傳播，

直到地球上的每個城鎮都受到影響，整個世界陷入封鎖狀態。突然間，所有的電子商務公司、視訊會議公司、軟體和硬體製造商，都成為新的商業主宰。當美國政府試圖透過逾10兆美元的貨幣和財政刺激措施來對抗病毒時，美國每個人都突然變得現金充裕。加密貨幣擺脫2018年至2020年間陷入的兩年低谷，一路價格飆升。加密貨幣不僅成為熱門的新領域，而且變成一種宗教，佛洛伊德的群體心理學理論再次出現，這是他幾十年前在煙霧瀰漫的維也納辦公室裡寫下的理論。這次它控制了一群受到新貨幣時代將至的普遍信念催眠的飢餓群眾，並帶領他們進入十七世紀鬱金香狂熱以來最大的資產泡沫。對某些人來說，看似預測了整個市場的SBF，可能會成為新的巴菲特。在接下來的十八個月裡，他的個人財富成長到近300億美元，這更加鞏固了上述信念。

但有個人對此一個字也不信。

「這個笨蛋到底是誰？」[2]他一邊喃喃自語，一邊盯著電腦螢幕上SBF的LinkedIn個人資料照片。

## 目光銳利的狙擊手

馬克‧科霍德斯（Marc Cohodes）是出色的華爾街懷疑論者，尤其是當他看到一些不合邏輯或沒有意義的事情時。那些讓人感到懷疑的事情，最重要的是，可以幫助你保護本身投資組合的事情。

在加密貨幣巨頭FTX破產的前一年，科霍德斯就是唯一指出所有未通過他直覺測試的問題之人。什麼事情讓科霍德斯產生懷疑？很多，但通常是大多數人沒注意到的小事。我們最喜歡的指標之一是科霍德斯的「假髮」論點。科霍德斯說：「我在打賭戴假髮方面成功率非常高。」這很搞笑，但最高管理階層戴假髮確實讓人非常懷疑。如果執行長們無法在髮型上坦誠，他們還會掩蓋什麼？在雷曼兄弟破產之前的幾年裡，像科霍德斯這樣的人一直在計算美國證管會文件中的所有注腳，亦即必須向華盛頓監管機構提交的10-K和10-Q。科霍德斯曾經告訴我：「永遠要注意注腳的連續性激增（相較於上一季度）；這有高機率是刻意混淆的跡象。」

科霍德斯和馬斯肯（Marsican）棕熊一樣稀有，這種熊目前只剩下幾十隻，生活在義大利亞平寧山脈（Apennine Mountains）深處，主要吃蘋果、梨子、李子、真菌和漿果。但科霍德斯並不是素食主義者，而是以騙子、惡棍和欺詐者為食。當然，這不是字面上的意思。科霍德斯是透過做空那些人的公司來做到這件事，當他鎖定某人時，會像鬥牛犬一樣緊咬住他們，直到市場嚼碎他們並吐出來為止，這就是科霍德斯賺錢的時候。這段歷程有時只是輕微的扭打，但大多數時候是赤手空拳的搏鬥，就像文藝復興時期威尼斯的普尼橋（Ponte dei Pugni）經常上演的場景，在那裡兩個男人會互打九十多個回合。

科霍德斯畢業於波士頓郊外的巴布森學院（Babson College），修習金融，直到1980年代中期他才喜歡賣空。在

第一次交易之後，他知道這就是他生來要做的事。他成為金融市場上的賞金獵人，擊落任何被他抓到做假帳或欺騙普通投資者的人。他的任務是揭露那些花言巧語的資產負債表操縱者，並且會不遺餘力地追查。他揭發消費電子連鎖店瘋狂埃迪（Crazy Eddie）的山姆・安塔爾（Sam Antar），安塔爾最終入獄；他還揭發威朗製藥（Valeant Pharmaceuticals，該公司因價值數十億美元的醜聞而崩解）和NovaStar（最大的房地產錯覺之一，該公司在雷曼兄弟破產前倒閉）。

2022年1月，科霍德斯第一次成功做空交易三十五年後，緊盯著他令人生畏的步槍槍管，發現自己看到有生以來見過的最高賞金。在一頭蓬鬆黑髮下，站著那個來自史丹佛大學，看起來有點怪咖的孩子──SBF，對方的處境不妙。目光銳利的狙擊手科霍德斯，只用很容易將目標炸成碎片的高速自爆子彈，他小心翼翼地調整望遠鏡式瞄準鏡，最後聚焦在注定失敗的FTX創辦人SBF身上。

科霍德斯很快就對這個年輕人如何以億萬富翁、世界第二大加密貨幣交易所創辦人的身分，空降到華爾街感到困惑。因為他從來不知道有這種事。

科霍德斯曾經在電話中對我說：「你想想看，我們都知道，沒有人會那樣突然來到華爾街。金融界每個人都有來歷，但SBF沒有，就像從火星突然冒出來的人一樣。是誰指導他的？他加入FTX之前在誰手下工作？我可以向誰查核他的情況？去年年底，我撥打的每一通電話都提出正確的問題，但對

方都沒有回應。這就像剝洋蔥，剝到中間卻發現一顆骷髏頭和兩根交叉的骨頭。」

這一切都讓這位金融狙擊手感到困惑。他再次看著電腦螢幕，看著SBF的LinkedIn個人資料。除了教育背景之外，他能找到的只有在簡街公司交易新興市場股票的三年經歷。科霍德斯內心深處知道，如果沒有所謂的「魅力因素」（it factor），沒有人能變得如此偉大，西蒙·考威爾（Simon Cowell）稱之為「X因素」，你可以在球場上的新星身上更明顯地看到──那些孩子們在跑步、投球和擊球上都優於隊裡的其他人。你知道他們注定要進入大聯盟。但SBF卻讓科霍德斯非常困惑。SBF沒有背景，沒有經驗，也沒有祕方。在科霍德斯看來，這可能只意味著一件事：欺詐。

他對FTX和團隊中的其他人進行更深入的研究。他能找到的最有才華的人，最高成就只是房地產公司的實習生，除此之外，SBF的團隊完全不可信。據他所知，即使阿拉米達研究公司曾透過所謂的泡菜交易（kimchi trade）賺到第一桶金，但那種交易實際上是不可能完成的。泡菜交易是一種套利機會，主要利用韓國比特幣價格的結構性溢價，因此被稱為「泡菜」，但亞洲交易所要求，進行任何加密貨幣套利的交易者必須親自到場並攜帶現金。SBF不可能做到，除非他也畢業於霍格華茲魔法學校。但根據他的LinkedIn資料，他並沒有那種背景。

大量FTX標誌的廣告宣傳開始出現。美式足球員湯姆·布雷迪（Tom Brady）成為品牌大使，網球明星穿著印有品牌

標誌的球衣，邁阿密熱火隊（Miami Heat）的體育館甚至用巨大字體把標誌放在屋頂上。加密貨幣投資公司Paradigm投資FTX 2.38億美元，軟體銀行（SoftBank）投資1億美元，Sino Global Capital投資5,000萬美元。主流媒體將SBF和FTX誇大吹捧為如同「基督二次降臨」（Second Coming），但科霍德斯對這整個團隊愈來愈反感。

顯然，FTX以某種方式欺騙了整個主流媒體。SBF欺騙了投資者和監管機構。對科霍德斯來說，這整個公司只是價值400億美元的騙局，他認為，到2022年時，市場已經持續上漲很長時間，導致人們喪失思考能力，這是真正泡沫的標誌之一。人們失去了批判性思考和對投資提出正確問題的能力。如果他們看到大名人和運動明星投入某件事，就不再做其他研究。沒有人再去查核事實，整個投資環境已經變成「有樣學樣」的環境，沒有人仔細審視FTX。科霍德斯相信，SBF在著手欺騙整個世界時，已經敏銳地意識到這點。他知道，人們對自己要去的下一家餐廳所做的研究，比對自己的投資還多。

「這不是很悲哀嗎？」科霍德斯自言自語說。「人們努力工作賺錢，然後在沒人想到的該死騙局中失去所有的積蓄。」

## 當泡沫破裂時

2020年，就在新冠肺炎疫情導致封城後，比特幣開始大幅上漲。2020年3月12日，比特幣觸及2017年上漲以來的最

低點：每枚4,826美元。一年半後的2021年11月8日，創下68,789.63美元的驚人高點。這主要是因為聯邦政府發放的免費資金，以及郵寄到美國每個家庭的無數刺激支票。這就是封城期間引發狂熱的原因。這真的是一個新世界、新數位時代，或是佛洛伊德的群體心理學現象再次發揮作用呢？加密貨幣吸引數十億美元，這個泡沫吸引幾乎所有相信世界因疫情而發生根本改變的人。

但與數位貨幣一起快速發展的還有另一個市場，那就是成長股──那些肯定會引導人們遷移到新涅槃、新地球、新面向的股票，看你想用什麼術語。全國有半數人處於一種催眠狀態，紛紛投入資金來支持共同的新信念：數位世界將是我們的未來，無庸置疑。

這場運動中最著名的人物和當今的女英雄，是來自洛杉磯的黑髮華爾街投資者凱西‧伍德（Cathie Wood）。她在南加州大學獲得經濟學學士學位後，經歷了一條經典的職業道路：從投資基金Jennison到避險基金Tupelo Capital Management，再到聯博資產管理（AllianceBernstein）。她在聯博任職十四年，截至2007年，該基金管理的資產已接近8,000億美元，其中50億美元由伍德管理。2014年，她想創辦一支聚焦於顛覆性創新的主動管理型ETF，但聯博認為風險太大。就在那時，伍德跳槽到她自創的基金方舟投資（ARK Invest）。方舟的前四支ETF是罕見的主動管理型ETF，由Archegos資本管理公司的比爾‧黃（Bill Hwang）提供融資，該公司於2021年3月破產；

黃本人因聯邦指控詐欺和敲詐勒索而被捕。他目前已獲得保釋，保釋金為1億美元。

凱西日漸成功，在疫情封城期間更是擊出滿壘全壘打。整個2020年，隨著新冠疫情後經濟刺激措施的持續推出，成長股不斷攀升，她成為風雲人物。她公司的旗艦ETF ARKK，經歷一場似乎注定打破所有紀錄的反彈，2020年漲幅高達150%，到2021年2月中旬又上揚24%，管理的總資產接近270億美元。彭博將伍德評為2020年「最佳選股人」（Stock Picker of the Year），2021年3月，她的兩支基金躋身「根據淨資產總額排名的10大女性管理基金」名單[3]；就連一直持懷疑態度的《巴倫周刊》（*Barron's*）也在吹捧她[4]，刊文標題為「炙手可熱的方舟ETF，在2021年吸引125億美元新資金」。

ARKK基本上將最具投機性的科技或「創新」公司股票，全部納入單一投資產品。我說的是特斯拉、Coinbase、CRISPR Therapeutics、Robinhood、Roblox——凡是你能想到的都有。也許最奇怪的例子是Teladoc Health（TDOC），該公司透過視訊連結醫生與患者。它從未獲利，也許永遠也不會獲利，純粹是對未來預期的一種押注，希望公司的債務不會在盈利之前將公司拖垮。在2020年和2021年聯準會採取寬鬆政策的情況下，這一切都沒有阻止該公司股價飆升；一年內，該公司的市值從30億美元增加到420億美元，甚至成為規模龐大的ARKK ETF中的第三大持股。

當然，這裡討論的情況，在很大程度上又回到第六章所謂

ETF投資的危險。隨著愈來愈多資金湧入ARKK，它購買更多Teladoc和該公司的其他持股股份，推高了它們的價格，並以一種自我強化的回饋循環，吸引更多買家購買ETF。但這些股票自2021年的高點以來已暴跌90%。ARKK ETF的平均股票較2021年2月的高點下跌60%。即使是現在，在所有這些高波動股票暴跌之後，方舟投資公司持有的一些最大的股票，例如Roku，仍然下跌80%。這裡的經驗教訓是，如此多的流動性進入市場時，會催生巨大的泡沫，導致各種資產開始表現得像加密貨幣。市場賦予的估值變得脫離現實——股票背後沒有任何實質東西存在，有的只是純粹的希望和夢想。

這是以科技股為主的那斯達克牛市狂熱高峰。這些高峰改變了投資者的心態，尤其是當每個人都變得富有時。正如J. P.摩根（J. P. Morgan）在一個多世紀前所說：「沒有什麼比看到鄰居致富，更能破壞你的財務判斷力。」在這種時候，推理被拋在一邊，最簡單的邏輯會取代經過深思熟慮的投資決策。這時也是最糟糕的債券交易出現、契約半途而廢、財務捉襟見肘的公司，開始發行可轉換債券的時候——我們華爾街稱之為「最後成功的機會」（last-chance saloon）。最好的風險管理策略之一可以說是，對可轉換債券的「連續發行者」提高警覺。頻繁回到可轉債市場融資的企業，已經來日無多。

這一切都是未來大麻煩的特徵。典型的例子有本世紀的SunEdison、切薩皮克能源公司、Molycorp和雷曼兄弟，以及1990年代的安隆、泰科、阿德爾菲亞和世界通訊，其中大多

數都破產了。但問題還不止於此。金融專業人士和一般投資者也肩負著參與泡沫的巨大壓力。擁有名人代言人的加密貨幣交易所,似乎是讓人加入的充分理由,這也是狡詐的伊麗莎白・霍姆斯(Elizabeth Holmes)營運的Theranos,在2014年至2017年間吸引如此多資本的原因。整個董事會都是可信的人,像前國務卿亨利・季辛吉(Henry Kissinger)和喬治・舒茲(George Schultz),以及四星上將吉姆・馬提斯(Jim Mattis)這樣的人。另外還有富國銀行(Wells Fargo)前執行長理查・科瓦希維奇(Richard Kovacevich),以及在柯林頓總統任內擔任國防部長的威廉・裴利(William Perry)。但整個公司只是一個幻覺、一個謊言。投資者必須持續深入研究帳簿,不要只看表面價值。市場是狡猾操作者的雷區。光鮮亮麗的物件、能言善辯的執行長、錯綜複雜的法說會以及名人代言,都該當成危險訊號。尤其是在牛市中,人們會變得粗心。

有些諷刺的是,2021年2月是ARKK ETF市場的最高點。沒有人確切知道為什麼頂部或底部會出現在2月和3月,但確實是這樣。重大轉折點似乎總是出現在一年中的第二個月和第三個月。3月是2000年網路泡沫結束的開始,也是2009年和2020年市場的底部,這是一個奇怪的月分。2021年3月,ARKK ETF突然出現拋售,遠離風險較高的電動車股票,以及價格過高的Zoom和Roku。投資人想要的是穩健成長的股票,以及十年來表現良好的股票。他們更深入投資FAANG股——臉書、亞馬遜、蘋果、網飛和Google,亦即擁有巨大現金流和

良好業績紀錄的實在公司。

世界也在重新開放，全數位未來的偉大夢想似乎逐日褪色。但這並不是唯一的原因。通膨正在升溫，當通膨上升時，必須提高利率來降溫。那時，所有未來現金流的淨現值都會崩潰。它往往會把估值當成早餐蠶食，當Zoom和Roku等股票的本益比達到五百倍時，最聰明的投資者就會對未來的估值臨陣退縮，並在那時放棄ARKK等投資，進一步投奔被視為安全避風港的FAANG股。到2021年12月，伍德曾經英勇的基金，被列為摧毀資本的十大方式之一。

拋售是殘酷的，但科技巨頭仍然表現良好。在加密貨幣領域，狗狗幣、萊特幣（Litecoin）、瑞波幣（XRP）和波場幣（Tron）遭到重創，但比特幣沒有被嚇倒，在2021年11月創下歷史新高。當時，拜登總統重新任命鮑爾為聯準會主席，市場一夕間做出反應，懷疑這位來自普林斯頓大學的風雲人物再次掌管市場後將大幅轉向，成為鷹派（威脅升息）通膨鬥士。結果，比特幣開始長期拋售。2022年1月，整個科技業紛紛效仿，到年底時，大多數成長股跌幅逾50%，有的跌幅超過75%。2022年，光是加密貨幣泡沫和成長股市場之間的財富損失總額，就達到9兆美元。

銷售話術是如此具有魅力，充滿了誘人的空話。歸根究柢，方舟公司、加密貨幣和NFT的投資者一直都在做多央行的寬鬆政策，它們都受惠於聯準會從2020年開始向市場注入

的大量資金。許多失敗的加密貨幣，與聯邦政府向美國家庭郵寄的刺激資金高度相關。在低通膨世界中，這類投機交易表現非常好，因為資金非常便宜，產生了巨大的資產泡沫。用偉大的諾貝爾獎得主羅伯・席勒（Robert Shiller）的話說：「我們是非理性狂熱的生物。」樂觀是人類的天性，塔莉・沙羅特（Tali Sharot）出版的《正面思考的假象》（The Optimism Bias）一書中，對此進行精彩的探討。這就是為何房地產市場在世紀之交變得瘋狂。廉價的利率和肆無忌憚的樂觀情緒，使市場爆炸式上漲，在廉價資金的支持下創造另一個巨大的泡沫。

有句經典格言是「時間就是金錢」：每個投資者、企業主或工作者都知道，今天口袋裡有100萬美元，勝過十年後確定可得到100萬美元。但時間價值究竟差了多少？如果今天有50萬美元，而十年後有100萬美元呢？為了解決這個問題，分析師和投資者使用現金流量折現法（DCF）。這是一個公式，用來估計未來現金流的淨現值（NPV），透過折現來考慮時間、風險、機會成本和通膨。通膨預期在這個模型中扮演至關重要的角色，因為它們直接影響計算中使用的折現率（discount rate）。折現率基本上是政府債券收益率（「無風險」利率）加上風險溢價。當通膨預期上升時，無風險利率也會上升。因此，較高的通膨率意味著較高的折現率。換言之，通膨預期上升會降低未來現金流的淨現值，因此股價下跌，股票的估值倍數縮小。

**投資人筆記**

# 了解DCF模型（並從中獲利）

　　本書的核心使命之一是，幫助你聆聽、評估從市場和分析師那裡得到的所有雜訊，並從中獲利。市場總是在發言，但對你和你的投資組合來說，最顯著有效的訊號是什麼？

　　多年來，華爾街的大部分股票研究變得無法準確預測。分析師們紛紛保持低調，以免獨自承擔風險，畢竟他們需要穩定、有保障的高收入，以支付巨額的房貸和康乃狄克州私立學校的學費。如果牽涉到離婚，會更難以應付。這些可悲的事實顯而易見，團體迷思占了上風，分析師不斷在股價高點時調高股票評等，在低點時調降股票評等。2021年至2023年的股市研究領域，充斥著這種裝模作樣的把戲。

　　在我們《熊市陷阱報告》，最喜歡的騙局之一就是所謂的「現金流量折現幻象」（DCF mirage）。在通縮確定性很高的世界中，股票分析師可以在很大的範圍內，對成長股進行估值。在2020年至2021年期間，當利率看起來將永遠接近零的時候，分析師對軟體公司估值，將其本益比設為三十倍，以提高其評等，希望會有更傻的傻瓜出現，並以更高的四十倍本益比價格買入。在通縮高度確定的世界中，它充分提高所有未來現金流的淨現值；但在通膨預期不斷上升的世界中，所有未來現金流的淨現值可能會低得多，這有利於價值型股票，而不是成長型股票。

我解釋一下。DCF模型是投資組合經理人對公司進行估值時最常用的模型,尤其是那些產生大量自由現金流的公司。這個公式計算未來各期間的現金流量總和。DCF分析的基本前提是,十年後或五年後的一美元,不會像今天的一美元那麼值錢。例如,五年後以10%的折扣率折現的1美元,價值62美分。十年後,一美元只值40美分。

這是由於貨幣的價值因通膨而不斷被侵蝕,這原理被稱為貨幣的時間價值。因此,未來的現金流量需要按照現值進行折現,該模型使用折現率對未來現金流量進行折現,此折現率的主要元素是無風險利率,例如美國國債收益率,但也包括其他因素,例如公司的風險程度。因此,透過DCF模型對公司進行估值的折現率,稱為加權平均資本成本(WACC)。WACC折現率包括無風險利率,以及公司籌集資金(無論是透過發行債務還是股權)所需支付的額外利率。像蘋果或微軟這種頂尖公司的加權資本成本,顯然比Roku或GameStop等公司低得多。

分析師加總每年預期的未來現金流折現後,得到折現現金流的總和,然後再將公司的終值加進該總和中,終值是指公司在可以估計未來現金流的預測時期結束後的價值。這個終值也是未來數年的,也必須折現到現在。這些總和被視為公司的公平價值或DCF價值。如果這個價值高於公司目前的價值,分析師和投資人就會認為公司被低估。

資本成本的關鍵元素是無風險利率,即美國國債的收益

> 率。折現率愈低，未來一美元的淨現值愈高。舉例來說，當折現率為5%時，前述例子中的1美元在五年後將價值78美分，而在10年後價值61美分。當折現率為15%時，未來的美元分別只值50美分和25美分。因此，折現率對現金流量的淨現值有很大的影響。如果無風險利率上升，由於通膨加劇，未來現金流量和終值就會減少。以先前的例子來說，利率為5%時，這些現金流量的總和為8.7美元，但利率為10%時，總和僅為7.1美元，亦即少了18%。換言之，如果通膨預期上升，未來現金流的價值就會減少，而這些公司的價值也會下降。

用本益比來說明。本益比是了解市場在任何時間如何評估某支股票的簡單指標。較高的本益比通常意味著投資者預期未來收益會更高，因此他們願意現在付錢來持有股票。當然，並非每支股票的交易倍數都相同。一般來說，「價值型」股票目前的本益比，往往低於「成長型」股票，因為「成長型」股票包含對未來獲利的希望。由於對投機性成長型股票的過度投資，處於「實體」經濟中的公司權益資金成本上升（即股價滯後）。這是整個方程式的一部分。三十年來，我們見證相對一貫的通縮壓力，這使得股票，特別是成長型股票，能享有較高的倍數。但是當通縮轉變為通膨時，各種倍數全面收縮。不過由於價值型股票本來就已經以較低的倍數交易，它們最終受到的影響比成長型股票小得多，成長型股票則偏向根據未來收

益進行評估，下跌空間更大。永遠記住，在通膨的情況下，商品領域的價值股是有意義的長期資產（石油、天然氣、鈾、煤炭、鋁、銅等），而且往往會升值。這些資產可以提供天然的通膨避險。

我們一直在討論，聯準會的寬鬆政策，如何導致資金一再湧入更具投機性的投資上。在通縮制度下，聯準會可以將利率降至零，並無止盡地購買債券。這讓投資者更有信心，認為如果一切出錯，他們的投機投資將會得到紓困。一旦未來開始轉向更偏通膨，投機資產就會失去光彩，因為聯準會不再是朋友，而是敵人。在通膨的情況下，利率將會上升，進而收緊信貸條件。大多數高成長股票公司仰賴相對便宜的債務來融資，直到實現獲利為止。在這個債務變得更昂貴或難以獲得的世界中，許多公司將不可避免地破產。

讓我們暫時將可交易資產視為一個從絕對價值型到純粹成長型的光譜。絕對價值型是指立即可觸知的東西，例如一根金條、一批木材或航空公司的一架飛機。另一方面，純粹成長型將是完全短暫的，例如山寨幣（另類加密貨幣，亦即除比特

**表一　價值股及成長股漲跌**

| 類型 | 1968-1970 | 1972-1976 | 1983-1986 | 1988-1990 | 2000-2001 | 2004-2006 | 2007-2008 | 2011 | 2021-2022 |
|---|---|---|---|---|---|---|---|---|---|
| 價值型 | −15.5% | 10.8% | 39.5% | 47% | −4% | 11% | −33% | −2% | −2% |
| 成長型 | −15.5% | 8.1% | 38.7% | 42% | −12% | 18% | −37% | −6% | −8% |
| 價值型／成長型 | 0% | 3% | 1% | 5% | 8% | −7% | 4% | 4% | 6% |

> **投資人筆記**
>
> ## 當通膨率高於3%時，價值股表現優於成長股
>
> 從歷史上看，在通膨時期，「價值型」的表現優於「成長型」。在消費者物價指數年增3%或更高的時期，價值股表現幾乎總是優於成長股。我們確實注意到，表現優異主要發生在消費者物價指數通膨加速的階段。一旦通膨達到頂峰並開始放緩，即使保持在3%以上，成長股也開始恢復它相對於價值股的優勢地位。

幣之外的任何加密貨幣）或NFT。大多數資產都處於光譜的中間位置，儘管它們可能傾向一側或另一側。例如，某老牌鋼鐵公司的股票比新軟體公司的股票偏向價值型這側。另外，像Pacer美國金牛一百指數型基金（Pacer US Cash Cows 100，COWZ）這樣的ETF，代表了強烈偏向價值型的被動產品，而ARKK則強烈偏向成長型一側。

請記住，有史以來創造的所有美元中，有44%是在2020年和2021年創造的。聯準會將其資產負債表增加5兆美元，並將利率一路降至零。結果，我們看到最具投機性的資產可能形成大規模泡沫。我們談論的是像GameStop這種實際已經破產的公司，其股票在2021年飆升3,000%。同年，像狗狗幣這樣的非品牌加密貨幣升值近23,000%，而無聊猿的NFT（那些可收藏的憂鬱猴子照片）售價每張將近100萬美元。這些都是一

些最極端的例子，已經超越成長股，來到童話的境界。

儘管如此，無論是以太坊（Ethereum）還是哥布林NFT（Goblintown NFT），聯準會的寬鬆政策都使去中心化金融（DeFi）領域的市場價值大幅膨脹，形成狂熱的泡沫。這項政策開啟了潘朵拉的盒子，盒子裡裝滿各種不同的貨幣、代幣和直接的騙局，都由寬鬆的貨幣和廉價的信貸所推動。2022年3月，所有加密貨幣的總市值甚至增加到逾2兆美元。

長期來看，加密貨幣愛好者的觀點有可能是正確的，這些人認為數位黃金有助於擺脫中央集權、國家控制的金融體系。但目前諷刺的是，他們實現財務自由的關鍵，只是基於政府慷慨紓困和貨幣寬鬆政策進行的另一種投機行為。鑑於加密貨幣與實體資產的脫節，它甚至可能比股票或債券更容易受到聯準會的行動影響。

值得吸取的一個重要教訓是，對投資者來說，泡沫是一個絕妙的賺錢機會——只要你確認拋售潮在何時不再是買入機會。當然，這是最難識別的事情之一，但聯準會在這方面是一個很好的指標。由於聯準會在過去三十年中，一直對這些泡沫的擴大負有責任，我們需要傾聽聯準會的意見以及市場對聯準會訊號的反應。2000年，聯準會撤掉派對的雞尾酒缸，結束歡樂時刻，這決定了網路泡沫的命運。2004年至2006年間，聯準會不斷升息，直到房地產泡沫破滅，最終導致雷曼危機。

2021年11月，鮑爾連任後，聯準會明確表示，寬鬆的貨幣政策即將結束。一個月後，股市開始熊市走勢。但是別害怕

泡沫。索羅斯曾說，他發現泡沫時，會急著進場買進（但一定要在泡沫破裂之前離開）。不用說，像索羅斯這樣的人經常比普通投資者更早發現泡沫。2019年（即Model S推出七年後）買進特斯拉股票的投資者，將獲得2,600%的報酬。即使投資者是在2020年購買該股票，報酬率仍然是驚人的180%。即使在2017年比特幣高峰時購買比特幣，如果一直持有到2021年底，也可以獲得255%的報酬。當然，那是在價格拉回83%之後，很少有人能夠承受這種波動。如果你在2020年底之前的任何時間購買比特幣，你最高可以獲得630%的收益。對投資者來說，關鍵是傾聽市場的聲音。資產什麼時候不再因為好消息而上漲？泡沫的推動因素是什麼（聯準會）？它是否即將改變立場？

泡沫不利於經濟的長期健康。在最基本的層面上，泡沫在過度膨脹的產業中暫時創造就業機會，金融市場開始充斥併購和籌資活動，某些股票往往會在一段時間內表現良好，因為所有的資金都湧入該產業。但泡沫造成了資本的巨大扭曲，導致其他產業缺乏資金。這最終導致人口購買力下降、泡沫破滅時大規模裁員以及喪失競爭地位。資金往往追逐對整體經濟幾乎沒有好處的金融資產。以房地產為例，飆升的房價對房東和房地產投資者來說是好事，但隨後每個人都必須為房屋所有權和租賃支付更高的費用，當泡沫破滅時，許多人會面臨高利率房貸和房屋價值低於購買價值。湧入加密貨幣的資金對實體經濟沒有明顯好處，反而還導致其他企業急需資金。資金是一種稀

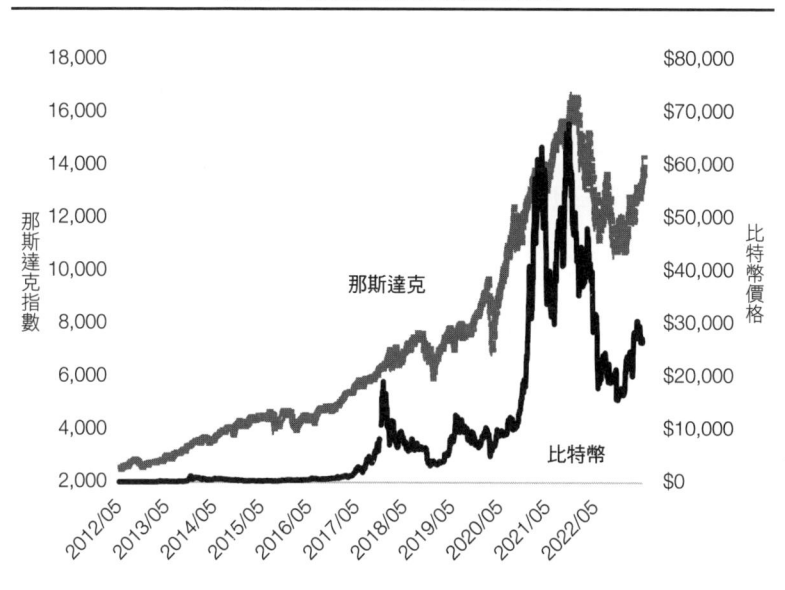

圖28　那斯達克相較於比特幣

缺商品，如果經濟中的某個產業資金過多，其他產業資金就會匱乏。2000年代美國石油和天然氣產業的泡沫，最終導致多年的產能過剩、破產和失業。

## 第四次轉折

正如本書序章指出的，史特勞斯和豪撰寫了有關歷史週期的文章，表示歷史週期有四個階段或轉折，而我們目前正處於第四個轉折或危機。上一個危機發生在1929年股市崩盤和第二次世界大戰結束之間的時期，這種危機通常會伴隨著一個極

端事件達到高潮，而這個極端事件會以新制度取代正在衰敗的公民秩序。最偉大的世代，即出生於1901年至1924年之間的美國人，在戰後重建美國時展現勇氣、自信和集體願景。在許多方面，他們與現今的千禧世代相似，對集體行動充滿信心，並對他人敏感。他們正是創造新世界秩序的世代。

在目前的歷史週期中，加密貨幣是反叛的第一個跡象。這是千禧世代對受監管金融機構發起的金融叛亂。一旦嬰兒潮世代消失，千禧世代將面臨33兆美元的國債和近200兆美元的無資金準備負債。而加密貨幣在本質上是這個新反叛階層的體現。我們可以開始看到為何它如此具有吸引力。這些債務現在被轉嫁到主權資產負債表上，就像一座可以覆蓋整個地球的借據山。從長遠來看，擺脫這種混亂局面的唯一出路，是讓美元大幅貶值。我們怎麼能責怪千禧世代投身一個新領域、一項革命性技術，以及一種無須向任何政府、任何銀行或任何外匯交易機構負責，承諾能像黃金一樣儲存價值的貨幣呢？

如前所述，有史以來創造的所有美元中，有超過40%是在2020年至2021年間為因應新冠疫情而印製。怎麼會有人對這種財政基礎建設懷有信心？千禧世代害怕接手這個問題。他們被發了一手爛牌。從雷曼兄弟和大衰退，再到最新的成長股和加密貨幣內爆，這個有點不按牌理出牌的群體仍然準備冒一切風險，逃離國會的控制。反監管的金融泡沫可能只是針對政府控制的夢想第一階段，他們的戰鬥尚未結束，而是才剛開始。

第八章

# 美元貶值

「珍惜公共信貸⋯⋯盡可能謹慎地使用公共信貸⋯⋯同樣也要避免累積債務,不僅要避免開支,而且要在和平時期積極努力償還債務。」

——喬治・華盛頓(George Washington),美國前總統
告別演說,1796年9月17日

這是一個帝國衰落的故事。有句話經常被認為是十八世紀蘇格蘭歷史學家亞歷山大・弗雷澤・泰特勒（Alexander Fraser Tytler）所言：「民主本質上始終是暫時性的，根本不可能作為永久的政府形式存在。民主會持續存在，直到選民發現可以透過投票，從公共財政中獲得慷慨禮物的那一刻為止。從那一刻起，大多數人總是把票投給那些承諾從公共財政中提供最大利益的候選人，結果每個民主國家最終都會因慷慨的財政政策而崩潰，隨之而來的是獨裁統治。」儘管沒有證據顯示這些話確實出自泰特勒之口（對何時或何人實際上說或寫過這些話也沒有共識），但這段話聽起來很真實。

據說泰特勒是國家和帝國生命週期理論的發明者。美國顯然正處於這個週期的後段──就在整個紙牌屋即將倒塌之前。向上之路從征服開始：想想1770年英國國王控制下的美洲殖民地。接下來是精神信仰和強大勇氣，然後是自由，接著是富裕。如果帝國能夠停留在那個階段，它們就會永遠存在。但每個世代都生於愈來愈舒適的時代，變得愈來愈脆弱。這最終會產生自滿、冷漠和依賴聯邦政府的國家。而這就是美國現今正在前進的方向。在最後階段，整個社會被重新征服。最重要的是，運作良好的社會必須擁有強大而穩固的中產階級。回顧一千多年前，這部分的人口始終不穩定。今天，我們可以看到高通膨率對阿根廷、土耳其和委內瑞拉等國人民的財務安全和購買力造成的影響。

## 俄烏戰爭後祭出的美元武器

2022年2月28日上午9點過後不久,一群人聚集在白宮橢圓形辦公室。俄羅斯總統普丁對烏克蘭的戰爭已經持續四天,用遠程火砲、彈道飛彈和俄羅斯3M-14「口徑」巡弋飛彈,猛烈攻擊基輔。這次襲擊橫跨烏克蘭東部和中部的周邊地區,對盧甘斯克(Luhansk)、頓內茨克(Donetsk)、哈爾科夫(Kharkiv)等多個城市和基地進行空襲和炮擊。俄羅斯總統尋求快速勝利,他用最強的右勾拳直接擊中烏克蘭,公然違反了國際法。在那個溫和的冬末早晨,白宮高層對這位來自聖彼得堡的前KGB(前蘇聯情治機關「國家安全委員會」)暴徒感到非常厭煩。

這些人魚貫進入會議室:國家安全顧問傑克・蘇利文(Jake Sullivan)、財政部長葉倫、國務卿安東尼・布林肯(Antony Blinken),以及國內政策委員會主任和歐巴馬政府前國家安全顧問蘇珊・萊斯(Susan Rice)。最後,拜登總統走進來,要求大家坐在寬大的米色沙發上。他對普丁的行為和對外交的漠視感到焦慮。

會議隨後快速討論,美國及其盟國如何在經濟上挾持普丁,坐視他資金枯竭。與會者制定了將俄羅斯完全排除在國際金融體系之外的計畫,並對俄羅斯央行實施限制性措施,禁止任何俄羅斯銀行進入全球銀行金融電信協會(SWIFT)的金融資訊系統,這實際上為俄羅斯資金在國際市場銬上了鎖鏈。另

外還有一項讓俄羅斯陷入癱瘓的計畫,即成立一個聯合工作小組,凍結受制裁的俄羅斯公司和寡頭,以及克里姆林宮的所有資產。

行動不僅如此。他們也想徹底關閉俄羅斯的戰爭機器,使用冷戰以來最殘酷的制裁計畫。2014年俄羅斯和烏克蘭衝突爆發時,歐巴馬面臨類似的危機,這會議室裡的許多人當時都在場。他們都從錯誤中學到教訓,包括太軟弱、太被動、對外交解決方案抱太大希望。在普丁第二階段的侵略中,情況必須有所不同,計畫是讓莫斯科完全孤立於全球金融體系之外,包括政府、銀行和寡頭,才能重擊莫斯科政府。

會議室裡的人們擁有大量的國際和經濟經驗,具備一流大學學位,是地緣政治談判和海外外交的終身行家。拜登的國家經濟委員會主任布萊恩‧迪斯(Brian Deese)認為,如此嚴厲的制裁並不存在風險。他堅信,世界上沒有哪個資本市場能像美國一樣,擁有驚人的財富、流動性和抵禦經濟衝擊的能力。地球上任何一個國家如果逃離這些市場,放棄這種外匯存底的安全性,那一定是瘋了。坐在橢圓形辦公室裡的緊密決策小組一致認為,沒有任何替代美元的選擇。即使制裁令市場感到恐慌,讓美元存底大國產生疑慮,如中國、沙烏地阿拉伯、巴西和印度,他們也跑不了多遠,就算逃跑,也跑不了多久。

但葉倫一臉懷疑。美元作為全球準備貨幣已有近八十年歷史,始終代表著外交和善意的黃金標準、模範的法律體系和對人權的保護。但這些懲罰性制裁,是否會導致資本最終從美

國公債撤離？中國是否仍希望其外匯存底的50%是以美元持有？既然俄羅斯是中國生產機器的供應商，中國是否會支撐俄羅斯的石油市場？對葉倫來說，制裁現在得到美國西方盟友的支持並不重要，最終，不同意美國外交政策的大型經濟體，可能會抓起帶有合金鋼刃和彈性山核桃木柄的哈馬赫‧施萊默（Hammacher Schlemmer）牌斧頭，削減它們的美元存底。

但是這個小組不理會葉倫的擔憂。當晚，拜登總統在國情咨文演說中，宣布對俄羅斯經濟實施新的制裁。

拜登和他的顧問們不知道的是，邪惡的普丁多年來一直在策劃這場戰爭。他2016年開始減持美國國債，到2018年7月中旬時已經賣掉全部部位——總共1,200億美元。在媒體眼中，普丁可能看似瘋子，如同精神錯亂的暴君，但這次對烏克

**圖29　美元在過去五十五年中的情況**

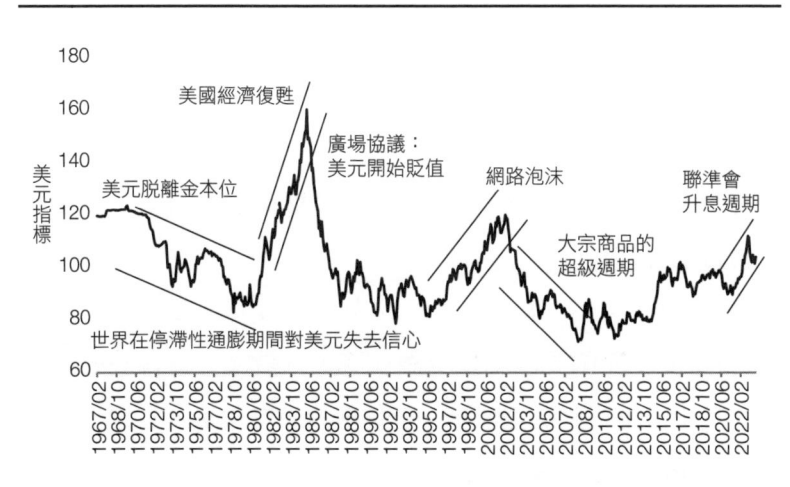

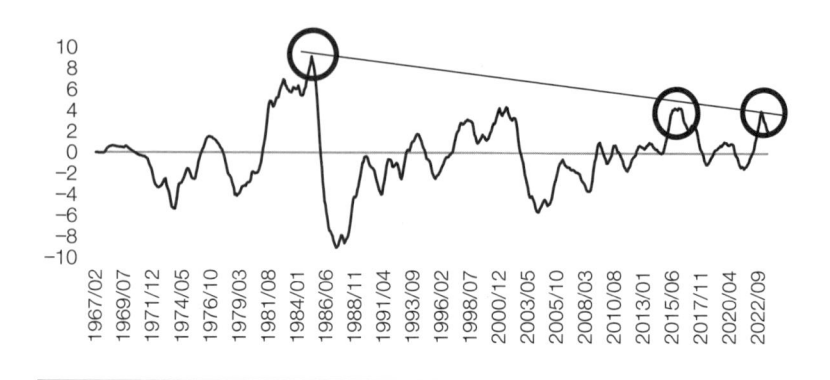

**圖30　美元MACD（移動平均線收斂／發散）**

蘭的最新襲擊是精心策劃的。他拋售以美元計價的金融資產，然後用這些錢購買實體資產。2018年，他對黃金的持有量增加300億美元，增幅為60%，達到800億美元。在2014年入侵克里米亞期間，普丁與中國簽署一項為期30年、價值4,000億美元的龐大天然氣協議，稱為「西伯利亞力量」（Power of Siberia），透過一條管線，將俄羅斯中部的天然氣田與上海和北京連結，每年輸送610億立方公尺的天然氣。這條俄羅斯管線於2019年10月啟用，從此俄羅斯天然氣開始流入中國。普丁最終準備切斷俄羅斯對歐洲的天然氣供應，並防範西方制裁的極大可能性。但儘管普丁努力與美國政府債務脫鉤，他仍有6,250億美元的外匯和貴金屬存底，分散在世界各地的銀行中，其中一半遭到制裁凍結。但他並沒有被擊倒。透過他最近發動戰爭的血腥和暴力，對美元產生不利的後果，這是每個投

資者都應該知道的後果。因為全球貨幣生態系統發生了巨變，而且美元可能有史以來首次陷入真正的麻煩。

## 美國──是敵是友？

聯邦政府內部人士認為，將美元當作武器使用，是不開火就在衝突中獲勝的有效方法，但使用時必須謹慎──並以最大程度的尊重來處理。美元披著象徵世界金融主導地位的鎧甲，全球65%的貿易（包括所有石油貿易）都是以美元進行。那就是為何在1944年6月，來自四十四個盟國的七百三十名代表，齊聚新罕布夏州布列敦森林（Bretton Woods）的華盛頓山酒店（Mount Washington Hotel）。正是在那裡，白山（Whit Mountains）山腳下，簽署了確立美元作為全球準備貨幣地位的協議。它是任何人都不該掉以輕心的責任，也是缺乏軍事衝突基礎的政治人物，永遠不該行使的權力。

但這種權力已被濫用，而且嚴重得將近臨界點。由於多年來不顧後果的過度支出，以及在世界舞台上與危險分子對抗，美國的財政已經進入不穩定的階段。小布希入侵伊拉克和阿富汗，歐巴馬轟炸利比亞和敘利亞，並對俄羅斯實施制裁，川普制裁中國、伊朗和委內瑞拉。現在，拜登不留情面地制裁「第三羅馬」（third Rome，即俄羅斯，俄羅斯人自認是羅馬帝國的後裔）──這是莫斯科在過去六年裡，第二次受到美元武器的衝擊。

制裁的歷史成敗參半。僅在二十世紀，制裁就實施了一百一十次，但很少在目標國家中改變任何事情。如果有什麼影響的話，那就是令目中無人的領導人及獨裁者更加頑固，進而損害其公民的利益。雷根對阿根廷實施制裁，但並未阻止南大西洋的熱戰。他的繼任者柯林頓用制裁打擊印度、古巴、巴基斯坦、伊朗和利比亞，後來他有些虛偽地感嘆美國已經「過度依賴制裁手段」（sanctions happy）。面對地緣政治的緊張局勢，特別是華盛頓利益可能受到威脅的情況下，經濟武器是維護和平的首選。

　　但世界各國的領導人無論是敵是友，都注意到美國每次發動經濟戰爭的情況，現在也意識到一個不可避免的事實，就是制裁的有效性與該國對美元的依賴程度、以及持有的美元存底有關。愈來愈多國家擔心，只要是不完全符合美國目標或世界觀的國家，都可能與2022年的俄羅斯面臨類似命運，即政府、公司和公民的資產被凍結達數十億美元。此外，儘管在布列敦森林體系建立時期，美國占全球GDP的一半，但到2022年已降至四分之一。這意味著各國有愈來愈多方式，避免完全相信美國主導的經濟體系。對持有過多美元的逐漸猶豫，以及持有美元的需求不斷減少，這對美國造成的傷害，將比現任政府願意承認的更大許多。政治人物相信美國的財政能夠一直延續下去，因此債務不斷累積，最終造成世上最大的空頭陷阱，每個投資者都需要了解。

> **投資人注意**
>
> # 金融抑制的手銬
>
> 2023年夏天,我們在倫敦舉辦一次客戶大會。很高興回到倫敦梅菲爾區(Mayfair),那是我最喜歡的地方之一。就像曼哈頓一樣,這裡的金融區是地球上的至寶之一。雖然那時歐洲正在與一場創紀錄的熱浪搏鬥,但是當我撐傘沿著阿爾伯馬爾街(Albemarle Street)行走,要去見我一直以來最喜歡的投資者之一時,氣溫只有攝氏十八度左右。
>
> 1980年代末,馬克・謝瓦爾(Marc Cheval)從倫敦政治經濟學院(London School of Economics)畢業。英俊的外表、優雅的氣質和聰明的頭腦,是他以極有禮貌的謙遜態度獲得的祝福。他在高盛任職十年後,有了更遠大的抱負。1997年秋天,路易斯・培根(Louis Bacon)的摩爾資本(Moore Capital)聘請謝瓦爾擔任最高領導職位,謝瓦爾在新興市場和能源領域的總體交易成功已成為傳奇。我們有幸稱他為朋友和重要導師,因為他指導我們進一步學習和理解各種資產類別。多年來,他提供了獨特的拼圖或令人大開眼界的視角,但今天,首要任務是在布朗酒店(Brown's Hotel)的多諾萬酒吧(Donovan Bar)喝一杯酒。
>
> 我們坐在角落的桌子旁閒話家常,然後謝瓦爾像往常一樣直接開始討論。
>
> 「我們可能即將面臨職涯和人生中最重要的交易之一。

那斯達克一百指數的市值,從12月的不到12兆美元,上升到接近19兆美元。華爾街分析師們紛紛對去年還避之猶恐不及的股票提高評等。如果你看一下通膨情況,會發現未來三到五年會面臨高通膨波動期,而股價則會直線下跌到2010年至2020年代的水準。每個人都想從過去十年的明星資產中分一杯羹──相對於未來五年或十年的風險狀況,實體資產的持有量嚴重不足。」

「老兄,你今天心情不錯啊。」我笑著說。但謝瓦爾發現了一項事實,那就是我們腳下的地殼板塊正在移動。在華爾街,只有一件事幾乎是確定的:最深獲認同的共識往往是錯的。當所有策略師和分析師看法一致時,就要轉身離開,而且要用跑的,不是用走的。

我說:「從大局來看,最讓我擔憂的是已開發國家的人口老化問題。G7是由美國、加拿大、法國、德國、義大利、日本和英國的政府官員組成的政治論壇。無資金準備的負債是什麼?就是那些為了得到選民支持而提出,卻沒有預留資產來支付的未來承諾,唯一的支付方式可能是掠奪(沒收私人財產)。光是美國,包括國債在內,估計負債就高達200兆美元。」

「這個問題確實嚴重。」謝瓦爾同意。「擺脫這個困境的唯一方式是,透過大規模的債務豁免(debt jubilee)違約週期,否則政府就得透過通膨來解決。許多推動通縮的有利因素,現在變成推動通膨的不利因素,而美國目前擁有最龐

大的負債和最佳的資產狀況。重點是，他們會透過通膨來擺脫困境，第一步是讓聯準會開始發布這些白皮書。未來幾年，他們將開始推銷新的3%通膨目標（目前為2%，是聯準會雙重使命的一部分）。這將是漸進式的，但以我的拙見，這就是他們的行動計畫。」

我說：「我們經常聽到，美元是洗衣籃裡最乾淨的襯衫（亦即和各國相比算是最好的），而且人們對美元的需求永無止境。你怎麼看？」

「我們正在進入豬圈般混亂的經濟環境。」謝瓦爾回答。「洗衣籃裡很多襯衫都很髒（亦即很多國家的經濟狀況都很差），包括美國。在不久的將來，這會促使資本進入實體資產（石油、銅、黃金、鉑、銀）和比特幣等。美國的基本問題是，債務的副作用需要時間才會顯現。債務需要時間來滾動，因此高債務水準帶來的負面影響只會滯後顯現，就像一場非常大的（債務）宴會結束後，出現的多年宿醉一樣。」

我說：「2011年，在大宗商品市場的高峰期，MCSI世界能源指數一度超過那斯達克一百指數。如今那斯達克一百指數的價值增加15兆美元；我們認為至少5兆美元來自大型科技公司，並轉向能源和金屬業。」

謝瓦爾回應：「我並不是不同意，但對所有投資者來說，最大的問題是金融抑制（financial repression）。我不會具體點名，但我私下認識許多關鍵人物，這些人偏好將利率

調降到通膨率以下,以減輕債務負擔。他們的下一個策略,將是強制整個美國退休金體系持有更多美國國債。英國和日本已經走上這條路。」

他繼續說:「另一件事是,他們非常害怕人工智慧對中產階級構成真正的威脅,這會導致領取社會福利者的人數,相對於創造收入的人數比例更高。美國的失業率接近3.5%,另外還有1.7兆美元的赤字。到2025年,美國將把聯邦收入的25%用於支付利息,全球大多數AAA級國家主權信用的利率約為1%至2%,而AA級信用的利率略低於5%。聯準會將別無選擇,只能介入並支持市場。自2013年以來,中國持有的美國國債,在過去五年中減少約4,000億美元,而日本自2021年以來減少約2,000億美元。這是導致金融抑制發生的一種情形。」

金融抑制是指人為壓低金融機構公共債務利率的一系列政策。

「有一種溫和的方法可以做到這件事。」謝瓦爾解釋,「那就是透過監管來強制私部門機構必須持有更多債務。在最壞的情況下,西方政府可以透過戰爭,強迫金融機構和大眾接受他們的債務。在這種情況下,他們可以像1914年暫停黃金兌換一樣,暫停資本流動,並沒收外國人持有的30兆美元美國股票和債券其中一部分。在這種金融抑制的風險下,我們很可能正在進入大宗商品和價值股多年成長的早期階段。加上你觀察到金屬和採礦業缺乏投資,如果資本支出

保持在2014年的軌跡上,全球應該額外投資3兆美元在石油、天然氣、金屬和鈾探勘上,但事實並非如此——我們已經遠遠落後,而且全球人口比十年前增加約六億。」

「聯準會可能不是最好的風險管理者,但他們不會蠢到複製威瑪共和國(Weimar Republic)的惡性通膨貨幣政策。」我說。

「同意。聯準會希望將政府利率保持在通膨水準以下,以適度但顯著的程度來緩慢進行金融抑制,這意味著聯準會將存戶可以賺取的利息,以及將資金借給美國政府的利率,維持在低於通膨率的水準。這並不是某些新興經濟體為了保護低效率產業而採取的,而是由史上規模最大的經濟體和最強大的軍事力量,以及由擁有主導地位和最深入金融市場的國家所採取的計畫。金融市場可能會受到一些削弱,但不會被完全排拒。你不能假裝美國不存在。」

「但美國的做法最終會被其他國家效仿嗎?」

「確實。美國政府的金融抑制,是降低政府債務,從而將債務對GDP的比率提高到可持續水準的一種祕密方式。政治人物不願意直接對中產階級加稅,所以就透過通膨向所有人徵稅。聯準會不希望通膨消失,而是希望通膨保持在美國政府債務利率的水準之上。另一個同樣重要的考量是,要在不引發惡性通膨的情況下實現這個目標,因此採取緩慢的步調。這是為期十五年而非十五個月的計畫,聯準會在聯邦基金與通膨率相符時停止升息並非偶然。聯準會花更多時間

> 研究財政部的混合平均利率與通膨率的關係,而不是單獨考慮通膨率本身。」

這是與總體金融領域中一位偉大人物共同展望未來的迷人經驗,但謝瓦爾所說的是高通膨時代的金融抑制。這幾乎就像對通膨和國家債務失去控制的新興經濟體中常看到的情況,不會是我們在通縮長期停滯期看到的那種金融抑制類型,這時聯邦基金利率會保持在接近零的水準,而且成長股表現勝過價值股。

雷曼兄弟破產後,歐巴馬總統有幸以2%的利率借貸。事實上,正如先前解釋的,從2002年到2021年,利率基本上呈現下降趨勢。2014年,接近零的利率使美國負債達15兆美元,年利息支付達4,400億美元。這意味著美國為所有這些資金支付的利率低得驚人,只有2.6%。

但美國現在正處於危機地帶。拜登總統面臨將於2023年至2025年間到期的11兆美元債務,而他所處的高利率環境注定會持續數年。這筆巨額債務必須以接近5%的利率進行再融資。每增加一個百分點,利息支付成本每年就會增加1,100億美元。到明年,美國所有債務的每年利息支付總額,將達到1.5兆美元。拜登總統與其繼任者都必須解決新冠疫情的後遺症、能源短缺,以及在高通膨和高利率下尚未出現的任何危機。每年的利息支出將比歐巴馬時期高出至少1兆美元。這是一個大問題。

現在世界對美國有疑慮——因為美國逕行制裁、凍結外匯存底,以及看起來愈發岌岌可危的債務。是什麼讓美國陷入了這場困境?自滿。

截至2023年,日本持有美國國債1.1兆美元,其次是中國8,670億美元、英國6,550億美元、比利時3,540億美元和盧森堡3,290億美元。但美國輕鬆籌集資金的好日子可能已經結束。自從對俄羅斯最新一輪制裁以來,全球財務部長對於將資本綁在美元上持謹慎態度。正如本章將會解釋的那樣,美國現在愈來愈積極與歐洲爭奪全球儲蓄,以為其不斷膨脹的預算赤字和既有債務提供資金。過去幾年,美國是強勢貨幣主權債券的唯一主要發行國,但由於歐元區在新冠疫情期間推出共同債券(mutualization bond),現在競爭非常激烈。聯準會也不再於市場上購買債券,反而在銷售債券。更重要的是,以往會購買美國債務的國家——中國、沙烏地阿拉伯、巴西和印度,如今都在合作開發一個競爭性的全球支付系統,不再依賴美元。遊戲規則的改變,對美元產生了巨大影響。

外匯存底管理者被激勵另尋他處,不僅是因為美國以制裁作為武器,也不只因為美元走強。我們還必須考慮到美國不可預測的政治局勢。美國是否仍是1944年簽署布列敦森林協議的那個國家——一個具備務實、邏輯性和宏偉策略的國家?還是現在情況完全不同?2023年夏天發生一件不尋常但幾乎沒人注意的事情。人民幣取代美元,成為中國最主要的跨境貨幣,市場占有率從2010年接近零,增加到2018年的20%,並

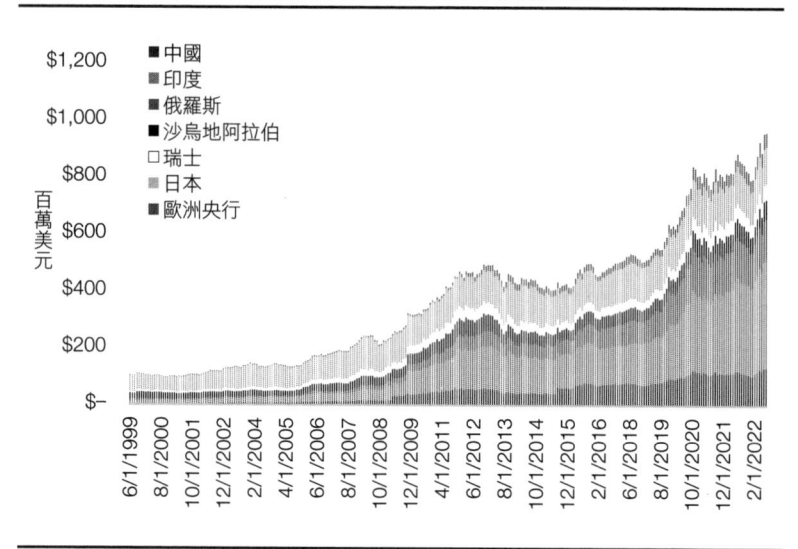

圖31 主要央行的黃金存底（美國除外）

- 中國
- 印度
- 俄羅斯
- 沙烏地阿拉伯
- 瑞士
- 日本
- 歐洲央行

百萬美元

在2023年7月達到51%。情況確實不同了。

僅僅在五年前，這個國家還威脅要就龍蝦和鋼鐵等日常事務與歐盟發動貿易戰。它在深夜匆忙撤離阿富汗，事前沒有適當通知北約盟友，迫使澳洲在最後一刻達成購買美國軍用潛艇的幕後交易，從而終止澳洲和法國五年前簽署的正式潛艇合約。十年來，這個國家一直在竊聽[1]德國總理梅克爾（Angela Merkel）和其他一百二十五名德國官員，以及聯合國祕書長和許多其他聯合國官員的私人手機。

美國曾在外交上以走鋼索的行為來避免世界大戰，並以此聞名，例如柏林空運（Berlin Airlift）、大衛營（Camp David）和雷克雅維克峰會（Reykjavik summits）。我提出的問題是，

十年來激進的外交政策力量將制裁當成武器,在多大程度上危害了美元的穩定性?

## 沙漠中的碰拳問候

吉達市(Jeddah)位於沙烏地阿拉伯海岸邊,就在紅海沿岸,曾經是前往伊斯蘭聖城麥加和麥地那朝聖的門戶。2022年7月15日,一場不同類型的朝聖活動在此進行。西方領導人抵達並被帶往皇宮,會見沙烏地阿拉伯王儲穆罕默德・賓・沙爾曼(Mohammed bin Salman),他是全球石油業最有權勢的人物。在嚴酷的夏季烈日下,拜登總統從黑色加長禮車走出來,與這位身著長袍的沙漠王國貝都因(Bedouin)統治者碰拳問候。沙爾曼頭戴由傳統黑色圓形皮繩固定的正式紅白相間頭巾,鬍子修剪整齊,當他緊握的右拳與拜登相觸時,他注視著拜登的眼睛,看著這個曾在競選期間,承諾要讓沙烏地阿拉伯變成棄兒的人。

這位三十六歲男子是已退位國王沙爾曼的兒子,一生都在父親的庇護下工作。他學會如何控制部落戰爭和對手,如何管理政府,以及如何以明確的行動和謹慎的守密領導國家。儘管西方國家經濟實力雄厚,但在油價問題上還是必須回應王儲的要求。拜登總統正是因此前來。美國油價上漲衝擊拜登的支持率,通膨失控,距離中期選舉還有四個月。拜登帶著謙卑的態度前來,面對艱難的障礙。他需要收回在競選時發表的侮辱性

言論，並以某種方式談判以增加石油供應。

　　阿拉伯國家元首絕望地看著美國代表團，美國曾經是他們堅強可靠的盟友，跟他們共同對抗任何擾亂世界原油供應的區域暴政。這就是尼克森（Nixon）總統和財政部在1970年代創立石油美元背後的全部理念。尼克森可能指示使美元脫離金本位，這促使其他國家紛紛逃離美元，但石油美元卻讓所有人重新回歸美元體系。美國承諾提供沙烏地阿拉伯油田牢不可破的安全保障，而沙烏地阿拉伯則同意只接受美元來換取其黑金，並承諾將所有美元投資於美國國債和美國企業。這拯救了美國的貨幣，並賦予它難以想像的力量。

　　但在接下來的五十年裡，美國的自滿、巨額債務，以及以美元為武器對付不符合自身利益的國家，動搖了石油美元協議的基礎。只有在全世界都想要持有美元，而美國也能夠輕鬆負擔其龐大的軍隊開支時，這個協議才會有效。我想起那句古老的格言：「不要忘恩負義。」但是當拜登及其團隊坐在皇宮那張寬敞的桌子旁，與阿拉伯國家代表面對面時，代表們臉上露出極為擔心的表情。對俄羅斯實施制裁，使持有大量美元的國家感到恐慌，紛紛減少美元部位並購買黃金。中國和俄羅斯一直都是這樣做，在2022年購買大量黃金，達到1967年以來的最高水準──恰好是在通膨失控十年前一年。

　　搶購金條的不只俄羅斯和中國，還有世界各地的央行，到2022年購買了1,136噸，這個數量至少是1950年以來前所未有的。還有一件事可以進一步證實這個情況，並說明美元實

**圖32　全球央行的黃金購買量**

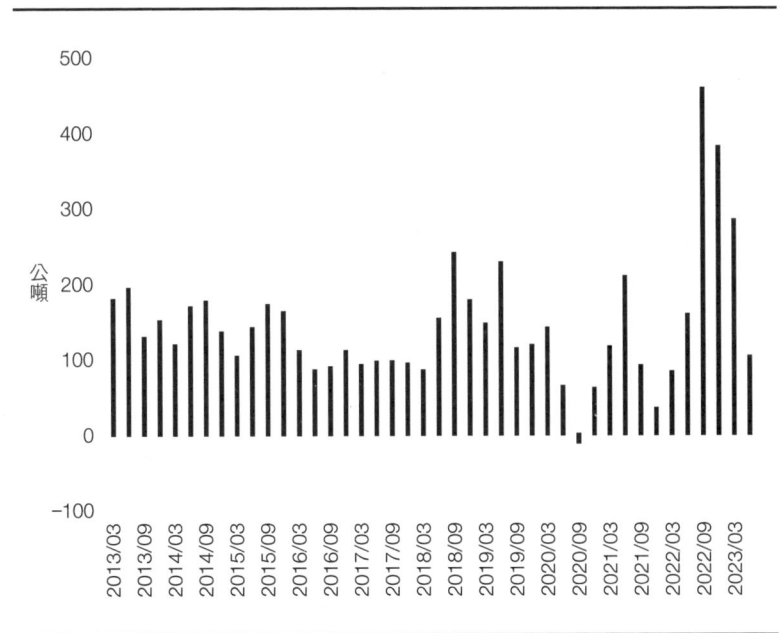

際上正在失去其堅不可摧的地位,那就是中國人民銀行2016年將人民幣納入國際貨幣基金的特別提款權(Special Drawing Rights)貨幣準備籃子。這一切正在為石油市場新的交易體系鋪路。石油美元無疑正在衰落,因為沙烏地阿拉伯已經接受人民幣、俄羅斯盧布甚至黃金來換取石油。在波斯灣的另一邊[2],伊朗正急切地與俄羅斯合作,創造一種由黃金支持的穩定貨幣,以取代用於支付石油和天然氣的美元,最終用於更多國際貿易上。俄羅斯、伊朗[3]和卡達共同控制全球60%的天然氣存量,並考慮建立一個類似石油輸出國組織的天然氣同業聯

盟。這些早期跡象顯示[4]，外界正在非常認真地尋找美元的替代貨幣，可能是由黃金等實體資產支持的貨幣。

從客觀角度來看，你不能怪沙烏地阿拉伯尋求多元化。如果世界對美元感到擔憂，仰賴石油美元的石油市場將深受影響。就在我們說話的時候，沙烏地阿拉伯正在與金磚五國（BRICS，即巴西、俄羅斯、印度、中國和南非）認真討論，這五國的GDP總計達25兆美元，相當於美國的GDP，但並不像美國負債累累、面臨無資金準備的巨額債務以及不斷激增的貿易赤字。這五國正處於上升階段，擁有蓬勃發展的中產階級、製造業的雄心，或豐富的商品資源。這樣的聯盟可能非常適合沙烏地阿拉伯未來的國王，他是精力充沛、擁有實現國家現代化宏偉計畫的領導人，但這位實際上的統治者似乎對白宮主人缺乏尊重。也許這就是為何拜登總統回國一個月後，王儲沙爾曼就削減石油產量，再次提高每桶油價。

## 全球安全性的脆弱結構

如果美國撤回對沙烏地阿拉伯油田的軍事保護，任何政權都可能控制這些世界上最豐富的自然資源。沙烏地阿拉伯擁有一支龐大的軍隊，以及二十五萬七千名現役軍人和近500億美元的預算。沒有人知道這種情況下的因應策略，但這會提高全球風險，使全球油價的控制權基本上落在出價最高者的手中。為季辛吉撰寫傳記的世界著名歷史學家弗格森表示，美國與

共產主義中國自2020年以來一直處於冷戰中。他提出三個問題:「第二次冷戰會導致第三次世界大戰嗎?烏俄戰爭會發展成更大的戰爭嗎?如果戰爭捲土重來,世界大戰也會捲土重來嗎?」這些情景聽起來可能有些遙不可及,但事實上,戰爭在歷史上一直是重置的絕佳機制。戰爭,亦即全球爆發重大衝突的可能性或許微乎其微,但值得思考。這在現代很難想像,但發生的機率不再是零。大多數戰爭的起因是金錢——債務、貿易和現金。

第一章中,我們描述了貨幣釘住和貿易順差,並用帆船來說明這個過程如何運作。關於能源、ETF和加密貨幣的所有討論都很容易偏離主題,但我們需要回過頭來討論,美國有多迫切需要從貿易夥伴那裡獲得穩定的美元回流,來為其赤字提供資金。美國每年都有貿易逆差,大多數國家正好相反,它們有貿易順差,因為出口多於進口。但美國和英國不是,它們是僅有的兩個長期存在貿易逆差的主要國家。正如第一章詳細解釋的那樣,中國擁有巨額順差,並將這些資金投入美國國債。目前每年接近1兆美元的巨額資金大部分流入美國,主要用於資助美國的其他結構性赤字——亦即不斷擴大的預算赤字。如果兩國合作融洽,一切都會順利,但對中國實施制裁並威脅使兩國經濟脫鉤,情況可能會很快惡化。那很糟糕,真的很糟糕。就像未經處理的傷口在陽光下曝曬一樣,待在那裡的時間愈久,情況就愈糟。

這些數字持續讓我毛骨悚然。外國人現在總共擁有超過

> 投資人注意
>
> ## 全球努力擺脫美元，代表美元的結構性衰落
>
> 歐盟和美國因俄羅斯入侵烏克蘭而實施的制裁，將俄羅斯穩穩推入中國的懷抱，使其成為被西方排斥的國家。近年來，美國對中國表現出愈來愈大的敵意，對中國的出口產品徵收關稅，並指責中國侵犯人權。現在，中俄正帶頭發展不再使用美元的支付系統。中國正積極施壓其他國家，要求接受雙邊人民幣交易而不是美元，許多國家都非常樂意遵守。近年來，中國加強與沙烏地阿拉伯的關係，2022年12月，習近平主席敦促海灣國家在石油和天然氣採購結算中使用人民幣。這為石油人民幣體系奠定基礎。現在，世界上最大的兩個石油生產國——俄羅斯和沙烏地阿拉伯，不再僅以美元進行石油交易。多年來受到美國制裁的其他國家也正在加入替代性的全球支付系統，伊朗、委內瑞拉、葉門、北韓和敘利亞等國是首批加入者。2023年4月，金磚國家[5]表示，它們已經啟動一個建立替代性全球支付系統的計畫。伊朗和沙烏地阿拉伯已啟動正式加入的程序，包括墨西哥（北美自由貿易協議成員！）、阿拉伯聯合大公國和奈及利亞在內的其他十個國家也希望加入。2023年5月，巴西[6]和阿根廷簽署貿易協定，將美元從支付貨幣中排除。該協議類似於各國與中國簽訂的交換協議。

7.5兆美元的美國政府債務，而2002年時只有1兆美元。（隨著利率上升，債券價格下跌，這裡的損失相當巨大。）但外國人並不是唯一購買債務的人。2008年底，聯準會效仿日本的貨幣政策，啟動了量化寬鬆計畫，最終在大約十三年間，購買多達5.5兆美元的美國國債以及3兆美元的機構債務。每個美國人每月工資中扣除的社會安全捐（social security contribution），都進入一個信託基金，多年來該基金又購買7.5兆美元的政府債務。政府債務所有權合計20兆美元。聯準會、社會安全局和外國人總共擁有33兆美元債務的60%，其餘由國內家庭和機構持有。現在俄羅斯已經入侵烏克蘭，美國對俄羅斯實施的嚴格制裁，開始迫使外國資本遠離美元。考慮到通膨環境，時機糟糕透了。因為在遙遠的地平線上，海嘯正湧向美國海岸。

對美國國債的需求正在消退──就像中非的查德湖在赤道陽光下慢慢蒸發，那裡不再像以前那樣下雨。聯準會曾經是財政部1兆美元資金的來源，但現在不再如此，因為它受到通膨逼迫，開始拋售資產。社會安全信託基金持有的資產正在縮減，因為取款人多於繳款人。他們也不再成為買家。外國買家，尤其是中國和沙烏地阿拉伯的買家，正在從美元轉向分散投資，不再增加持有的美國國債。即使是史上最大的美國國債買家──日本，也不再購買那麼多債券。它的貿易順差幾乎消失，所以不再需要對其進行沖銷（透過購買國債來回收美元，以防止匯率上升，如第二章所述）。

那麼現在國債的需求來自哪裡？他們只能從國內機構和

家庭找到1兆美元需求，但這還不夠，差遠了。未來兩年，將有11兆美元的債務到期。該債務是以2%的利率借貸，而且無法償還，這輩子都還不了。這是必須再借入、再融資的錢，只不過利率不再是2%，而是大幅上漲。這次通膨將持續下去，至少會持續夠久，迫使政府以5%或更高的利率將債務「展期」。債務每增加一個百分點的利息，政府每年就需要多支付1,100億美元的利息。如果再高出三個百分點，除了每年1兆美元的償債成本外，財政部每年還需要額外支付3,300億美元的利息。當遙遠的海嘯襲擊海岸時，政府將不得不做出一些艱難的選擇。以它目前的支出習慣來看，它無法承擔更高的利率。唯一的選擇就是削減，而且是削減一些大的項目。

如果家庭和機構堅持每年僅購買1兆美元國債，則將出現1.5兆美元的缺口。市場自然會透過提高國債收益來解決這個問題，這可能會誘使投資者再次買入美國債券。但美國無力承擔更高的收益。到了2023年，主權資產負債表上的33兆美元債務，可能已經讓美國政府支付近1兆美元，比起2020年的5,000億美元激增許多，而且比美國每年的軍事預算支出還多。

主要的外國資本持有者，可以將其存底轉移到其他地方。歐元區在2021年發行了創紀錄的5,500億歐元債務，目前正積極與美國競相爭取資金。中國可能會將更多美元兌換成歐元，還將利用部分美元存底，對新興市場進行投資和提供貸款，以實現極具戰略性的雙重目標：拋售美元，同時在商品資源豐富的國家獲得影響力。它也可以購買更多以美元計價的商品和產

品,例如波音和空中巴士飛機,每架飛機的成本超過1.5億美元。這將大幅減少中國的貿易順差,使其用於回購美國債務的剩餘美元大幅減少。中國也制定了發展國內消費市場的宏偉政策。理念聽起來崇高,但背後動機是要減少龐大貿易順差。如果中國消費者增加支出,對石油乃至愛馬仕包包等各種商品的需求就會增加,這將減少中國必須重新投入美元計價資產的貿易順差。這是中國為減少對美元曝險所採取的部分策略。

自滿讓美國忽視債券市場的外部經濟威脅,它們正在距離美國數里之處醞釀。制裁顯然發揮了重大作用,讓投資者將資金轉往美國財政部曾經鍍金的債券市場之外。如今,風險有增無減,而風險的一個主要來源是歐洲的高品質債務,歐洲正在提供前所未有的債券,一般認為夠安全,甚至可以媲美美國國債,即所謂的共同債券,這代表歐元區所有國家都是該債券的集體擔保人——歐元區十一個會員國都相互擔保對方的債務。換句話說,德國納稅人現在正在支持這些債券,為義大利長期的預算赤字提供資金。這在2019年是無法想像的——因為歐元區國家實行自己的財政政策制度,發行自己的債務。但在新冠疫情之後,歐元區國家開始集體發行債務。這些共同債券將在未來八年內每年發行一次,每年將籌集1,000億美元,總計8,000億美元。

因此,這種歐洲債券每年將從美國奪走1,000億美元的潛在資金,遑論歐元區國家在新冠疫情之後試圖發行的其他債務。據估計,它們每年已經從美國國債市場奪走3,000億美

> **投資人注意**
>
> ## 社會安全經費何時會用罄？
>
> 2023年3月底,監管社會安全和醫療保險(Medicare)信託基金的受託人預計,社會安全信託基金的資產將在2033年耗盡,比先前預期提早一年。該報告將資金短缺歸咎於「重大融資問題」[7]。2010年以來,社會安全信託基金一直處於虧損狀態,而且逐年惡化。該基金的重大拖累是必須支付費用的人數,其增加速度遠遠快於向該基金繳款的人數。該基金目前擁有2.8兆美元資產,一旦這些資產耗盡,該基金將只支付承諾福利的80%。屆時,所有福利都將直接從政府徵收的收入中支付,但這將進一步消耗政府開支,並減少可自由支配的資金,例如軍事、基礎設施、教育和研發。這可能意味著必須增加稅收或發行更多債務,因為政府必須直接用稅收支付所有社會安全費用。

元。可以將國際債券市場想成一群爭奪業務的銷售人員,每個人都在爭奪買家的注意力。全球固定收益投資者需要將資金放在某個地方,最好是具有可接受的收益率,且流動性充足。這通常說明了為何西方民主國家的債券、尤其是美國國債如此具有吸引力,至少到目前為止是如此。

美國政府無止盡的制裁和威脅,已經趕走了美國政府有史以來最可靠的買家群,在他們缺席的情況下,債券收益率需要

進一步上升，但這會讓美國難以承受。這個國家永遠負擔不起更高的利息支出。政府陷入全面的困境，必須削減開支。但是要從何處削減？政治人物會削減福利嗎？絕不會，那樣做將是政治自殺。他們會削減國防開支嗎？可能不得不，但這將進一步削弱美國的超級大國地位，進而帶來更多地緣政治動盪和美元貶值的風險。畢竟，正是那些堅不可摧的戰艦，使美元保有國際支柱的地位。政府實際上已讓自己處於古希臘的憤怒海域，在神話中的斯庫拉（Scylla，六頭海妖）和卡律布狄斯（Charybdis，足以吞沒十萬噸級航空母艦的大漩渦海怪）之間進退兩難。在不造成市場崩解、不引發巨大連鎖反應的情況下，幾乎不可能順利航行。

長遠來看，一種選擇可能是訴諸收益曲線控制（yield curve control），這是量化寬鬆週期的最後階段。諷刺的是，這也是日本央行採用的政策工具。聯準會將不得不透過購買更多債券來控制利率，而這些利率將保持在固定水準，例如5%或接近這個水準，不管通膨如何。這意味著更多的流動性可能再次引發另一個泡沫，但它可能會給美元帶來更大的下檔壓力。我們怎麼知道會這樣？看看日本的情況，收益曲線控制現在是日圓持續下跌的關鍵因素。正如英國人在描述一場徹底失敗時經常說的，用典型的諷刺輕描淡寫：「這次他們真的做到了。」

就像避險基金傳奇人物巴斯曾經告訴我的：「購買黃金只是購買一種期權，抵抗愚蠢的政治週期。就這麼簡單。」貨幣只是紙張、本票，以美國的情況而言，它是靠無與倫比的軍事

力量背書，例如射程、監視和火力。但美國政府已經越界，過度干涉外交事務，而且正在輸掉全球化的賭注。製造業基礎已經消失。各國因美國貿易而變得富有，而美元存底曾經是財務實力上無懈可擊的傑出成就，如今正在衰落。我們已經確定，提高利率和通膨在很大程度上是財政部無法承受的選擇，任何增幅都將對美國年度財政開支構成致命影響。2023年，已有超過7兆美元債務到期，需要以更高的利率進行再融資。但投資者想知道一件事：有什麼交易機會嗎？我們可以回答這個問題。

去年，我們看到各國中央政府，尤其是中國和俄羅斯，以不受限的方式增持黃金存底。隨著美元存底減少以及貴金屬（白銀、黃金、鉑金和鈀金）持有量的增加，這個趨勢將持續下去。貴金屬是眾所周知的避險工具，當美元下跌時，貴金屬往往表現良好。巴里克黃金（Barrick Gold）、紐蒙特公司（Newmont）、赫克拉礦業公司（Hecla Mining）、英帕拉白金（Impala Platinum）、Sibanye-Stillwater等公司是投資資金的好選擇，這些是黃金、白銀、鈀金和鉑金的主要開採商。還有一些不錯的ETF，例如VanEck黃金礦業ETF（VanEck Gold Miners ETF，GDX）和iShares白銀信託（iShares Silver Trust，SLV）。這是投資眾多公司股票的方法。

鉑族金屬（PGM）除了具有避險工具的吸引力之外，還可能成為綠色經濟轉型的關鍵，可用於淨化供應燃料電池的氫氣，而燃料電池可以為汽車、卡車、巴士甚至船舶或飛機提供

> 投資人筆記

## 相對於流通在外的美元存量，黃金仍被嚴重低估

據最佳估計，全球現有的地上黃金總量為二十萬九千公噸，即六十七億金衡盎司（troy ounce）。理論上，黃金永遠不會丟失，因此歷史上開採過的所有黃金仍然可用。無論是鎖在埃及金字塔或阿茲特克神廟中、戴在新婚夫婦的手指上、在DVD播放器的反射層中，還是被存放在諾克斯堡（Fort Knox）的金庫深處，黃金永遠不會蒸發或變成廢料回歸地球。這就是黃金通常被視為首要價值儲藏工具的部分原因。由於黃金以美元計價，那麼黃金的均衡值（equilibrium value）是多少？換句話說，如果世界上所有的美元買下世界上所有的黃金，黃金值多少錢？M2是美國貨幣供應總量的衡量標準，包括貨幣、定期存款和貨幣市場基金，每週報告一次。截至2023年6月，流通在外的美元總額為20.6兆美元。如果將此數字除以地上黃金總量，黃金的均衡值為每金衡盎司3,300美元。將此價格與每金衡盎司約2,000美元的當前價格進行比較。

黃金和美元關係密切。黃金以美元計價，也是各國國際收支資本帳的一部分。由於美元仍然是全球的準備貨幣，黃金普遍被認為是美元的替代品，這也是黃金與美元呈極度負相關的一個重要原因。因此，以流通在外的美元來評估黃金[8]，是得出均衡值的常用方法。

動力。雖然還有其他技術可以淨化氫氣,但鉑族金屬似乎是資本成本最低的選擇。使用氫燃料電池驅動的車輛,所需的鉑金或鈀金約為三十至六十克,而傳統觸媒轉換器僅使用約五克。換句話說,氫動力汽車使用的鈀金或鉑金,是汽油動力汽車的六到十倍。最樂觀的情況下,假設每年銷售的所有汽車都將由燃料電池提供動力,那麼全球汽車對鉑族金屬的需求將增加五倍,並將遠遠超過每年這些金屬的開採量。

當然,這是鉑族金屬的長期看漲理由,需要幾十年才能夠實現。但燃料電池具有重大潛力,甚至可能比電池供電的電動車更有效率,特別是對卡車和船舶等重型運輸而言。歐洲、美國和中國政府都在投資這項技術,光是美國就在跨黨基礎建設法和降低通膨法案中投入數十億美元。西方正在推動燃料電池技術和氫能儲存,作為實現2050年淨零排放目標的重要策略,未來幾年氫將成為鉑族金屬的重要驅動力。

自2010年以來,全球鉑金和鈀金產量幾乎不變。地上黃金比鉑金多了三十倍。如果將有史以來開採的所有鉑金,倒入一個奧林匹克標準的游泳池,水位將遠低於膝蓋;相較之下,黃金可以填滿三個以上的游泳池。因此,世界對這種需求的激增毫無準備,特別是考慮到俄羅斯占鈀金和鉑金總供應量各40%和15%。這就是為什麼我們如此看好Sibanye-Stillwater和英帕拉白金等主要的鉑族金屬礦商。未來幾年,世界將需要更多的鉑金和鈀金,並將愈來愈依賴俄羅斯以外的礦商來滿足需求。近年來,鉑金每盎司的價格在600美元至1,300美元之

間波動;十年後,我們可能會看到一個全新的價格區間,介於1,800美元到3,900美元。

資本從成長股轉向價值股的巨大遷移才剛開始而已。我們還在第一回合。隨著成長股市場中的每次反彈都失敗,仍在尋找應許之地的投資人,將會感到更加失望。有一天,他們會勉強收拾行囊,進入價值股領域。他們將會看到黃金、白銀、鉑金和鈀金的反彈。他們將會在此投放資金,偶爾回頭看看那些讓他們心碎的股票。但他們對貴金屬的投資,將進一步推高價格,因為往昔的成長股仍然被困在信風匯聚處,那裡很少刮風,而且雨很少停歇。那個地方叫做赤道無風帶(doldrums)

圖33 金銀礦業併購

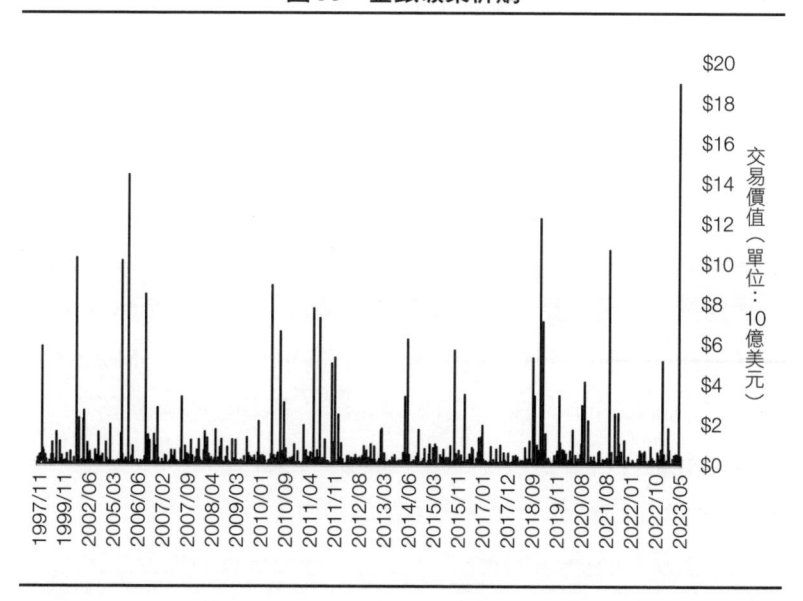

。未來不屬於成長股,而是價值股;不僅是貴金屬,也不僅是石油和天然氣,另外還將出現一場對實體資產的大搶購潮,這會帶領我們進入這個全球金融和投資故事的最後一章。

> **投資人注意**
>
> ## 商業房地產對美元構成另一個重大威脅
>
> 　　如果美國遭受經濟衝擊,聯準會被迫快速扭轉貨幣政策,那麼美元可能會大幅貶值,這時新興市場股票(iShares MSCI Emerging Markets ETF,EEM)、黃金(SPDR Gold Shares ETF,GLD)和白銀(iShares Silver Trust,SLV)才能真正表現優於其他資產類別。回顧之前升息週期之後的情況,2000年6月,聯準會完成該週期的最後一次升息,金價在接下來的四年裡上漲47%。2006年6月,聯準會在該週期中最後一次升息,到2008年時,金價上漲50%。2018年12月,聯準會結束升息週期;到2020年第三季度,金價上漲47%。在這三個例子中,央行都推高前端利率,並最終打破某種規則。在美元疲軟的情況下,像VanEck J. P. Morgan新興市場當地貨幣債券ETF(VanEck J. P. Morgan EM Local Currency Bond ETF,EMLC)等基金通常會看漲。該投資組合包含新興市場政府債券。過去三次(2016年、2018年和2020年)聯準會因為市場內的野獸(經濟或信用風險衝擊)而被迫改變路線,該基金報酬率為17%至35%。

那麼，聯準會現在正在打破什麼規則，而美元將何去何從？截至2023年中，美國區域銀行業正處於重症狀態，但到目前為止主要問題是利率風險。隨著利率上升，債券價格會走低。蘋果財務長盧卡·梅斯特里（Luca Maestri）可能是有史以來最頂尖的債券賣家。2020年，他利用最低利率和聯準會支持信貸市場的機會，大舉發行並出售數十億美元的債券。在十二個月內，蘋果以創紀錄的低利率，出售了價值近280億美元的債券。2022年10月，隨著聯準會將利率推至歷史高點，上述某些債券的交易價格跌到54美分。當六個月期國債的利率為5%時，誰會想要購買這種票面利率只有區區2.4%的長期債券呢？沒有人！這就是價格下跌的原因，而這280億美元的蘋果債券，損失將達到120億美元左右。這只是整個銀行體系的債券帳簿出現驚人損失的一個例子。如果聯準會維持高利率，銀行將在美國國債、抵押貸款擔保證券和商業房地產貸款方面，蒙受數千億美元的損失。那麼，銀行什麼時候開始承認這些損失？它們何時必須這樣做？

2023年3月我在推特上發文：「親愛的中央銀行，你們抑制真實的、由市場驅動的資本成本愈久，就愈會刺激整個銀行系統的收益率。然後，你們會在十三個月內將利率提高五百個基點，以『對抗』通膨，結果把一切都引燃。」央行扭曲真實資本成本的時間愈長，就愈刺激市場的不良行為，並助長愚蠢行為。深入挖掘後會發現，當無風險利率從1%

升至5%時，這些年來的資本分配錯誤造成許多受害者。很少有人知道這些隱患在哪裡，但有些投資者很早就發現區域銀行出問題之處，也許太早發現了。

那些投資人之一是保羅・哈克特（Paul Hackett）。2023年3月上旬，我們在彭博與機構投資者的聊天室中，收到他的一則緊急私訊：「我們需要談談。這很緊急。」

**圖34　AAPL三十年期債券**

哈克特是Sidus投資管理公司（Sidus Investment Management）的投資長，也是我們的多年老友。他是深思熟慮的投資者，在信貸和股票領域，尤其是金融領域，

擁有深厚的技能。我們的助理瓦倫蒂娜・桑切斯—寇恩卡（Valentina Sanchez-Cuenca），安排我們的分析師團隊和哈克特進行電話會議。這是令人眼界大開的電話會議，也是我們所期待的，它為整個拼圖補齊了許多空缺。

「各位，」哈克特告訴我們。「我認為美國銀行體系今年將損失5,000億美元，甚至1兆美元的存款。2008年的雷曼危機為2023年廣泛的銀行擠兌種下禍根。」

哈克特在整個第一季都做空銀行股，包括矽谷銀行（Silicon Valley Bank）和第一信託銀行（First Republic），這些銀行股價不斷上漲，令他非常痛苦。Sidus在2022年為投資者帶來令人印象深刻的績效，但進入3月時出現了高個位數的下跌。哈克特從未動搖，他非常確信做空銀行的押注即將獲利。他解釋，自從2008年聯準會支持美國貨幣市場基金和「大到不能倒」的銀行後，區域銀行的任何信貸壓力，都會加速「存款貝塔值」（deposit beta）上升。我已經很多年沒有聽過這個詞，這是指在聯準會升息時，銀行必須提高存戶存款利率的程度。

「有了不受風險影響、利率達到5%的國債，」哈克特指出，「為什麼還要把錢存到利率只有2%到3%的區域銀行？」銀行有兩個口袋：分別是「可供出售」（AFS）和「持有至到期」（HTM）。「多年來，銀行的證券投資組合一直坐擁以市值計價的收益，但後來開始出現痛苦的損失。截至2020年底，銀行AFS投資組合的400億美元未實現收

益,到2021年底已變成近330億美元的未實現損失,2022年損失更是暴增。」為了止血,許多銀行將AFS證券重新分類為HTM。這意味著預先承認損失,但隨著債券價格持續下跌,此舉將防止資產負債表遭受進一步損失。哈克特提醒我們的團隊,信用違約保護成本已開始在大型貨幣中心銀行和小型區域銀行之間出現分歧。

市場正在發聲:五年期信用違約交換,亦即違約保護成本,在許多區域銀行的上升速度更快,也變得更昂貴。

「近年來,」哈克特說,「正常情況下,區域銀行的信貸風險遠低於大型銀行。但我認為,區域銀行對商業不動產(CRE)的曝險相對於大型銀行高出四倍。區域銀行的CRE貸款占資產的近30%,而大型銀行的CRE貸款僅占6%。像紐約社區銀行(New York Community Bancorp)這家區域銀行的CRE資產占總資產的近60%,而韋伯斯特金融公司(Webster Financial)和西太平洋銀行公司(PacWest)則接近40%。」

他正在研究CRE貸款與銀行貸款總額的關係。過去十年,整個銀行體系的CRE貸款總額增加100%。價值數千億美元的貸款,以1.5%至3%的利率發放給借款人。現在想想前述的蘋果債券,以及蘋果財務長梅斯特里笑得合不攏嘴的場景。所有這些債券現在都低得多。

哈克特總結:「如果聯準會再將資金利率維持在5%附近,持續五到六個月,損失會很驚人。可能需要另一次聯邦

紓困。」

上帝保佑哈克特，他在2023年3月創下業績紀錄，現在他的目光轉向保險公司。林肯金融（Lincoln Financial）和大都會人壽（MetLife）的違約保護成本正處於歷史高點，還有更多的痛苦即將到來。預計2023年的利率風險將在2024年轉變為信貸風險。另一輪銀行業動盪，將迫使聯準會推出非常規的市場因應政策。市場會提前很久就看到這點，並在聯準會開始按下恐慌按鈕、採取緊急措施之前，老早就拋售美元。如果危機是全球性的，美元就是避風港，但現在這主要是美國的問題，對美元不利。

在這一切發生之前，我們確實看到一些警訊：我們有一個模型，用來衡量SPDR標普區域性銀行ETF（SPDR S&P Regional Banking ETF，KRE）和SPDR標普五百指數ETF（SPDR S&P 500 ETF，SPY）之間的變化率和表現差異。截至2023年3月2日，KRE的表現比大盤差2.5個百分點，到3月9日，這個差距擴大到11個百分點。

杜拜的謝赫·拉希德·本·薩伊德·阿勒馬克圖姆（Sheikh Rashid bin Saeed al Maktoum）曾對他的兒子謝赫·穆罕默德·本·拉希德·阿勒馬克圖姆（Sheikh Mohammed bin Rashid al Maktoum）說：「我祖父騎駱駝[9]，我父親騎駱駝，我開賓士車，我兒子開荒原路華（Land Rover），我孫子準備開荒原路華，但我曾孫將不得不再次騎駱駝。」美元即將面臨的命運，

將對一世代的人產生影響。

在某個時候,即將到來的大宗商品榮景將經歷反作用──在所謂的「後燃器階段」(after-burner stage)重新點燃通膨。當大多數投資者最終從金融資產轉向實體資產,並適應價格持續走高的世界時,聯準會將介入。中央銀行官員們將要求增加銀行準備金,並迫使最大的金融機構持有更多美國國債。在這個世界裡,聯準會應該提高利率,甚至可能高於長期通膨預期,以尋求自然的利率水準,但他們將會被綁手綁腳。美國國債的利息支出幾乎排擠掉所有可支配支出。正如泰特勒一百五十多年前警告我們的那樣,政治人物不會想要那種結果。

唯一的排氣閥將是美元。債券收益可能會失控。聯準會將被迫進行收益曲線控制,這將使得強勢美元走軟,進而導致資本逃離美國,就像一大群候鳥南遷過冬一樣。

第九章

# 實體資產
## ——未來十年的投資組合

剛果民主共和國（DRC）是撒哈拉以南的非洲最大國，面積相當於西歐，擁有比全球幾乎任何地方都豐富的礦產資源。該國就像綠色和高科技產業領域的沙烏地阿拉伯，因為世界上70%的鈷供應，都在它東部邊境的地表下。

不久前，工程師們發現，鈷在可充電鋰離子電池、智慧型手機和電動車中，具備改變遊戲規則的特性。鈷擁有理想的配置，能促進電池在高能量密度下的穩定性。更高的能量密度意味著電池可以儲存更多的能量。電池中有更多能量極其重要，因為它使電動車能夠與汽油車競爭，並使iPhone每次充電可運行二十小時。

剛果民主共和國的整個東部邊境，充斥採礦的噪音。國營礦業公司吉卡明集團（Gecamines）、由一度逃亡的大宗商品交易商馬克・里奇（Marc Rich）於數十年前創立的嘉能可公司（Glencore），以及多家中國礦業公司，都在瘋狂開採這種珍貴的商品。但這些工業露天礦的周邊地區，正在發生可怕的人道危機。那裡有一個由當地人經營的獨立礦井組成的網絡（所謂的手工礦井網絡），補充了主要鈷礦業公司的產能。哈佛大學甘迺迪學院研究員、《紐約時報》暢銷書《紅色鈷》（*Cobalt Red*）的作者悉達思・卡拉（Siddharth Kara）表示，在這些臨時礦山中，有數千名當地工人在工作，除了婦女和老人外，還有四萬多名兒童[1]，通常每天工作超過十二小時。他在剛果待了四年，記錄手工鈷採礦業惡劣的工作條件。

在三十多公尺深的洞穴深處，工人們分散在沒有支撐的

危險隧道中，仰賴手電筒照明，並用鐵鍬挖掘鈷礦。隧道隨時都可能崩塌，沒有人能救他們。一旦將鈷礦從水鈷礦（heterogenite）中開採出來，工人們就必須將之裝袋，再將四十公斤重的袋子揹到數公里外的當地收購商（稱為洋行，comptoir）那裡，洋行只付他們每袋1美元。

儘管全球礦業公司都在大賺一筆，但剛果民主共和國卻很少有人透過鈷貿易致富。這些財富是從他們的土地上掠奪出來，並在全球市場上出售給科技巨頭和電動車製造商。幾乎沒有一分錢投入當地經濟。採礦汙染了水源，造成年輕人死亡（死於礦井坍塌或有毒的鈷煙霧），並剝奪了小村莊的尊嚴。儘管擁有數十億美元的礦產資源，剛果民主共和國仍然是世界上最貧窮的國家之一。它也是被剝削最嚴重的國家之一，因為鈷產業背後有一股強大的力量，也許是全球貿易中最強大的力量。它沒有情感，對痛苦視而不見，也沒有臉孔。它的名字叫做「無法阻擋的需求」。

## 與查理・蒙格握手

在市場的整體週期中，亦即為期十年或更久的週期中，有一個鐘擺在成長和價值之間擺動。為該鐘擺安排擺動時間，是長期財富的關鍵，2022年1月1日，它完成了十四年的旅程，並處於其弧線的頂峰，處於成長階段的最遠點。鐘擺短暫停頓後，處於靜止狀態，然後開始朝另一邊進行漫長的弧形擺動，

朝著一片被遺忘的草地，朝著投資者多年前離開的地方擺動。自從網路泡沫破滅以來，隨著先行者到來，通往這片草地的大門首次打開——那些先行者包括安宏和泰珀之類的人、在迷因股票和加密資產中看到問題的投資人，以及不再相信中央銀行寬鬆政策會持續的理財經理人。

走過那扇大門的一小群金融家中，有一位年近百歲的男子，他是密西根大學狼獾分校（University of Michigan Wolverine）出身，也是哈佛法學院1948年的畢業生。事實上，此人根本沒有走過那扇大門；他為其他客人開門，動作就像是孤獨已久的人。他左手拿著復古的深紅色皮革公事包，肩上掛著他西裝套裝的深灰色外套，開朗的臉上戴著一副時尚的橢圓形玳瑁眼鏡。他叫做查理·蒙格，大多數人都簡稱他為查理。

我第一次見到他是在2013年，在內布拉斯加州的奧馬哈。奧馬哈是他的家鄉，也是他認識生意夥伴巴菲特的地方。他們共同創立世界上最成功的投資公司波克夏·海瑟威，正是在他們傳奇的年度股東大會上，蒙格安排了和我的一對一會面。他剛剛讀了我的著作《雷曼啟示錄》（*A Colossal Failure of Common Sense*）。我猜他想見我並不是因為我揭露了雷曼兄弟的內幕，而是因為他非常不喜歡該公司的管理階層。他們違反蒙格的所有投資信念，遑論他們可疑的倫理觀。也許他喜歡這本書是因為，試圖拯救雷曼兄弟公司的某些人也是狼獾分校的校友。無論真實的原因是什麼，我都無法相信，像他這種名人堂層級的價值投資者，會願意見一個來自麻州法爾茅斯

（Falmouth）的小伙子，這小伙子最初是在鱈魚角沿岸擔任豬排推銷員。那個人就是我。

那是五月某個週六早上，我走進奧馬哈世紀互聯中心（Century-Link Center Omaha），一個由鏡面玻璃和白色水泥建造的體育館，就像包浩斯運動（Bauhaus movement）中的某種建築一樣。多年來，該中心曾舉辦奧運游泳選拔賽、職業騎牛賽事和NCAA一級男子籃球錦標賽。這個體育館的規模令我驚嘆——占地九萬三千平方公尺，有一萬九千個座位，再加上另外兩萬三千平方公尺的展廳和會議空間。走過寬闊的走廊，進入觀眾席，感覺就像到芬威（Fenway）球場觀看一場世界職棒大賽，當時前大聯盟選手「老爹」（Big Papi）站在擊球板上，面對時速一百五十二公里的熾熱球速。

那天股東大會持續近六個小時，巴菲特和蒙格在台上講笑話和故事，隨後是我所見過最長的問答環節。體育館裡，周圍的股東們向台上的兩人提問。這也是我在華爾街工作多年見過最公開透明的場合，尤其是在雷曼兄弟公司因為一大堆資產負債表外的項目模糊混亂而倒閉之後。這次的情況不同，我環顧四周全神貫注的觀眾，明白為什麼巴菲特和蒙格比其他人更能擄獲美國各地投資者的心。

第二天天氣乾冷，我穿過冰冷的停車場，走進附近的萬豪酒店（Marriott Hotel），然後快步穿過繁忙的大廳，大廳裡滿是身著商務服裝的人士。我向左看，透過一道玻璃門，看到巴菲特正與主權財富基金的代表開會，這些人負責管理本國的投

資。同一條走廊另一邊,巴菲特的朋友兼橋牌搭檔比爾·蓋茲,正在一個滿是退休基金經理的房間裡,成為焦點人物。我沿著走廊繼續走,想放鬆先前緊張的情緒,然後走進一個房間獨自等待。正是在這裡,我準備會見世界上最偉大的價值投資者之一。我瞥了一眼簡樸的四周。接下來的半小時裡,沒有什麼能讓我分心。然後,就像奇蹟般,蒙格和他的私人助理多爾特·奧伯特(Doerthe Obert)一起走進房間,奧伯特幾個月前就打電話給我,安排這次會面。

　　蒙格和任何其他內布拉斯加人一樣隨和和務實。他的握手很有力,就像你會期望從二戰老兵那裡得到的力道一樣。他是市場反向投資者,從不會偏離他的核心投資原則:價值。他從不被時尚、浮華或過高的估值所誘惑,而是嚴守老派的常識,並且非常重視良好的管理。當加密貨幣等投資席捲全球時,當伍德等經理人進軍高度投機性的成長型公司,並占據頭條新聞時,巴菲特和蒙格等人幾乎顯得脫節。

　　我們在這次會面中討論了許多主題,包括雷曼兄弟和蒙格對我著作的喜愛,然後又談到股票估值和健康的資產負債表。我們最後以他最賺錢的箴言之一來結束討論。這是我花了二十年才弄清楚的事。

　　「人性,」蒙格說,「是你在市場低點時最大的敵人。你在最恐懼的時候,必須做與你想做的完全相反的事情。一旦你這樣做了,就放手別再管它,因為真正的賺錢契機在於耐心等待。最困難的事,就是整天盯著螢幕而什麼都不做。」

最終的經驗教訓是什麼？首先，減少交易和投資。坐下來等待每年出現的前兩到三個機會。其次，衡量自己的信念程度，並相應地分配資本。最重要的是，切勿出於無聊或想要找事做，而進行交易或投資。

　　那天我們走出房門時，蒙格說：「保持對市場的高度熱情。變得更加明智，是謙遜和勤奮好奇的結合。沒有謙遜，就算勤奮也沒用。」真是了不起的人，這場在奧馬哈的會面真是太棒了！

　　所有市場估值最終都受到通膨或通縮的影響，通縮導致成長股達到令人眼花撩亂的估值，整個市場充斥著以二十倍本益比買進，期待能漲到四十倍本益比的人。最終，這些人將持股賣給更大的傻瓜，而那些傻瓜又希望股票能漲到六十倍，然後就可以將自己的部位以八十倍賣給更大的傻瓜。如此循環，直到市場變成在這個「更大的傻瓜理論」支持下的另一個鬱金香泡沫。但是在通膨時期，也就是現今所處的情況，成長股被消滅，它也消滅更大的傻瓜，而其他人則開始湧向以價值衡量標準為主的公司。

　　如果你看看2022年的所有搖錢樹，你會發現它們的表現遠勝伍德青睞的股票。在受通膨影響的一年中，巴菲特和蒙格的波克夏股價上漲4%，而方舟的股價則暴跌67%。這一次再度回歸到聯準會和央行的寬鬆政策。成長型股票蓬勃發展，主要是在聯準會支持市場而無通膨疑慮的情況下。不過一旦通膨這個暴君從漫長的冬眠中醒來，就會讓資金投入價值股，並迫

使聯準會放棄其鴿派政策。那就是戰鬥開始的時候，而且那是鮑爾2022年一直在對抗、並將持續對抗多年的目標。

通膨削弱了現金的價值，也壓縮市場的倍數。在通縮時期，熱門科技股的本益比可能達到35：1，而經得起考驗的石油股本益比可能僅為7：1。因此，當市場倍數壓縮時，科技股和成長股還會進一步下跌。

另一方面，通膨推高大宗商品的價值。當法定貨幣被通膨吞噬時，大宗商品可以保值。這時人們會想要對通膨進行避險，實體資產就成為最受歡迎的資產。投資人會在此時買進紐蒙特公司、卡梅科公司（Cameco）、美國鋁業公司（Alcoa）、Arch Resources、Energy Transfer、泰克資源（Teck Resources）、美國鋼鐵公司（U.S. Steel）、雪佛龍公司和西南能源公司等涉及貴金屬和實體資產的股票，或者是工業領域的老巨頭。但這是一個緩慢的轉變。首先，成長型股票投資者必然會感受數個月的不滿，直到他們最終學到教訓。現在我們可能只處於第二回合初期。這個故事還有很長的路要走。有些人認為它可以持續二十年。這就是為什麼蒙格在那裡敞開大門，歡迎先行者進入這個被遺忘的投資領域，這個領域將持續十年或更久。巨大的市場鐘擺再次朝著價值領域和實體資產擺動。

在2010年至2020年期間，對想要減少財務風險的投資者來說，由60%股票和40%債券組成的「風險平價」投資組合非常受歡迎。但就我們看來，如今已不適用。在2020年到2030年，10%現金、40%股票、30%債券和20%大宗商品對我們來

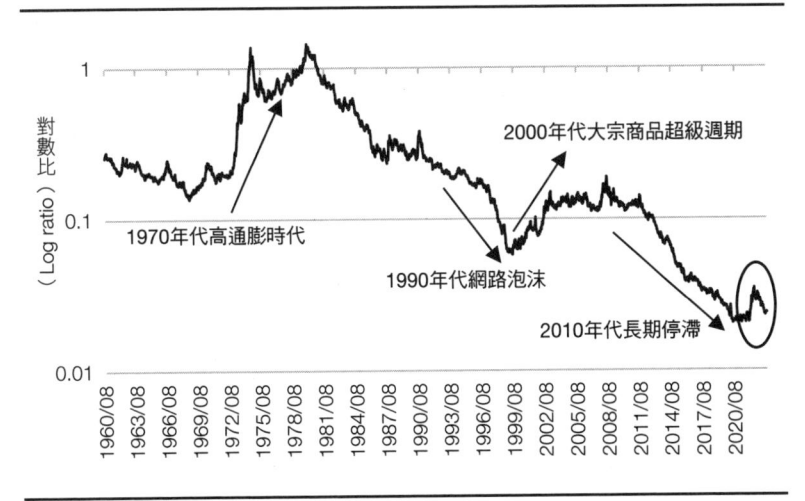

### 圖35 彭博商品指數相較於標準普爾指數

(Log ratio) 對數比

- 1970年代高通膨時代
- 2000年代大宗商品超級週期
- 1990年代網路泡沫
- 2010年代長期停滯

說更有意義。是的,如果經濟衰退來襲,那就是通縮的情況,但稅收收入將同時驟減,政府的印鈔量將不得不再次激升。這為持續的通膨建立基礎,並且需要一個建構投資組合的全新思考流程。

## 能源領域的投資配置

我在第五章描述了即將到來的全球能源危機,以及綠色能源和化石燃料之間的持續鬥爭,這實際上正在演變成東西方之間的鬥爭。亞洲將成為化石燃料需求的巨大推動力,包括石油、天然氣和煤炭,西方也是,但政治人物們還不承認。提到煤炭時,重要的是要記住它有兩類:燃料煤,藉著驅動發電

站的大型蒸汽渦輪機來提供熱能和電力；以及冶金煤，用來煉鋼，先將煤炭在攝氏1,100度的熔爐中熔化，直到變成純碳，然後將它與鐵礦石一起放入高爐中。

我們了解到，用這種準科學的解釋是無法通過考試的，但這對我們來說並不重要。作為價值投資者，我們需要知道的是，地球的一半正處於上升軌道，亞洲和非洲建築市場對鋼鐵的需求將永遠無法滿足。在這個領域該持有的最佳股票是必和必拓（BHP Billiton），該公司市值為1,750億美元，為現代世界提供基礎材料——鎳用於電動車革命、銅用於電網，鐵礦石和冶金煤用於鋼鐵。2022年，必和必拓冶金煤產量為2,910萬噸。沒有什麼可以減緩這個進展。它還支付8%的股息，因此是部署現金的絕佳地方。光是這樣就可以避免通膨持續向我們襲來。

我們來談談太陽能。幾年前，太陽能板通常是單面塑膠片，內部有一些卑金屬用來導電，還有二十克的銀。但如今，中國推出的最新太陽能板是雙面的，這為銀提供巨大的工業用例，不僅可以作為對貨幣通膨壓力進行避險的金屬，還可以作為潔淨能源的有力競爭者。展望未來十年，白銀研究院（Silver Institute）預測，在2024年到2030年間，太陽能對白銀的需求將介於每年7,000至8,000萬金衡盎司，亦即全球白銀年產量的8%。

在銀礦開採領域，我們最有信心的是赫克拉礦業公司，它成立於1891年，目前是美國最大的銀礦開採商。赫克拉也是紐約證券交易所上市的最古老銀礦公司，其礦山包括阿拉斯加的

格林斯溪（Greens Creek）和愛達荷州的幸運週五銀礦（Lucky Friday）——後者是世界七大主要銀礦之一，已有七十五年歷史，預計還能再開採三十年。此外，赫克拉在魁北克省擁有卡薩伯拉第礦區（Casa Berardi），該地區擁有嚴格的政府監管和地緣政治安全；以及在育空地區（Yukon Territory）基諾山（Keno Hill）的大型礦區，該地區面積廣闊，礦產資源豐富，有潛力成為加拿大最大的銀生產商。地緣政治風險是至關重要的，因為採礦是一項全球性的競賽，業者都準備了大量資金來競爭。

我們有幸能夠將全球資源（全球金屬和礦業）領域的一位頂級投資者，稱為我們信賴的顧問。長期實體資產顧問阿德利安·戴（Adrian Day）會告訴任何人有關採礦業的巨大危險，他畢生都在研究這個產業，對此的興趣源於在倫敦政經學院的經歷。他告訴我，整個產業充滿風險，有些不可預見，但大多眾所周知，涉及治理、當地社區、稅收、腐敗、交通和政治不確定性。如果你不是從事採礦業的人，請避免投資小型企業。投資小型企業幾乎是投資者要承擔的最高風險。你不需要參加每場婚禮，但確實需要避免參加喪禮。堅持選擇大型企業，他們在全球各地的投資組合中有多個礦山，有些可能位於政治不穩定的地區，有些位於非洲叢林或沒有交通設施的南美洲，確實可能會出問題。

內戰可能導致營運中斷數月，這會讓小型企業無法生存，但採礦業的巨頭可以承受這種痛苦，這就好比投資組合中5%的資產暴跌50%，實際上無關緊要。但如果你的整個投資組合

崩潰，那就是死路一條。或者，政府可能會對採礦業者加稅，收取的費用是曾經承諾的兩倍。智利就是最完美的例子，該國之前一直是全球礦業巨頭的天堂，占全球銅礦開採量的25%。幾十年來，該國邀請最大的礦業公司來探勘其豐富的銅、金、鉬和鋰礦藏。必和必拓、英美資源集團（Anglo American）、力拓（Rio Tinto）等所有礦業巨頭，都在那裡大規模營運。然後在2023年春季，新上任的政府宣布，未來鋰合約將採公私合營的模式，國家對採礦擁有大多數控制權。這震驚了礦業界，該國最大的兩家鋰礦商智利化工礦業公司（Quimica）和雅寶（Albemarle）的股價，一天內分別暴跌17%和11%。

　　這並非特例。世界上最大的銅礦之一是印尼的格拉斯伯格礦（Grasberg）。數十年來，位於亞利桑那州鳳凰城的銅和金礦巨頭自由港—麥克莫蘭銅金公司（Freeport-McMoRan），透過與雅加達政府成立合資企業進行採礦。該協議是在1960年代蘇哈托（Suharto）統治時期達成的，但新上任的革新派政府一直在利用即將到期的合約，從國際礦業公司手中奪回對礦山的控制權。自由港—麥克莫蘭銅金公司曾經擁有格拉斯伯格礦逾90%的股份，但2018年印尼政府贏得控制權之爭，現在該公司只擁有51%股份。去年底，就連巴拿馬這個拉丁美洲為數不多的親美國家之一，也因特許權使用費問題上的爭執，迫使第一量子礦業（First Quantum）在巨大的巴拿馬銅礦區（Cobre Panama）暫停營運數個月。另一個例子是南非，南非多年來致力於向該國占多數的黑人，加速重新分配[2]土地和礦產。

> 投資人筆記
> # 阿德里安・戴認為值得關注的六個投資跡象
>
> ## 一、投資不足偏誤
>
> 「2023年第三季，」戴告訴我們的團隊。「費城黃金白銀指數（XAU）處於正現金流。相對於資本密集型產業來說，這令人驚訝。」就像鈾和天然氣領域一樣，過去十年裡，許多財務長做出不明智的投資。如果你今天坐在他們的位置上，並且看到你的前兩位老闆剛被解雇，那麼你進行投資（資本支出）的資本紀律（capital discipline）方法會更保守。這是大宗商品領域的經典行為心理學，它推動了巨大的榮枯週期。財務長往往在週期頂部過度投資——例如2011年黃金領域，以及2014年的石油和天然氣領域。在週期底部，則存在典型的投資不足偏誤。重點是，在大部分的大宗商品領域，資產負債表都比上個週期強勁得多。最重要的是，投資不足或供應減少，將為下一輪為期多年的牛市奠定基礎。
>
> ## 二、資產位置
>
> 顯然，全球採礦領域總是有高風險的地區，但戴認為世界正趨於多極化，資產位置的溢價可能開始擴大。「巴里克黃金公司在分散管轄風險方面做得很好，」他告訴我。

「他們在一些熱點地區擁有礦山，但總體生產趨勢是多元化的。」在整個大宗商品領域，我們看到一種趨勢，那就是高品質的安全資產位置將開始在全球範圍內形成溢價。可獲取性是關鍵。

### 三、生產能力

戴在檢視資產時會自問：「這個油箱裡還剩下多少油？」例如，一家公司的主要礦場，還能生產多少年的優質金銀？全球二十家最大黃金礦商中的十六家，包括紐蒙特公司、巴里克黃金公司、安格魯阿散蒂黃金公司（AngloGold Ashanti）和金羅斯黃金公司（Kinross Gold Corp.）等頂級生產商，在2010年至2019年期間，總剩餘產量都下降。到2019年底，金羅斯只剩下九年的開採時間，比2010年左右的二十四年大幅縮短。

### 四、價格與自由現金流的關係

「我們在2023年下半年坐在這裡，回顧過去四十年，」戴告訴我。「黃金白銀礦業領域的價格與自由現金流的比率，約為第90百分位。」換句話說，如果看看金礦公司的股票市值相對於自由現金流的比率，你會發現，它們是位於前10%的公司。從歷史上看，這是一個有吸引力的進場點。請記住，這裡有大型股、小型股和純粹的高風險出口公司，因此衡量風險很困難。對大多數散戶而言，購買像戴的基金或ETF這樣的基金，會獲得更好的收益。

## 五、價格與資產淨值的關係

戴的團隊根據地面存量和資產總價值,來研究任何公司的股票市值。同樣地,在這個時間點,從歷史來看,股票價格相對於資產淨值來說是便宜的。

## 六、也許是最重要的——管理

「我們尋找最高管理階層流動率較低的公司,」戴告訴我。「投資界最危險的一句話可能是:『我要卸任,花更多時間陪家人。』」這一切都與執行力的歷史有關。不良的管理團隊會過度承諾和無法兌現承諾,而且相對於先前的預測,如果出現持續的失誤\*,實際情況很可能比表面上看到的更嚴重。丹尼斯・馬克・布里斯托(Dennis Mark Bristow)博士是巴里克黃金公司值得被納入名人堂的頂尖人才。多年來,他在執行方面才能卓越,並且在管理全球一些不友善熱點地區的風險方面,擁有獨特的能力。真是傑出的人才。阿格尼克鷹礦(Agnico Eagle Mines Limited,AEM)的西恩・博伊德(Sean Boyd)是另一個傑出人物,該公司股票市值為240億美元,負債僅20億美元;我們認為他們在2024年可以實現10億至12億美元的自由現金流。他讓公司在下一個上升週期之前處於有利位置。」

---

\* 市場發出聲音時如何傾聽?如果公司獲利持續達不到預期目標,該公司可能有嚴重的成本超支,並且會逐步釋出壞消息,分散至兩到三個季度。這個行業有很多需要留意的花招。這適用於不同行業的許多股票。

幾十年來，礦商一直在因應當地偶爾發生的暴動：揮舞砍刀和機關槍的叛亂分子設置路障，阻止礦工進入礦區。這一直是一種風險，但與徵用或強制所有權變更的風險相比根本不算什麼。英美資源集團執行長警告：「如果不能保證礦區所有權，投資者就會逃離[3]。」只有真正的內部人士才應該投資這些小型礦業公司，而且只有當地政府站在他們那邊時才該如此。人們說，墨菲定律在礦業中尤其適用。正因如此，應該要堅持選擇那些已經存在幾十年、擁有歷史悠久礦山的大型礦業公司。

## 短期持有金礦公司，不要長期持有

市場一直在對我們發聲，尤其是在貴金屬等產業。正如加密貨幣一樣，人們經常受到各種敘述的吸引。從2021年4月到2023年8月，是美國歷史上最嚴重的貨幣貶值時期，儘管加密貨幣愛好者將「貨幣貶值」和「華盛頓可憎的財政赤字」宣稱為持有比特幣的主要原因，但比特幣還是下跌了56%。黃金和白銀的情況類似。

重點是，如果美國政府願意針對「無風險」的一年期國庫券提供5%的利率，這對黃金來說是一個嚴重的阻力，特別是如果短期通膨預期開始下降的話。如果聯準會大幅縮減寬鬆政策、提高利率，無論這種敘述多麼誘人，那通常不是持有貴金屬或比特幣的好時機。黃金迷不明白這一點，或者太執著於市

場敘述而不在意。在過去三十年的升息週期中，黃金和白銀的報酬一直很差，尤其是當聯準會進入暖身階段，也就是剛開始升息的時期。相反地，當聯準會開始暗示升息週期即將結束時，黃金和白銀通常表現出色。

> **投資人筆記**
>
> ## 如何評估黃金公司的價值？
>
> 　　對黃金公司的估值，類似對其他自然資源公司的估值。我們查看礦商在地下擁有的黃金和白銀存量，這在他們的年度報告中列為已探明和潛在的存量。我們也研究每家礦商從地下開採礦石的成本。開採金礦的副產品通常是銅、鋅或鉛等其他礦物，礦商將這些副產品產生的收入視為費用抵扣，以降低金礦的開採成本，所以副產品可以提高礦商的效率。因此，我們也考慮每家礦商將貴金屬礦石開採到地面所需的現金成本。礦商的效率愈高，每金衡盎司的現金成本就愈低。如圖36所示，估值與現金成本之間有關，現金成本較低的礦商往往估值較高。
>
> 　　除了金礦礦商之外，還有一組獨立的黃金特許權公司。它們以預先付款來換得一定比例的黃金產量或收入，它們可以把這筆款項提供給其他採礦公司，但自己不從事任何採礦活動。一些主要的黃金特許權公司包括弗蘭克・內華達（Franco Nevada）、奧西斯科（Osisko）、皇家黃金（Royal

Gold）和沙塵暴（Sandstorm），他們從其他礦業公司營運的主要金礦，收取特許權使用費。奧西斯科擁有加拿大Eleonore礦區的股份，但該礦由黃金公司（Goldcorp）營運。弗蘭克·內華達擁有巴拿馬銅礦，但它讓第一量子開採該礦區。弗蘭克·內華達還擁有智利的Candelabria礦區，但該礦由倫丁礦業公司（Lundin Mining）營運。一些黃金特許權公司的表現確實比礦商好得多，由於營運風險最小，他們的風險狀況較低。弗蘭克·內華達在過去五年中升值250%，而VanEck黃金礦業ETF（GDX）僅升值120%。

**圖36 黃金礦商估值**

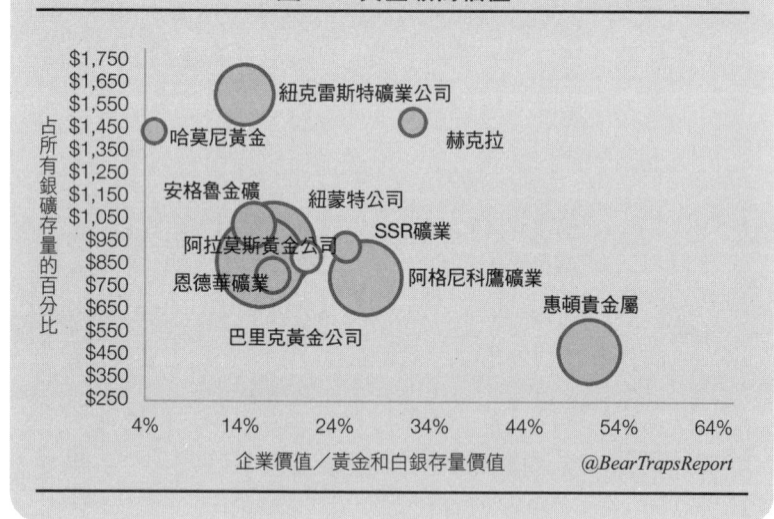

聯準會最終升息後,黃金表現如何?

2018年12月:到2020年7月時,金價上漲47%(銀價上漲42%)

2006年6月:到2008年2月時,金價上漲50%(銀價上漲78%)

2000年5月:到2003年1月時,金價上漲47%(銀價上漲2%)

最不適合持有黃金的時機是何時?當聯準會升息,「終端利率」(聯準會希望利率達到的水準)被推入不確定的未來,同時短期利率持續保持在高位,而一年期通膨預期*並沒有瘋狂上升時。

對黃金和黃金礦商來說,這是所有情況中最差的。當你可以透過無風險國庫券獲得5%收益,而且短期通膨預期得到控制時,為什麼還要持有黃金?在這種情況下,黃金礦商的股票相對於貴金屬(黃金)來說就變得非常便宜。我們透過衡量黃金礦業公司(ETF:GDX)相對於黃金(ETF:GLD)的比率來評估。對我們來說,黃金礦業公司的買入區間為0.15或以下,賣出區間為0.20及以上。顯然,有時你會更想擁有其中一種而非另一種。

---

\* 損益平衡通膨是指,固定利率投資的名目收益,與類似到期日和信用品質的通膨連結投資(inflation-linked investment)的實質收益(固定利差)之間的差額。

一旦看到終端利率浮現，投資者可以看到升息週期的結束，黃金礦業公司的表現通常會開始勝過黃金和股票。在更極端的情況下，如果短期通膨預期真的開始升高，而聯準會無法控制，就像1970年代那樣，那對黃金和黃金礦業公司而言非常有利。在那種情況下，黃金礦業公司的表現將大幅優於黃金和整個股市。

這將我們帶到任何週期的第一階段，也就是最佳公司開始反彈的時刻，無論是成長週期還是價值週期，都是以這種方式開始的。人們最先信任的是大公司，亦即任何產業的巨頭，遠比對小企業的信任要早得多。如果他們判斷錯誤，或者為時過早，他們會更樂意持有能夠長期存在的公司股票。但到2022年，我們看到朝向實體資產的明確遷移，特別是朝向金屬和石油市場。我們看到，隨著各國政府減持大量美元資產並且購買黃金，貴金屬將迎來巨大的推動力，第八章已對此進行討論。中國正在明確地證明這一點。根據國際貨幣基金，截至2023年第二季末，中國的黃金持有量已增至1,360億美元，年增46%。隨著世界尋求持有過多美元的替代方案、通膨繼續侵蝕全球GDP、整個企業界所有未來現金流的淨現值減少，黃金將持續穩定上漲。

我們喜歡位於多倫多的巴里克黃金公司，它是世界上最大的黃金礦商之一，在十三個國家經營十六個礦區，包括銅礦和金礦。它的管理水準可以媲美世界上任何一家公司，並且符合我們追求的強大多元化和有限的地緣政治風險。在世界十大金

礦中，巴里克擁有並經營其中三個，包括全球第一大金礦——每年穩定生產三百三十萬盎司黃金的內華達金礦。它的直接競爭對手為紐蒙特公司，這家公司以280億澳元收購澳洲紐克雷斯特礦業公司（Newcrest Mining），目前是全球最大的黃金礦商。我們推薦這兩家公司，可以購買一些金礦股票，看是要購買個別公司的股票，還是GDX這種ETF都不錯。

這自然而然引出電力這個話題，電力是世界上最棘手的問題之一，也是未來十年的投資組合不能忽視的問題。在這個討論的中心有一種不可忽視的金屬，它可能是地球上最重要的金屬。在攝氏零下兩百零四度左右，這種金屬的強度會增加。它也是熱和電的絕佳導體，能夠恰當地抵抗腐蝕和生物附著。那就是銅。銅是一種紅棕色金屬，在每個經濟體中都是必不可少且炙手可熱的，它被用於工業化世界的每條電源線和幾乎每塊電路板上。大型銅礦商也應該歸入你的投資組合中。

西方國家想在2035年之前淘汰內燃機並以電動引擎取代，這個夢想造成了需求危機。但根據我們的估計，這個時間點還為時過早。我們在充電站方面還沒有做好準備。實現這個目標所需的銅量只不過是幻想，因此國會的這些夢想也無法實現。因為目前有一個價值2兆美元、長達九十六萬公里的問題構成阻礙。

這個阻礙就是美國老化的電網——除非有人修復它，否則我們在3000年之前將一直使用四行程引擎。因此，我相信銅處於長期牛市，目前每年需求增加五十萬噸，而且還沒納入更

新老化的電力線路和變壓器。銅的供應量根本不夠,而需求卻太殷切。光是特斯拉的製造預測,就需要全球80%的銅。建造充電站⁴和新的電力線路,以及更新已使用逾五十年的美國電網,需要進行大規模改造,才能滿足電動車革命的需求,以全球可用銅的數量來看,這是不可能實現的。任何關於在2030年之前淘汰內燃機的討論,都是愚蠢的,因為在使用的銅量方面,電動車是內燃機的四到五倍,所以這就像米奇老鼠發明的東西一樣不切實際。

如果我們先不談綠色能源,僅根據正常工業需求來看,銅的前景仍然非常樂觀。中國再次增加基礎建設支出,其十四億人口仍只有三・五億輛汽車,更不用說未來十年熱帶地區將有數十億人需要空調。想想所需的電力線路,每條都由數公里長的銅纜組成。媒體不斷談論商品短缺,但實際上只有在某些價格點才會出現短缺,意即如果價格夠高,就會有新的供應。

銅則不然。它的短缺是永久性的,短時間內不可能生產更多。銅礦規模龐大,開發一個銅礦需要數年,成本超過10億美元。如今排名前十的銅礦都有超過五十年歷史,有些甚至超過百年,例如鹽湖城西南部的賓漢峽谷(Bingham Canyon),其露天礦坑寬四公里,深近一・五公里,已經存在大約一百二十五年。然後是位於智利北部的高海拔丘基卡馬塔(Chuquicamata)礦,海拔近三千公尺。該礦由智利國家銅業公司(Codelco)擁有,是世界上最大的露天銅礦,從一端到另一端幾乎長達四・八公里、寬三・二公里,自1882年開

始營運，比賓漢峽谷礦早約二十年，但沒那麼深。像這樣的大型礦場極為罕見，建造新礦場是個漫長、昂貴且艱鉅的過程。更重要的是，自由港─麥克莫蘭銅金公司的一位負責人最近表示：「任何新的銅礦都需要五到十年⁵才能開始生產。」因此，當供不應求時，價格必然上漲。這就是為什麼我們看好銅價，並強烈建議透過Global X銅礦ETF（Global X Copper Miners ETF，COPX）投資銅。大多數主要銅礦商都在這個ETF中。例如，其最大持股是丘基卡馬塔礦的營運商安托法加斯塔公司（Antofagasta PLC）。

除了投資銅之外，另一種投資選擇可能是鋁。對於某些應用，可以用鋁代替銅來傳輸電力。如果銅短缺變得過於嚴重，只能使用更多替代品。到2035年，銅供應缺口可能高達九百九十萬公噸，相當於實現全球2050年淨零目標所需的20%。這可能是真正推動鋁需求的因素，有人估計，到2040年，鋁需求可能會增加五百八十萬噸。

一種投資鋁的便宜管道是透過美國鋁業公司，這是一家垂直整合的鋁生產商，近年來已成功大幅降低槓桿率。截至2023年，該公司的股本是債務的三‧六倍，到2024年，潛在的自由現金流量將達到約4億美元。這對資本密集型企業來說非常好，而且該公司在2027年前沒有債務到期，財務靈活度很大。2020年，我們將銅礦商泰克資源納入我們的高度信心投資組合中，該投資組合在過去三年中一直存在，華爾街完全忽視銅的巨大潛力和迫在眉睫的供應短缺，該股在隨後三年內

上漲了300%。2023年，我們認為美國鋁業公司的處境與泰克資源三年前相同。相較之下，美國鋁業公司的股價極為便宜，華爾街完全忽略這裡的潛力。

然而，並非所有電力都透過銅線，從發電廠直接輸送到消費者端。特別是隨著全球電動車數量不斷擴大，愈來愈多電力也將暫時存在電池中。全球75%的鋰離子電池都是在中國生產，看重其製造能力和原料加工能力。這些原料包括石墨[6]（碳的一種形式）；銅、鎳、鈷、錳和鋰等金屬；以及所謂的稀土元素，如鈰、鑭和釹。傳統汽車幾乎不使用這些原料。普通內燃機汽車僅需要約二十公斤銅和十公斤錳，而電動車及其電池中則充滿了這些難以開採、主要由中國控制的金屬。

中國不僅控制著礦山，也控制著能源密集、有時甚至高汙染的礦物加工能力。平均每輛電動車使用銅五十公斤、鎳四十公斤、錳二十五公斤、鈷十五公斤、鋰十公斤、稀土元素六百克。每週，Giga-One都會向特斯拉弗里蒙特（Freemont）工廠運送近九千個電池，並向特斯拉奧斯汀（Austin）工廠運送另外一千個電池，但這些數字正在不斷變動。據最新估計，特斯拉光是在北美地區的鈷消耗總量[7]，每年就約為三百十一八萬公斤。

國際能源總署預測，如果目前的趨勢持續下去，滿足全球電動車市場需求所需要的關鍵礦物（尤其是鈷和鋰）數量，可能是目前供應量的六到三十倍。光是歐盟就估計，要實現其氣候中和目標，到2030年時，鈷的需求量將增加至五倍，鋰的

需求量將增加至十八倍。預計到2050年，鋰的需求量將增加至六十倍，鈷的需求量將增加至十五倍。

我們再來談鈷。2016年之前十年的繁榮刺激了過度探勘，並引發大規模的供應過剩，導致2016年經歷大宗商品全面的熊市。當時聯準會試圖升息時，美元走高，商品價格暴跌。這就是為什麼3月的那個早晨，切薩皮克能源公司執行長麥克倫登陷入絕境。它也讓美國採礦業的寵兒之一陷入嚴重困境，因為它突然發現自己面臨無法償還的200億美元債務。當時商業狀況慘淡，銅價跌至每磅1.95美元。對銅礦開採界的許多人來說，那確實是個低谷，而且使自由港—麥克莫蘭銅金公司不得不出售資產。

美國政府很少密切關注大型策略和全球企業。美國應該學習中國的做法，中國對於長遠策略從不動搖。這就是為什麼中國現在擁有全球電池市場，並在2016年做出極為明智的舉動。在白宮的明確支持下，自由港—麥克莫蘭銅金公司以26.5億美元的價格，將其騰科—豐古魯梅（Tenke Fungurume，剛果民主共和國最大的銅鈷礦之一）56%的股份，出售給中國礦業巨頭洛陽鉬業。兩年後，自由港—麥克莫蘭銅金公司也以5.5億美元的價格，將剛果Kisanfu銅鈷礦計畫95%的股份出售給洛陽鉬業。華府再次無條件、無異議地批准了該協議。這些交易使中國成為全球鈷市場最強大的控制者。直到現在，一些消息來源仍然堅稱，蘋果公司向浙江華友鈷業公司購買鈷。華友鈷業公司是剛果民主共和國最大的手工鈷中間商，購買的鈷

可能是童工開採和運送的成袋鈷。時間快轉到2023年，中國國家物資儲備局已經制定了購買兩千噸鈷的計畫，該計畫可能會在今年年底前實施。中國的行動才剛起步。

新的地緣政治棋局涵蓋採礦業，歐洲和美國終於察覺到，他們需要控制礦產的供應，以實現本國的綠色轉型。

中國主導全球石墨市場，但特斯拉已和澳洲的西拉資源公司（Syrah Resources）簽訂了長期合約，要向這家世界上最大的石墨礦商採購產品。然而，這並不是基於任何人道主義原因，而是因為美國公司使用非中國礦產，可以享受優厚的稅收減免，特斯拉執行長馬斯克很樂意享受這項福利。我相信在他家門口新建鋰礦也會令他感到興奮。到2030年，當電動車的電池續航里程達到一千至一千兩百英里時，看漲者會認為內燃機將幾乎會被淘汰。但如果考慮到需求情況，鋰礦商的股價應該會高很多。

既然西方政治人物都崇拜瑞典年輕環保鬥士格蕾塔・童貝里（Greta Thunberg），那麼電動車將會有輝煌的經歷。此外，正如先前提到的，大多數中國人目前沒有汽車。隨著他們變得更富有，數以億計的人將前往附近的經銷商那裡買車，大多會是電動車；事實上，中國已連續八年成為全球最大的插電式電動車市場，而且這種趨勢只會加劇，因為北京已下令到2025年前停止銷售汽油動力汽車。中國消費者在2015年購買二十・五萬輛電動車，2019年購買一百二十萬輛，2022年五百九十萬輛。電動車目前占中國所有新車銷量的29%。2022年，

中國電動車銷量大幅成長87%，全球成長55%。

印度、印尼和巴西等其他新興市場也出現類似趨勢。總的來說，2022年全球電動車市場價值1,300億美元，預計到2026年將成長五倍。在多方的利多因素推動下，我們看好VanEck稀土與戰略金屬ETF（VanEck Rare Earth/Strategic Metals ETF，REMX），並認為它能輕易持續十年的健康漲勢。另一個適合每個實體資產投資者的經典ETF，是SPDR標普金屬與礦產業ETF（SPDR S&P Metals & Mining ETF，XME），它追蹤美國金屬和礦業公司的同等權重指數，其中包括克里夫蘭—克里夫公司（Cleveland-Cliffs）、美國鋁業公司、自由港—麥克莫蘭銅金公司、紐蒙特和美國鋼鐵等巨頭。

但如果華府領導階層想要推廣風力發電機和太陽能電池板，將需要大量鋼材。因為一兆瓦太陽能發電需要三十五至四十五噸鋼材，而每新增一兆瓦風電需要一百二十至一百八十噸鋼材。德國總理奧拉夫·蕭茲（Olaf Scholz）最近表示：「目標必須是[8]，每天在德國安裝三到四台新的大型風力發電機。」拜登不甘示弱，在2022年簽署的《降低通膨法案》中，包含在2030年之前增加三十百萬瓩離岸風電的條款。在此提供參考，一百萬瓩等於一千千瓩，而目前美國只有四十二千瓩的離岸風電容量。這種額外容量將需要至少兩千一百台新風力發電機。僅一台離岸風力發電機就需要兩百至八百噸鋼材、一千五百至兩千五百噸混凝土，以及四十五至五十噸不可回收塑膠。

這些發電機也含有大型磁鐵，以便以無摩擦的方式旋轉，

避免使用最終會生鏽和磨損的齒輪。大型工業風力發電機使用四噸重的釹磁鐵，釹是中國壟斷的另一種稀土礦物。

美國和歐洲各國政府這些數兆美元的綠色投資，由誰來買單？拜登的《降低通膨法案》投入近4,000億美元用於採用綠色技術。一年前，他簽署了1.2兆美元的兩黨《基礎建設、投資和就業法案》（Infrastructure Investment and Jobs Act），其中超過2,000億美元用於環境支出。歐盟正在出售8,000億美元的共同債務，部分用於替這場綠色革命提供資金。有趣的是，對環境綠色能源融資提供數十億美元貸款，並將這些資金直接注入全球經濟，都會產生危險的乘數效應。政府支持的環境融資，類似於印鈔票，會造成通膨。可以這麼說，德國總理蕭茲不僅是在喝酷愛飲料（Kool-Aid），而且還泡在這種飲料裡面（意指盲目相信某種觀點或投入某種事物）。他希望在2030年再生能源發電量增加33%，到2045年再增加33%。

正如本書之前所述，我們非常支持潔淨的地球——更少汙染、水源乾淨和魚類健康。但我們的團隊每次深入研究綠色能源領域的數學，都會有不祥的預感，覺得在世界經濟論壇（World Economic Forum）或第二十七屆聯合國氣候變遷大會（COP27）建議的時間範圍內，這一切都無法實現。2030年實現碳中和是荒謬的，2050年也還是過於激進，更現實的時間點可能是2100年。儘管蕭茲相信這是有可能的，但他在德國鋪滿風力發電機和太陽能電池板的夢想不會實現。過去十五年建造風力發電機和太陽能電池板的成本超過5,000億美元，是

一場災難性的失敗，而且還迫使德國使用來自俄羅斯的天然氣為40%的電網供電。但現在該供應線已永久無法使用。德國人被迫重啟他們自稱「骯髒」的燃料煤電廠。如果連德國最聰明的工程師也會犯下如此重大的誤判，那麼新興市場將會面臨什麼情況？

化石燃料將彌補這個差距，但唯一永久的解決方案，唯一讓世界擺脫碳排放的方法，卻完全是另一種能源。不是木頭，一公斤的木頭只能讓燈泡點亮一天半。也不是煤炭或石油，這兩種燃料只能讓燈泡點亮四天。我們說的是唯一明智的解決方案，雖為大多數西方政府所厭惡，但一公斤的這種能源可以讓同一個燈泡日夜點亮持續兩萬五千年，那就是鈾。

## 鈾市場

2023年第三季，我在紐約與鈾領域最聰明的人之一、我的老友兼同事麥克・阿爾金（Mike Alkin）會面，他是勞埃德港資本（Lloyd Harbour Capital）資產管理部門——沙琛灣夥伴公司（Sachem Cove Partners, LLC）的創辦人。未來十年，在整個實體資產領域，鈾股票以僅有370億美元的市值（低於上一個週期高點時的1,300億美元），提供了出色的風險報酬。

我開始說道：「讓我們了解一下長期牛市的理由吧：為什麼是鈾？為什麼是現在？」

「想到這個逐漸形成的多極世界時，鈾的形勢真是令人大

開眼界。這就像百年一見的風暴——只不過是好的方面。你深入研究鈾產業，會發現全球需求的70%來自西方，而全球供應的70%來自東方。目前全球供應的基礎可以歸結為哈薩克、俄羅斯和尼日，這些國家不完全是那種在某個陽光明媚的週日早晨，會拿著蘋果派出現在門口的鄰居。」

十四年的深度熊市，助長了人們長期以來根深蒂固的自滿。1982年，美國每年消耗五千萬磅鈾，其中四千四百萬磅是自己生產的。如今已降至一百萬磅。

「從風險角度來看，市場有多緊縮？」我問。

「全球近40%的濃縮鈾來自俄羅斯，」他回答。（事實上，2018年俄羅斯的鈾濃縮能力⁹為46%，不過預計到2030年將下降到36%。）「過去十年裡，普丁把全部精力都投入了實體資產。想到在烏俄戰爭期間，華府持續制裁俄羅斯，美國仍從俄羅斯獲得25%的濃縮鈾，有點令人震驚，但目前情況仍是如此。國會已立法禁止從俄羅斯進口低濃縮鈾到美國，但該法案已因風險管理（能力）審查而被擱置。」

「需求情況看起來如何？」

「我們的全球需求量高達一・七五億磅。我不想講得太瑣碎，但如果有人想了解更多細節，我很樂意提供資料。全球有四百四十座營運中的核電廠，另外五十八座正在蓋，還有一百五十到兩百座正在規劃和審批當中。我第一次在2018年到2019年見到你時，全球出現產能過剩的情況，當時Sprott現貨鈾信託基金（Sprott Physical Uranium Trust）價格接近7.60

美元。現在我們面臨產能不足，該信託基金價格接近18.05美元，市場緊縮。目前形成一種潛在的危險情況。全球產能與鈾濃縮不平衡，很容易引發價格衝擊。在供應方面，國有生產商提供近一・一五億磅，卡梅科公司最高產能是三千萬磅，金融投機者提供一千萬磅，重訂合約者提供一千五百萬磅，其他提供三千萬磅。扣除所有因素後的淨結果是，市場每年短缺一千五百萬至三千萬磅。這個資料高度取決於濃縮能力，這同樣掌握在普丁手中。」俄羅斯將於2023年秋季禁止石油出口，這顯示普丁不需要花太多時間，就能關閉俄羅斯為美國和歐洲公用事業提供的鈾濃縮能力。這可能會導致維持供電所需的精煉鈾嚴重短缺。

就事件風險而言，卡梅科的雪茄湖礦場（Cigar Lake）花了近二十五年才達到完整產能。Nexgen能源公司有一些重要的供應，將於2028年至2029年上線，但仍須獲得批准。該公司（股價4.95美元）控制著三億磅的未來存量，將是頂級收購目標之一，因此股價可能達到15至18美元。該公司擁有強大的資產負債表，股票市值為32億美元，現金為1.4億美元，債務為7,800萬美元。

經過十四年的熊市，整個鈾產業的人才流失嚴重；許多人才轉換到其他領域，甚至是加密貨幣領域。將重要且必要的工程師帶回鈾產業，需要數年時間。請記住，大型石油和天然氣公司持續產生現金；在1980年代和1990年代，他們是整個鈾產業資產的大型擁有者。我們一直聽說，整個能源產業的企業

綠色激勵措施，可能會在某個時候推動鈾產業的收購。鈾產業規模很小：每年需求量為二‧三億磅，鈾價為57美元，相當於每年130億美元的需求量。相較之下，石油礦區每天生產一億桶石油，價格為每桶85美元。

2007年至2008年間，鈾價大漲，大多數管理核電廠的財務長都投資了鈾存量。但雷曼兄弟公司倒閉後，鈾價砍半。在接下來的幾年裡，許多財務長被解雇。現任財務長敏銳地意識到，如果誤判這種規模的投資，可能會發生什麼情況。因此，他們轉而拋售鈾礦的看漲買權（upside call）。熊市持續時間太長，所以每年都有愈來愈多電力公司的財務長，透過出售看漲買權（供應）來籌資。

2021年，《華爾街日報》披露，紐約避險基金安克拉治資本集團（Anchorage Capital Group, LLC.）已累積了數百萬磅鈾。我們獲悉，一些電力公司透過私下協商的期貨合約，將部分庫存出售給投資者。漫長而險惡的熊市會改變人類的行為，造成危險的局面。如果全球需求突然變動，其中一些交易將被視為代價高昂的錯誤。

我們認為，相較於激增的需求，全球鈾市場供應量嚴重不足。為了占得先機，我們建議客戶在2020年和2021年投資卡梅科（CCJ）和Sprott鈾礦ETF（Uranium Miners ETF，URNM）。這些顯然適合風險承受度高的投資人。

但需求正在增加。在愈來愈多提高核電目標的國家中，日本、韓國和瑞典處於領先地位。最終，核電也將成為印度和中

國電網的很大一部分。印度有二十二家運作中的核電廠，而且正在建造另外十一座。中國有五十三個核反應爐為各城市提供電力，其中二十多個正在建設中。未來十到二十年，這兩個國家的核反應爐數目將會翻倍。此外，鈾和核能幾乎不受經濟衰退影響，因為核電廠會以相同的速度消耗鈾——無論能源需求如何。這是未來幾年強勁表現的祕訣。我們推測，未來三到四年內，鈾現貨價格將從41美元勁揚至100美元或150美元。

我有幸能在雷曼兄弟擔任交易員，在我見過的最佳風險管理者之一指導下工作。麥克・格爾班德（Mike Gelband）是固定收益部門主管，於2017年與李亨（Hyung Lee，音譯）一起創立了成長最快的避險基金之一。該基金ExodusPoint於2018年開始管理投資者資本。當時，ExodusPoint是有史以來最成功的避險基金之一，規模接近85億美元。到2023年，管理的資產已達到132億美元。是金子總是會發光，優秀的人終究會被發現。雷曼擁有一群優秀人才，可惜有些害群之馬玷汙了它的名聲。

2008年之前，當雷曼兄弟讚揚房地產市場的優點時，格爾班德曾說過：「你是因為看好才買進，還是因為已經持有才看好？」像鈾礦商這種高貝塔（beta）值股票，雙向的波動都比整體市場劇烈得多。股票的貝塔值愈高，在整體市場上漲時，漲幅就愈大，而在整體市場修正時，跌幅也愈快。在投資鈾領域時，我常常想起格爾班德的話。這個五年至十年的投資理論非常樂觀，但波動性不適合膽小的人。如果標普五百指數

> **投資人筆記**
>
> ## 價值和實體資產領域的領導者
>
> 我們的團隊深入研究了價值和實體資產領域中,所有的ETF和資產管理策略。綠光資本多年來一直是我們的首選之一。以下是公開市場領域其他具有吸引力的選擇(均在美國註冊):
>
> 哥白尼全球全市值基金(The Kopernik Global All-Cap Fund,KGGIX)是提供長期資本增值的開放式基金。它將至少80%的淨資產,投資於任何規模的美國和非美國公司股權證券。
>
> Alpha Architect 美國定量價值(Alpha Architect US Quantitative Value,OVAL)也提供長期資本增值,採用多步驟、量化、基於規則的方法來識別大約五十到一百個被低估的美國股權證券組合。同時,Alpha Architect 國際定量價值ETF(Alpha Architect International Quantitative Value ETF,IVAL)識別大約五十到一百個被低估的國際股權證券組合。
>
> Pacer美國金牛一百ETF(Pacer US Cash Cows 100 ETF,COWZ)採用特有方法提供投資機會,投資對象是具有高自由現金流收益的美國大中型企業。Pacer美國小型股金牛一百(Pacer US Small Cap Cash Cows 100,

> CALF）則鎖定標普小型股六百（S&P Small Cap 600）中自由現金流與企業價值比率最高的美國小型股公司。Pacer已開發市場國際金牛一百ETF（Pacer Developed Markets International Cash Cows 100 ETF，ICOW）鎖定自由現金流收益高的國際公司。
> 　　Goehring & Rozencwajg資源基金（Goehring & Rozencwajg Resources Fund，GRHIX）是追求總報酬的開放式基金，其中包括投資收入和資本增值。它投資於自然資源公司的證券，和其他對該類股進行曝險的工具。

下跌10%，高貝塔值股票可能會下跌20%至30%。這些股票的流動性沒有其他股票那麼高，所以如果幾個大賣家同時進來，暴跌是很常見的，而且通常可以找到便宜股票。請記住，對於礦商來說，每隔幾年總會有些投機客來來去去。這很難量化，但透過牛市和熊市趨勢，許多交易量都歸結於熱錢的流入和流出。這是高貝塔的燃料。激烈競爭無所不在。波動劇烈，動能的轉變也劇烈。投資標普五百指數就像是在正午的陽光下騎著白色小馬；投資鈾礦就像在夜半殘月下騎著狂野的野馬。儘管如此，我們希望策略性地善加利用波動性。對於高貝塔係數類股，我們的使命很明確。

## 利用投降式拋售來交易礦業股

我們必須仔細衡量投降式拋售的廣度和力度。2010年，垃圾債券領域有史以來最優秀的交易員之一麥卡錫，為我們提供了七因素投降式拋售模型的架構。關鍵在於傾聽市場的聲音，並衡量痛苦程度。我們期待投降式拋售量呈指數級增加。這歸結為測量那些眾所周知的投機客下車的速度。事實上，高貝塔值類股伴隨著大量投機客。麥卡錫曾說：「就像在玩撲克牌時，市場上的弱手是你的朋友，我們必須善加利用他們。」

2006年3月，傑克·多西（Jack Dorsey）、諾亞·葛拉斯（Noah Glass）、比茲·史東（Biz Stone）和埃文·威廉斯（Evan Williams）創立推特，他們確實永遠改變了技術分析，只是他們當時並不知道。根據特許金融分析師協會（CFA），技術分析是一種使用價格資料和交易量資料的證券分析形式，通常以圖表顯示。在推特上，有一些很優秀的特許市場技術人員（CMT）研究本身產業技術多年，但是有成千上萬的冒充者實際上是見招拆招，隨機應付。早在2009年底，在紐約市的一次創意晚宴上，我見過的數一數二最佳市場技術師赫伯·勒斯特（Herb Lust）在會面時說：「如果推特繼續流行，技術分析背後的內部變化速度和資訊流動速度可能會永遠改變。將有成千上萬的冒充者，都使用大致相同的停損點。」（停損點是強制退出或賣出某個部位的觸發點。）「與其追隨他們操作，不如反向操作。當他們同時退出市場時，熱錢的大量撤出

將會很壯觀。」

這宛如當頭棒喝。勒斯特描述的是二十一世紀的投降式拋售，這個過程在上個世紀可能需要幾星期，如今可能只需要幾個小時，甚至幾分鐘。

我們希望衡量投降式拋售過程；我們的模型試圖計算所謂高峰的最高機率。我們想要在市場處於痛苦狀態時增加投資，在市場走強時減少投資，並為「轉折」（亦即新牛市誕生的那一刻）做好準備。在高貝塔值類股中，我們總是分三次建立新的部位。眾所周知，只有猴子才會選擇底部。我們不會試著選擇一個精確的底部，但會嘗試在接近底部的位置，創建一個具有吸引力的成本基礎。我們的模型也考慮布林通道（Bollinger band）下軌道下方的距離、每日和每週相對強弱指標（RSI）讀數，以及其他重要因素。投資於高貝塔值類股，你的進場點就像與蛇共舞。不要讓瘋狂的大眾把你吸引進來；要善加利用投降式拋售。

我們將每次買進三分之一，分批買入Sprott鈾礦ETF（URNM）。2021年，在市場對成長型股票過度投資期間，健身自行車製造商Peloton（PTON）的市值，一度達到驚人的370億美元，而營收僅40億美元。相形之下，整個鈾產業的估值接近290億美元。鈾產業最大的業者卡梅科當年年初的估值不到70億美元，收入接近20億美元。在一個被認為是低通膨的世界中，央行行長們造成巨大的資本錯置，人們拋棄實體資產類股，任其自生自滅，所有的資金都湧向成長股和金融資

產。馬斯克的淨資產達到1,600億美元，是所有鈾礦企業總價值的五倍。當時我們認為，展望二十年後，特斯拉要實現其巨大估值，在數學上唯一合理的方式是，將全球綠色核電廠擴大兩到三倍。電動車迫切需要核電；目前大部分電動車仍由燃煤電廠提供電力。

最後，我們看好石油、天然氣和煤炭的需求還有另一個原因。「綠色」能源在碳排放方面可能是乾淨的，但在道德和環境影響方面卻常常不及格。正如我指出的，估計有四萬名剛果兒童在惡劣的條件下挖掘電動車、風力發電機和太陽能電池板所需的鈷。鋰和銅也出現類似的問題。智利的阿塔卡馬沙漠生產世界28%的銅和21%的鋰。不幸的是，幾乎所有礦區都會干擾當地社區，並破壞他們的土地。中國和其他地方的稀土元素開採活動，也為一些地區帶來可怕的後果，有毒金屬廢料汙染了河流和地下水。

西方國家過度熱衷於用任何替代品取代化石燃料，已經摧毀了世界上最古老、生物多樣性最豐富的一大部分雨林。自本世紀初開始流行的生質柴油（biodiesel），大部分是由棕櫚油製成。荷蘭瓦赫寧恩大學（University of Wageningen）的研究人員估計，自2000年以來，印尼失去的三分之一雨林，或是1,000萬公頃被燒毀的雨林，禍首是棕櫚種植園。棕櫚油產業摧毀了面積相當於賓州大小的雨林、無數動物，使動物變得極度瀕危，其中包括紅毛猩猩、老虎和白犀牛。

要轉型為綠色經濟，阻礙因素不一定是上述道德或環境問

題,反而可能是已開發國家人們的反應。如果他們知道這些,大多數人都會正確地認為,兒童開採鈷礦、原住民被迫遷移或採礦汙染是令人憎惡的。也許他們會開始懷疑這個受到政治議程以及ESG投資激勵的整個體系。人們不太可能放棄推動碳中和能源,但未來二十年我們很可能會看到社運和環保人士,強烈反對綠能相關的採礦活動,而會推動西方政府和企業開始對綠能所需的資源,制定更高的標準。這些措施可能會是更嚴格的勞工和環境標準,以及讓能夠在本國完成的活動回歸本國,這將使所需的資源更加昂貴。由於能源價格幾乎影響一切,這將提高全球通膨水準,而且也將減緩這項轉型的速度,進而不可避免地增加對化石燃料的需求,並進一步延長化石燃料的使用時間。

## 沙漠中不斷變動的沙子

自冷戰結束以來,市場幾乎處於持續通縮,通縮交易在市場敘事中根深柢固,以至於全球80兆美元的財富,集中在成長型股票和債券,至今很大一部分仍然如此。沒有人還會考慮通膨問題。那斯達克一百指數一度擁有20兆美元的資金,其中大部分都集中在十五支巨型股票上,如果把這筆錢以一美元紙鈔串接起來,可以來回太陽十次。1968年到1981年的通膨時期,情況幾乎相反,當時通縮似乎是永遠不會出現的市場現象。從投資角度來看,這些長週期的危險在於,信念的持續時

間比市場允許的時間要長得多。有多少千禧世代認為下一次加密貨幣反彈即將到來？誰仍認為未來十年最大的科技股將跑贏大盤？全美各地都有一些投資者，並沒有為下一個市場週期做好定位。

　　金融市場就像時尚業一樣，有熱門的部分和乏味的部分，而且這些部分就像沙漠中的沙子一樣不斷變動。創造數十億美元的領域並不會總是如此有利可圖，而曾經帶來微薄報酬（如果有報酬的話）的產業，有朝一日可能會帶來豐碩利潤。貴金屬、煤礦、鈾、銅、稀土、石油和天然氣，曾經是股市的嚴重落後者，卻將在未來幾年成為吸引最多人的類股之一；而大型科技公司將會黯然失色。世界即將見證金融市場史上最壯觀的資本遷移。你的家族財富會在其中扮演一角，進入那片包含價值股、大宗商品和實體資產等被忽視的園地，還是會隨著過去十年的投資組合而逐漸消失？這要由你自己選擇。

　　非常感謝你加入這段旅程。

# 致謝

馬賽克研究是指取得一項訊息後,與其他訊息和智慧結合,以確定該訊息的價值和有效性。專業團隊和資源愈深入、廣泛,就愈接近真相。這需要大量的努力研究,但最重要的是提出很多問題。巴滕柏格是擁有許多答案的人。作為十多年來可靠的朋友和同事,他以熱情、幹勁和決心領導了這項計畫。業界沒有哪個投資策略師,比他更深入了解公共政策趨勢和資本市場的交匯點。在華盛頓和華爾街的轉角處,你會找到他。

回顧我在雷曼兄弟擔任交易員的時期,勒斯特一直是我非常寶貴的朋友和導師。他除了擔任摩根大通分析師,在安隆陷入破產前一年多就揭露該公司的問題之外,還在雷曼兄弟培養華爾街最優秀的財務困境研究團隊。

詹姆斯・派屈克・羅賓森(James Patrick Robinson)是我的老友和共同作者,我感謝他的長期支持、嚴謹的研究,以及連結華爾街和文學界的獨特能力。他有一種天賦,能使乏味的金融世界擺脫陳舊過時的狀態,並以才能和娛樂性,向廣大觀眾呈現寶石般的資訊。

在出版和編輯團隊方面,要感謝Crown集團的利亞・特勞

夫博斯特（Leah Trouwborst），她對完美的熱愛，僅次於她非凡的才華；以及業界最優秀的文學經紀人——Levine Greenberg Rostan Literary Agency的吉姆‧列文（Jim Levine）。沒有他的經驗和天賦，這項計畫永遠不可能實現。

致著名資產管理公司摩爾資本的最佳人才：布萊恩‧葉文頓（Brian Yelvington）、謝瓦爾、班‧吉斯曼（Ben Giesmann）和強納森‧圖瑞克（Jonathan Turek），持續關注利率、歐洲美元（SOFR）和外匯期貨。

致華爾街最優秀的經濟學家，感謝你，喬‧拉沃納（Joe Lavorgna）。

我在華盛頓的老友極為寶貴。感謝ACG分析的執行合夥人麥茲納，以及約翰‧伊斯特（John East）和克里斯‧切爾文斯基（Chris Czerwinski）領導的優秀團隊。我們竭盡所能一起走訪世界，很感激有你們相伴。

吉姆‧米爾斯坦（Jim Millstein）是重整領域的傳奇人物，也是前總統歐巴馬的顧問，他總是讓我更深入思考和挖掘。

奈傑爾‧法拉奇（Nigel Farage），感謝你對我們多極世界的政治風險進行深思熟慮的分析。

我很幸運能與布魯金斯學會（Brookings）和美國財政部最聰明的人之一共事。謝謝你，亞倫‧克萊恩（Aaron Klein）。

談到經濟趨勢，沒有比包含以下成員的團隊更適合討論新想法：Robbert Axe、Josh Ayers、Kevin Bambrough、

Rohit Bansal、Jenna Barnard、Manas Baveja、Drew Casino、Porter Collins、Vincent Daniel、Bob Davenport、James Davis、Arian Day、Bobby "D" Dziedziech、David Einhorn、Mohamed El-Erian、John Fath、Niall Ferguson、Tony Frascella、Mike Guarnieri、Jon Glaser、Alan Guarino、Mike Guarnieri、David Hall、Alan Higgins、Munib Islam、Doug Kass、Ravi Kaza、Lord Mervyn King、Alex Kirk、David LaPlaca）、Jerry Levy、Andrew McCaffery、Bart McDade、Joe Mauro、Ben Melkman、Edward Misrahi、Jeff Moskowitz、Jon Najarian、John Renato Negrin、Jens Nordvig、Ed Oppedisano、Tim Pagliara、John Pattullo、Ralph Reynolds、Joe Scafidi、Peter Schellbach、Eric Schiffer、Geoff Sherry、MarcAndre Soubliere、Rafi Tahmazian、James Ter Haar、Ram Venkatraman、Caesar Yuan、Shahar Zer。

　　致馬克・庫班（Mark Cuban），非常感激你，我的朋友。謝謝你總是讓我思考。你的「前瞻」洞察力已經持續數十年。

　　感謝我的老友和知己約翰・科恩（John Coen）。另外也要感謝區域銀行金融領域的丹・哈佛曼（Dan Hoverman）和特倫斯・塔克（Terence Tucker）。特別感謝我的導師伯尼・格羅夫曼（Bernie Groveman）。還有Mike Alkin、Brendan Ahern、Adam Barratta、Arthur Bass、Larry Berman、Ben Brey、John Ciampaglia、Alejandro Cifuentes、Jack Corbett、Robinson Dorion、Keith Dubauskas、Dani Egger、Paul Hackett、Bob

Hamil、John Helmers、Stan Jonas、Brian Joseph、Brian Kelly、Adam Kramer、Tom Kurtz、Rogerio Lempert、Ben Levine、Brandt McDonald、Jim McGovern、Peter Ober-meyer、John O'Connor、Raoul Pal、Luke Palmer、John Parker、John Paul Parker、David Patterson、Jason Polansky、Steve Purdom、Loren Remetta、Hugh Sconyers、Seth Setrakian、Scott Skyrm、John Smyth、George Whitehead（英國國債教父）、Greg Williams、Tian Zeng。

我的朋友保羅・C・詹金斯（Paul C. Jenkins）擔任經濟學家逾三十年，並在加拿大財政部、加拿大銀行和國際貨幣基金擔任監管職務。我非常幸運，在過去一年的寫書過程中能獲得他對本書的見解。他的貢獻幫助確定本書的方向，並提高了我們研究結果的品質。

致羅伯托・布雷內斯（Roberto Brenes）、塞爾吉・盧卡斯（Sergi Lucas）和安德烈・艾斯特維茲（Andre Estevez），謝謝你們，你們對拉丁美洲政治風險和機會的了解是首屈一指的！

製作團隊由桑切斯─寇恩卡和何塞・圖蒂文（Jose Tutiven）領導。我非常感謝你們兩位，你們的活力和專注幫助我到達終點。

# 注釋

## 序 章

1 William Strauss and Neil Howe, *The Fourth Turning: An American Prophecy* (New York: Broadway Books, 1997).

## 第二章

1 Stephen D. Cohen, "The Route to Japan's Voluntary Export Restraints on Automobiles" (Working Paper No. 20, National Security Archive, 1997).
2 "Global Prospects and Policies," International Monetary Fund, April 2011.
3 Douglas Parkes, "Japan in the 1980s," *South China Morning Post*, July 1, 2020.
4 Ben S. Bernanke, "Deflation—Making Sure 'It' Doesn't Happen Here," speech, National Economists Club, Washington, D.C., November 21, 2002, bis.org/review/r021126d.pdf.
5 Roger Lowenstein, "Long-Term Gamble That Failed to Deliver the Expected Result," *The Times* (UK), September 1, 2000.
6 Giancarlo Corsetti, Paolo Pesenti, and Nouriel Roubini, "What Caused the Asian Currency and Financial Crisis?" (Working Paper 6833, National Bureau of Economic Research, December 1998).
7 Floyd Norris, "Editorial Observer; Is the Global Capitalist System Collapsing?," *New York Times*, September 21, 1998.
8 "After Losing Billions, Life Goes on for Long-Term Capital's Partners," *Journal Record*, September 26, 2000.

## 第三章

1. James Felkerson, "$29,000,000,000,000: A Detailed Look at the Fed's Bailout of the Financial System" (One-Pager No. 23, Levy Economics Institute, December 2011).
2. "Domestic Auto Production," FRED, July 28, 2023, https://fred.stlouisfed.org/series/DAUPSA.
3. Board of Governors of the Federal Reserve System, "Distribution of Household Wealth in the U.S. Since 1989," https://www.federalreserve.gov/releases/z1/dataviz/dfa/distribute/chart.
4. Atul Gawande, "Why Americans Are Dying from Despair," *New Yorker*, March 16, 2020.
5. Nathan Seltzer, "The Economic Underpinnings of the Drug Epidemic," *SSM Population Health* 12 (December 2020), doi: 10.1016/j .ssmph.2020.100679.
6. Alicia Sasser Modestino, "How Opioid Overdoses Reached Crisis Levels," *Econofact*, November 19, 2021.

## 第四章

1. "Fact Sheet: The American Jobs Plan," The White House, March 31, 2021, https://www.whitehouse.gov/briefing-room/statements-releases/2021/03/31/fact-sheet-the-american-jobs-plan/.

## 第五章

1. Bryan Gruley, Joe Carroll, and Asjylyn Loder, "The Incredible Rise and Final Hours of Fracking King Aubrey McClendon," *Bloomberg Businessweek*, March 10, 2016.
2. Edison Yu, "Did Quantitative Easing Work?," *Economic Insights* (a publication of the Research Department of the Federal Reserve Bank of Philadelphia), First Quarter 2016.
3. "The Truth About Renewables—Featuring Leigh Goehring and Adam Rozencwajg," Goehring & Rozencwajg: Natural Resource Investors, September 9, 2021, https://blog.gorozen.com/blog/the-truth-about-renewables-featuring-leigh-goehring-and-adam-rozencwajg.

4  Bill Gates, quoted in azhuk, "The Advantages of Nuclear Energy," blog post, Frontier Technology Corporation, April 20, 2023.
5  Elon Musk, quoted in Luc Olinga, "Elon Musk Says Germany Is Making a Dangerous Mistake," April 16, 2023.
6  Dieter Holger, "The Solar Boom Will Create Millions of Tons of Junk Panels," *Wall Street Journal*, May 5, 2022.
7  Judge Glock, "Why Is PG&E Failing California? All the Wrong Incentives," Cicero Institute, September 9, 2020.
8  Larry Fink, "Larry Fink's 2022 Letter to CEOs: The Power of Capitalism," BlackRock, January 18, 2022.
9  Andrew Mitchell and Nick Pickens, "Nickel and Copper: Building Blocks for a Greener Future," Wood Mackenzie, April 4, 2022.
10  Anthony Milewski, "A Lot More Copper Needed to Expand Global Electricity," The Oregon Group, July 26, 2023.
11  Leonard Hyman and William Tilles, "The $7 Trillion Cost of Upgrading the U.S. Power Grid," OilPrice.com, February 25, 2021.

## 第六章

1  "Assessing Liquidity — Revisiting Whether Book Depth Is a Sufficiently Representative Measure of Market Liquidity," CME Group, June 17, 2020, https://www.cmegroup.com/education/articles-and-reports/assessing-liquidity.html.
2  Jordan Barone, "The Global Dash for Cash in March 2020," *Liberty Street Economics*, July 12, 2020.

## 第七章

1  Vicki Auslender, "How Did Some of the World's Largest VCs Miss All the Warning Signs and Invest in FTX?," CTech, November 22, 2022.
2  科霍德斯和麥唐諾的訪談紀錄，19-20:15。Zoom，2022年12月14日。引用：「FTX貼出了SBF本人的廣告牌⋯⋯他是誰，他完全就是他X的無名小卒。所以整個焦點都集中在那個閃亮的對象上，也就是他這個傻瓜，而忽略了其他一切，這讓所有的人都放鬆警惕，讓監管機構放鬆警惕。」

3 "Cathie Wood's 'Phenomenal Rise' Brings ETF Assets to $60 Billion," Bloomberg. com, February 17, 2021.
4 Evie Liu, "Red-Hot Ark ETFs Add $12.5 Billion in New Cash in 2021," *Barron's*, February 10, 2021.

## 第八章

1 Tim Starks and Karen DeYoung, "U.S. Eavesdropped on U.N. Secretary General, Leaks Reveal," *Washington Post*, April 17, 2023.
2 Zahra Tayeb, "Russia and Iran Are Working on a Gold-Backed Cryptocurrency to Take On the Dominant Dollar," *Business Insider India*, January 17, 2023.
3 Daniel Onyango, "Russia and Iran Move to Create One of the Largest Global Natural Gas Cartel," *Pipeline Technology Journal*, August 26, 2022.
4 Asian Nations Sign Pact to Shift Away from Dollar," Mehr News Agency, May 3, 2023.
5 Tanupriya Singh, "Towards De-dollarization," *Peoples Dispatch*, April 7, 2023.
6 "Argentina and Brazil to Discuss Trade Agreement to Skip Dollar," *Buenos Aires Herald*, May 2, 2023.
7 Peter G. Peterson Foundation, "Without Reform, Social Security Could Become Depleted Within the Next Decade," June 29, 2023.
8 Laura Brothers, "Gold vs. Money Supply," Vaulted.com, August 20, 2021.
9 "Dubai Sheikh's Words Lost in Translation with Viral Quote," Australian Associated Press, April 26, 2021.

## 第九章

1 Annie Kelly, "Children as Young as Seven Mining Cobalt Used in Smartphones, Says Amnesty," *The Guardian*, January 19, 2016.
2 Eric Oteng, "South Africa's Dilemma of Land Reform and Mining Investment," *Africanews*, February 10, 2019.
3 Oteng, "South Africa's Dilemma of Land Reform and Mining Investment."
4 Alex Woodrow, "2022–2040 Powertrain Outlook," *KGP Automotive Intelligence*, October 2022.

5 "Copper Production Takes 5–10 Years, and That Causes Supply Delays, Says Freeport-McMoRan CEO," YouTube, 2022, https://www.youtube.com/watch?v=7PtXQP0kmuo.

6 Joseph Quinlan and Lauren Sanfilippo, "China Is Leading the World on Manufacturing, but the Race Isn't Over," *Barron's*, August 31, 2020.

7 Frik Els, "All the Mines Tesla Needs to Build 20 Million Cars a Year," Mining.com, January 27, 2021.

8 Olaf Scholz, quoted in Chris Reiter, "Germany Targets Three New Windmills a Day for Energy Reboot," Bloomberg.com, January 14, 2023.

9 Kristyna Foltynova, "Russia's Stranglehold on the World's Nuclear Power Cycle," Radio Free Europe Radio Liberty, September 1, 2022.

新商業周刊叢書BW0850

# 市場的預兆
## 剖析股債動態、熱錢走向，揭露未來十年必勝的投資組合

| | |
|---|---|
|原　文　書　名／|How to Listen When Markets Speak: Risks, Myths, and Investment Opportunities in a Radically Reshaped Economy|
|作　　　　　者／|羅倫斯・麥唐諾（Lawrence McDonald）、詹姆斯・派屈克・羅賓森（James Patrick Robinson）|
|譯　　　　　者／|呂佩憶、林麗冠|
|責　任　編　輯／|鄭凱達|
|企　劃　選　書／|黃鈺雯|
|編　輯　協　力／|JUJU內容整合工作室|
|版　　　　　權／|顏慧儀|
|行　銷　業　務／|周佑潔、林秀津、林詩富、吳藝佳、吳淑華|
|總　　編　　輯／|陳美靜|
|總　　經　　理／|彭之琬|
|事業群總經理／|黃淑貞|
|發　　行　　人／|何飛鵬|
|法　律　顧　問／|元禾法律事務所　王子文律師|
|出　　　　　版／|商周出版|

115020 台北市南港區昆陽街16號4樓
電話：(02) 2500-7008　傳真：(02) 2500-7579　E-mail: bwp.service@cite.com.tw

發　　　　　行／英屬蓋曼群島商家庭傳媒股份有限公司　城邦分公司
115020 台北市南港區昆陽街16號8樓
讀者服務專線：0800-020-299　24小時傳真服務：(02) 2517-0999
讀者服務信箱E-mail: cs@cite.com.tw
劃撥帳號：19833503　戶名：英屬蓋曼群島商家庭傳媒股份有限公司城邦分公司
訂　購　服　務／書虫股份有限公司客服專線：(02) 2500-7718；2500-7719
服務時間：週一至週五上午09:30-12:00；下午13:30-17:00
24小時傳真專線：(02) 2500-1990；2500-1991
劃撥帳號：19863813　戶名：書虫股份有限公司
E-mail: service@readingclub.com.tw

香港發行所／城邦（香港）出版集團有限公司
香港九龍土瓜灣土瓜灣道86號順聯工業大廈6樓A室
E-mail: hkcitebiznetvigator.com
電話：(852) 2508-6231　傳真：(852) 2578-9337

馬新發行所／城邦（馬新）出版集團 Cite (M) Sdn. Bhd.
41, Jalan Radin Anum, Bandar Baru Sri Petaling, 57000 Kuala Lumpur, Malaysia.
Tel: (603) 9056-3833　Fax: (603) 9057-6622　E-mail: services@cite.my

| | |
|---|---|
|封　面　設　計／|FE設計・葉馥儀|
|印　　　　　刷／|鴻霖印刷傳媒股份有限公司|
|經　　銷　　商／|聯合發行股份有限公司　電話：(02) 2917-8022　傳真：(02) 2911-0053|
| |地址：新北市新店區寶橋路235巷6弄6號2樓|

■ 2024年8月1日初版1刷　　　　　　　　　　　　　　　　　　Printed in Taiwan

Copyright © 2023 by Lawrence G. McDonald and James Patrick Robinson.
This edition is published by arrangement with The Crown Publishing Group, a division of Penguin Random House LLC through Andrew Nurnberg Associates International Limited.
Complex Chinese Translation copyright © 2024 by Business Weekly Publications, a division of Cité Publishing Ltd.
All Rights Reserved.

定價／490元（紙本）／ 340元（EPUB）　　版權所有・翻印必究
ISBN: 978-626-390-186-5（紙本）／ 978-626-390-183-4（EPUB）

國家圖書館出版品預行編目(CIP)資料

市場的預兆：剖析股債動態、熱錢走向，揭露未來十年必勝的投資組合／羅倫斯・麥唐諾(Lawrence McDonald)、詹姆斯・派屈克・羅賓森(James Patrick Robinson)著；呂佩憶、林麗冠譯. -- 初版. -- 臺北市：商周出版：英屬蓋曼群島商家庭傳媒股份有限公司城邦分公司發行, 2024.08
面；　公分. -- (新商業周刊叢書；BW0850)
譯自：How to listen when markets speak : risks, myths, and investment opportunities in a radically reshaped economy.
ISBN 978-626-390-186-5（平裝）

1.CST: 金融市場　2.CST: 投資技術　3.CST: 投資分析
563　　　　　　　　　　　　　　　　　113008535